Moritz Gottlieb Saphir

Humoristische Damenbibliothek

Moritz Gottlieb Saphir

Humoristische Damenbibliothek

ISBN/EAN: 9783744637664

Hergestellt in Europa, USA, Kanada, Australien, Japan

Cover: Foto ©Andreas Hilbeck / pixelio.de

Weitere Bücher finden Sie auf **www.hansebooks.com**

Humoristische
Damen-Bibliothek.

Von

M. G. Saphir.

Siebenter Band.

Wien und Leipzig.
A. Dorfmeister's Verlag.

Leipzig: H. Haessel.
1863.

Ernster und heiterer
Conversations-Saal.

Die innern Menschen,
oder:
Der öffentliche Gerichtshof im Menschen.

> „Dem Menschen wird es sehr leicht, Andere
> zu beurtheilen, hingegen sehr schwer, sich in ihre
> Lage zu versetzen, ohne welche Versetzung gleich=
> wohl keine richtige Beurtheilung möglich ist."
> Jean Paul in „Titan."

In jedem Menschen stecken alle andern Men=
schen und nicht nur die Menschheit. In jedem
Menschen steckt ein Doktor, ein Advokat, ein Beicht=
vater, ein Polizei=Agent, ein Oberstküchenmeister,
ein Architekt, ein General, ein Nachtwächter, ein Haiduk,
ein Recensent, ein Criminalrichter, ein Uhrmacher, ein
Minister, eine Köchin, ein Rabbiner, ein Diplomat, ein
Taschenspieler und noch Mehrere und Andere.

Geht der Mensch vor einem im Bau begriffenen
Hause vorbei, so ist er Architekt: „Ich hätte das Ding so
gebaut!" — Besucht er einen Kranken, so ist er Arzt: „Fol=
gen Sie mir und nehmen Sie das und das." — Erzählt
man ihm einen Proceß, sagt er: „Wenn ich Ihr Advokat
wäre, so hätt' ich das gethan!" — Erzählt man von

einem Diebstahl, sagt er: „Ich als Polizeidirector würde das ganz anders anfangen!" — Liest er eine verlorne Schlacht, so sagt er: „Ich bin zwar kein General, aber wenn ich gesehen hätte, daß die Cavallerie von dort kommt, hätte ich die Infanterie von dort kommen lassen!" — Erzählt man ihm von den Dresdner Conferenzen, so sagt er: „Ich hätt' mit dem Manteuffel anders geredet!" — Fährt er über den Semmering, so sagt er: „Ich als Ingenieur würde die Bahn durch den Ablitzgraben über den Kogel dort und den Hügel da und bei jener Schlucht dort u. s. w. gebaut haben!" — Hört er von den Finanzen, so sagt er: „Das ist Alles nichts, ich würde ein ganz neues Geld einführen, Gold und Silber ist ja nur Einbildung u. s. w." Kurz, jeder Mensch ist in sich überzeugt, es wäre Alles, was er wäre, besser als alle Andere, die das sind, was er wäre, aber nicht ist.

Aus dieser Ueberzeugung im Menschen kommt es, daß der Mensch beständig in sich ein öffentliches Gerichtsverfahren hat, daß er über Alles urtheilt, Alles beurtheilt und verurtheilt und zugleich executirt, denn in ihm sitzt ja Alles! Der Mensch ist bei diesem seinem öffentlichen Gerichtsverfahren in sich zugleich Staatsanwalt, Ankläger, Präsident, Geschworner, Zeuge, Richter und Vollstrecker.

Jeder Theil im Menschen hat sein eigenes Verlangen: der Mensch ist aus lauter innern und äußern Theilen zusammengesetzt, die stets ihr eigenes Verlangen haben: Das Verlangen des Magens heißt Hunger, das Verlangen der Leber heißt Durst, das Verlangen der Hand heißt

Habsucht, das Verlangen des Ohres heißt Neugier, das Verlangen des Auges heißt Schaulust, das Verlangen der Sinne heißt Wollust, das Verlangen der Füße heißt Müßiggang, das Verlangen des Geistes heißt Freiheit, das Verlangen des Herzens heißt Liebe, das Verlangen des Gemüthes heißt Sehnsucht und das Verlangen der Seele heißt Unsterblichkeit!

Aber die Milz und die Galle und die Nieren haben auch ihr Verlangen, und ihr Verlangen heißt: Schwarzsehen, Anklagen, Verurtheilen! Und endlich das Verlangen der Muskelkraft heißt: Steine auf die Menschen werfen!

Aber der Mensch im Innern, der innere Mensch, soll den andern Menschen vom Aeußern nicht anklagen und nicht richten, ohne im Innern des Angeklagten alle Acten genau durchgelesen zu haben, und soll nicht urtheilen, bis er im tiefsten Innern des Angeklagten ergründet hat und erforscht alle Motive und Grundursachen, und bis vor ihm aufgedeckt liegt die angeschuldigte That, von dem Augenblicke an, wo sie Gedanke war bis zu dem Augenblicke, wo sie zur That in dem innern Menschen wurde; und verurtheilen soll der innere Mensch nicht, bis er sich selbst vollkommen und ganz und mit Kopf und Herz und mit Nerv und Muskel in die Lage des Angeklagten gesetzt hat!

Da ist ein Schuldiger, der zu schmählicher Strafe, zum schändlichen Tode verurtheilt ist; begnügt Euch mit der Strafe des Himmels, mit der Gerechtigkeit der Gesetze, mit der Execution des Nachrichters, aber richtet in

Eurem Herzen nicht nach, seib keine innern Nach=
richter, bis Ihr durchschaut habt das ganze Actenheft von
Minuten und Secunden, die sein Verhängniß ihm geflochten
hat; bis Ihr durchschaut habt das Labyrinth der Schicksale,
in welches ihn das Schicksal gestoßen vom ersten Odem
seiner Geburt bis zum Momente der That; bis Ihr ge=
sehen und gehört habt all' sein Kämpfen, Ringen, Sträu=
ben und sich Mühen gegen den Entschluß, bis Schmerz,
Unglück, Weh, Zufall, Geschick, Blut, Bosheit, Reizung,
Noth, Verzweiflung, Vergessenheit, Betäubung sich seine
Seele so lange wie einen Ball zugeworfen haben, bis sie
dem Fall nicht mehr entgehen konnte, dem gräßlichen!
Darum richte nicht, Du innerer Mensch, sondern setze
Dich in die Lage des Gerichteten, und dann —: Ecce
homo! —

  Da ist ein Selbstmörder! Der Himmel wird sich
der schuldigen Seele verschließen, die Kirche versagt ihm
die geweihte Erde, der Himmel gehorcht dem Ewigen, die
Kirche ist die Vollstreckerin des Himmels, aber Du innerer
Mensch, richte nicht, beurtheile nicht, verurtheile
nicht den Unglücklichen, der den Strich unter seine Lebens=
rechnung setzte, bevor Gott den Abschluß befahl, bis Du
Dich in die Stelle des Unglücklichen gesetzt, bis Du alle
Uebergänge durchgegangen bist, über welche er von der
Liebe zum Leben bis zum Wegwerfen desselben ging, und
wie er von Schritt zu Schritt ging mit blutenden Händen,
mit wundgerissenen Füßen, mit geschundenen Gliedmassen,
mit zerschlitztem Herzen, mit zerknittertem Geiste, wie sein

Lebensgang vielleicht nur ein Gang unter Hagelschlossen, unter niederströmenden Pfeilen, unter schwülen Gewittern war, wie jeder Tag ihm neue Nattern ans Herz warf, wie jede Stunde an die scharfen Ecken seines Seins anschlug, bis es Funken gab, wie jede Minute eine Hoffnung, einen Wunsch aus seinem Leben zog und sie zertrat, wie jede Secunde mit fressendem Höllenstein an seinem zartesten Gefühle ätzte, wie sein ganzes Dasein nichts war, als ein Herabfahren von einem Stachelbaume, der alle seine Sta= cheln in die Höhe richtete; wie endlich Verzweiflung, diese hin= und herfahrende Läuferspinne, über seine Seele hin= und herlief, bis diese Seele den Gedanken, über den sie nächtlich gebrütet, in willkürloser Ueberwältigung zur That macht! Darum richte nicht, Du innerer Mensch, bis Du Dich in die Lage dieses Unglücklichen gesetzt, und dann—: Ecce homo! —

Da sind Menschen und Thaten, über die das Gesetz oder die öffentliche Meinung, und die mächtige, heilige Her= kömmlichkeit der Dinge abgeurtheilt hat. Wohl! die öffent= liche Meinung ist un=angreifbar, weil sie un=greifbar ist, das Herkömmliche ist heilig, weil wir nicht wissen, woher es kommt, aber der innere Mensch sondere sich ab von der öffentlichen Meinung, der innere Mensch ist nicht herkömmlich, der innere Mensch ist eine heimliche Meinung und ein heimliches Gericht, und nichts Herkömmliches; darum richte der innere Mensch nicht mit der öffentlichen Meinung, er richte nicht, er beurtheile nicht, er verurtheile nicht, nicht den Schein,

nicht den Gedanken, nicht das Wort, nicht den Aufschrei
der Andern, der Angeklagten, der sich vor ihm Preisgeben=
den, bis er ganz in ihre Lage sich denkt, bis er in die inner=
sten Falten ihres Herzens geblickt, bis er kennt all' die
Regengüsse und Pfeilregen und Staubfälle und Wolken=
brüche und Dachtraufen, unter welchen diese Menschen weg=
gingen mit gebeugtem Haupt, mit gekrümmtem Leib, mit
zerschütterter Brust, mit wundem Herzen; bis er zusammen=
gerechnet hat die Summe aller Verletzungen, die jene Herzen
erlitten, alle Stiche, die Bosheit ihnen beigebracht, alle
Risse, die Verrath in sie gerissen, alle Wunden, die Unwerth
ihnen schlug, alle Quetschungen, die sie im Drucke der Zeit
erlitten, allen Hohn, den sie von Fühllosigkeit erduldeten,
alles Weh, das Rohheit über sie ausgoß, alle Bitterniß,
in welche Undank sie untertauchte, alle die tausend und tau=
send Nadelstiche von der Aetznadel der Unwürdigkeit, unter
welcher sie Jahre lang still hielten, ohne zu zucken, die stillen
Schmerzen all', die in diesem Herzen standen, und die der Him=
mel nicht einmal in Thränen auflöste, all' das Jahre lange
Zerren und Zupfen des fühllosen Egoismus an den feinsten
und zartesten blosgelegten Nerven dieser Herzen, dann,
innerer Mensch, dann richte nicht, sondern setze Dich in
die Lage dieses Menschen und —: Ecce homo!

Du innerer Mensch, Du heimliches Gericht im
heimlichen Menschen, Du schwarzverlarvte Vehme in dem
Brustverließ des Menschen, richte nicht, urtheile nicht, ver=
urtheile nicht, richte das Thun und Lassen jener Menschen
nicht, von dessen Herzen Du drei Späne gehauen, ohne sie

zu hören, damit der ceremonielle Hohn Deines entseelten Urtheils sich nicht kehre gegen Deine eigene Brust, und Dich einmal selbst vorlade vor das Gericht in Dir selbst, und Dir zurufe: Ich richte Dich, wie Du gerichtet, ohne Dich an die Stelle des Angeklagten gesetzt zu haben, ohne seine Leiden, seine Schmerzen, seine Kämpfe, die Reihe von Schändlichkeiten und Kränkungen und Verletzungen und Aufstachlungen und Verräthereien und Unwürdigkeiten, die er erlitt, als Entlastungszeugen vorzuladen und anzuhören, ohne ihm die größte Rechtswohlthat: die Ergründung seines Seelenzustandes angedeihen zu lassen, — so wie Du gerich= tet, so werde gerichtet, dann —: Ecce homo!

Du innerer Mensch, richte nicht über das Thun und Lassen der Andern, parfümire Dich nicht mit Prüderie, salbe Dich nicht mit Verschämtheit, mische Dich nicht darein mit Deinem Urtheile, wenn neben Dir ein Mensch in dem Augenblick, wo seine Menschlichkeit von schnöder Unbill, von schwarzer Entartung angepackt wird mit glühender Zange, wenn Gemeinheit und Unnatur so lange in einem Herzen herumwühlen, bis sie den tiefversteckten Zorn, den lang= zurückgehaltenen, den blutrothen Zorn mit Gewalt heraus= gejagt aus seiner Höhle, und er Gebrauch macht von seinen gottgeschenkten Krallen! Richte nicht und werfe Deinen Stab nicht inzwischen, wenn der Mensch, der tiefgereizte, heraustritt aus sich selber, und mit sich selber ringt, wenn er Luft machen will dem Herzen, in welchem unendlich lang und still mißhandelte, wundgepeitschte Gefühle und Empfin= dungen wie Cyklopen bei dem lang angeblasenen Feuer endlich

anfangen zu hämmern und zu schmieden und das Zer=
trümmerungswerk zu beginnen; wenn so der Mensch mit
sich und seinem Ingrimme öffentlich auf einen Niederwurf
geht, halte Dich fern, innerer Mensch, moralisire nicht,
bis Du in einem solchen Herzen gewohnt hast, setze Dich in
die Lage dieses Herzens, und dann —: Ecce homo!

Du innerer Mensch, beurtheile weder die Gefühle,
noch den Charakter, noch die Ausbrüche anderer Menschen,
bis Du Dich in ihre Lage, in ihren Charakter, in ihr Füh=
len, in ihr Blut, in ihre Liebe, in ihren Haß, in ihre Ner=
ven, in ihre Kraft, in ihre physische und geistige Beschaffen=
heit, in den ganzen Gang ihrer Empfindungen und in den
ganzen Cyklus dessen eingelebt hast, was sie gestritten, ge=
litten, erlebt, erstrebt, geduldet und verschuldet haben!

Du innerer Mensch, legst bei Deinem Urtheil den
Maßstab an Dich an! Ungerechter! Hast Du dieselben
Nerven, die der Andere hat? Hast Du dasselbe Blut? Hast
Du dieselbe Urkraft des Denkens und Fühlens? Hast Du
schon dieselben Kämpfe und Siege und Niederlagen erlitten,
wie dieser Andere? Ist Dein Herz von denselben Gefühlen
durchzittert worden? Hat Dein Auge dieselbe Thräne durch=
schnitten? Ist Deine Brust von demselben Erdbeben erschüt=
tert worden? Sind Deine Adern mit demselben heißen Feuer
durchspritzt worden? Ist Deine Seele durch die Spitz=
ruthengasse solcher Erfahrungen gelaufen? Ist Dein Ich
auch so gejagt, gehetzt worden von der ganzen Meute des
Verraths, der Gemeinheit, der Niedrigkeit, des Undanks?
Hast Du es auch stets und immer wieder von Neuem

versucht, die aufgeregten, gepeitschten, endlich empörten Skla-
ven: die Leidenschaften, die Wilden und Schwarzen
in jeder Menschenseele, mit kaltem Geist zu bändigen, und
ist es denn Dir stets gelungen? Warst Du auch innerer
Friedensrichter in Dir selbst, wenn auf einmal Bosheit
und Sünde alle eingeschlafenen Processe und alle mit geschlossenen Augen liegenden Kämpfe und Krämpfe in Deinem Innersten aufrüttelten und zum Angriff reizten?

Du innerer Mensch, richte in der kalten Zone
Deines Verstandes nicht darüber, daß in der heißen Zone
der Leidenschaft riesigere Geschöpfe, stachligere Pflanzen,
wilderes Wachsthum gedeihen!

Du innerer Mensch, wohl ist es bequem, auf dem
Maulthiere seines Phlegma, von den Fackeln des Verstandes
beleuchtet, über die Höhen und Gipfel anderer Herzen hin-
zuziehen, und sich seines sicheren Lebenspfades zu rühmen,
während diese Höhen von Gewitterstürmen umtobt, von
Stürmen zerrissen, von Zerklüftungen durchschnitten, nur
dazu da zu sein scheinen, daß das Licht einer Fackel sie grell
beleuchte, und er ausrufen möchte: wie schrecklich! —

Du innerer Mensch, der Du stets den Kopf als
Steuermann willst, und nie das Herz oder das Blut, richte
nicht, bis Du mit diesem Steuermann auch gefahren bist
auf dem Meere des Lebens, durch Sturm und Klippen,
durch Riesenwellen und Brandung, durch Windesgeheul
und Wogenschaum, so lange vergebens kämpfend gegen
Orkan und Donner und aufgebäumtes Element, bis der Kopf
endlich das Steuerruder sinken läßt und stumm zuschaut!

Du innerer Mensch, warum hast Du blos ein Sehrohr für das, was Du siehst und lesest von einem Menschen, warum hast Du blos ein Hörrohr für das, was Du hörst, und was man Dir sagt von einem Menschen, warum hast Du für ihn nicht auch ein Fühlrohr, ein Stethoskop, das Du anlegst an den andern inneren Menschen, an sein Herz, um herauszufühlen den Umlauf seines Blutes, das Klopfen seiner Adern, die Verengerung und Erweiterung seiner Herzader, die Eiterungen seines tiefen Wehes, die Verblutungen seiner Aorte?!

Darum, innerer Mensch, richte nicht, urtheile nicht, verurtheile nicht, und wenn der ausbrechende Zorn einmal offene Tafel hält, und zu Gerichte sitzt, wie Attilla am freien Markte, und die Schuldigen züchtigt aus gott=abgestammtem eigenem Richteramt, und er Euch einladet zum Zuschauen, dann schaut zu, aber urtheilt nicht, bis Ihr Euch an die Stelle des Tafelgebers setzt, bis Euch wie ihm die Schlechtigkeit Bittersalz in die Schüssel des Lebens ge=schüttet, bis Euch wie ihm Schlechtigkeit den Trank der Mahlzeit vergällt, bis Euch wie ihm Schlechtigkeit die Gänge der Tafel zerworfen, verwirrt und zerrüttet, bis Euch wie ihm Schlechtigkeit das Glas bis zum Ueberfließen ge=füllt, bis Euch wie ihm Schlechtigkeit jeden Brosamen ver=giftet, dann stellt Euch Euch selbst gegenüber, schaut dann Euren inneren Menschen an, und dann—: Ecce homo!

Der Brautschleier.

Festgedicht zur Vermählung Sr. Majestät des Kaisers Franz Joseph mit Ihrer k. Hoheit der Herzogin Elisabeth in Baiern.

Es saßen vier Elfen, ich weiß es nicht wo, .
Sie saßen am Webstuhl so heiter und froh;
Es saßen vier Elfen, ich weiß es nicht wann,
Und webten am Webstuhl und lachten sich an;
Es saßen vier Elfen, ich weiß nicht wie lang,
Und webten am Webstuhl bei süßem Gesang.

Es stiegen vier Englein vom Himmel herab,
Mit silbernen Flügeln und güldenem Stab;
Es traten vier Englein zum Webstuhl ganz sacht,
Und sah'n das Geweb' an, voll Zartheit und Pracht;
Es fragten vier Englein, in Huld und in Zier:
„Ihr vier Elfen schöne, was webt ihr denn hier?"

Die vier Elfen sprachen verschämt und halblaut:
„Wir weben den Schleier der lieblichsten Braut,
Ihr vier Englein scheint aus dem Himmel entschwebt,
Zu rathen uns, was in den Schleier man webt,
Der herrlichsten Braut, die im Erdenthal lebt;
Die herrlichste Braut auf der Erde ist's werth,
Von Englein und Elfen zu werden beschert!"

Da nah'n die vier Englein zum Webstuhl heran,
Und Jegliches stellt zu den Elfen sich dann,
Da fragte ein Englein mit himmlischer Ruh':
„Du jüngste der Elfen, was denkest jetzt Du?"

„Ich denke," versetzte das Elschen so fein,
„Ein Sternlein am Himmel möcht' Abends ich sein!
Wie schön wär's, zu schiffen durch Licht und durch Raum,
Der Erde zu schenken den güldenen Saum!
Wie schön wär's, dem Menschen, wenn's Herze ihm bricht,
Zu füllen das Auge mit Hoffnung und Licht!
Zu hauchen in' Busen vom Jenseits den Keim,
Zu trinken von Wimpern die Thränen geheim!
Zu steh'n wie ein Blümlein am Busen der Nacht!
Zu wachen beim Gram, bei dem Keiner sonst wacht!
Zu wachen mit Müttern am Bettchen vom Kind!
Zu leiten den Schiffer durch Dunkel und Wind!
Die Erste zu sein, wenn die Wolke zerreißt,
Die Nachts einen sonnigen Morgen verheißt!
Und weil nun ein Sternlein so Holdes thut kund,
D'rum denk' ich an's Sternlein zu jeglicher Stund'!"

Da sagte der Engel: „So webe, mein Kind,
Ein Sternlein hinein in den Schleier geschwind';
Denn gleich einem Stern diese Braut einher zieht,
Im Aug' auch ein liebliches Sternlein ihr blüht;
Ein Sternlein auch wohnt ihr im Herzen fürwahr,
Ein Sternlein auch hellet den Busen ihr klar,
D'rum webe, Du Elfe, ein Sternlein auch ein,
Sie wird ja ein Sternlein am Thronhimmel sein!"

    Zur zweiten der Elfen ein Englein tritt zu:
    „Du zweite der Elfen, was denkest jetzt Du!"

„Ich denke," versetzet das Elschen so fein,
„Ein Veilchen im Frühling möcht' gerne ich sein!
Wie schön wär's, dem Bräutigam Frühling mit Lust
Als erstes der Blümchen zu schmücken die Brust!

Wie schön wär's, als sinniges Blümlein im Moos
Gesuchet zu werden vom herrlichsten Loos,
Wie schön wär's, durch Hauchen den Duft in die Flur
Dem glänzenden Ritter zu zeigen die Spur!
Wie schön wär's, als Veilchen zu fragen, verwirrt:
Mein hoher Herr, weißt Du, wie's Veilchen denn wird?
Vom Himmel blau, ein Tröpfchen Thau,
Fällt bei des Mondes Schein, in's dunkle Moos hinein,
Es soll auf Erden, ein Blümchen werden,
Zwischen Himmel und Erd', vom Himmel es begehrt:
„Stell' mich nicht zur Schau! Birg mich in der Au, gib mir
                              ein Kleidchen blau,
Mit einem Bischen Duft, für meine nächste Luft,
So ganz am stillen Ort, so blüh' ich gerne fort!“ —
Der Himmel gewährte dem Veilchen sein Kleid,
D'rum denk' ich an's Veilchen zu jeglicher Zeit!“

D'rauf sagte der Engel: „So webe mein Kind,
Ein Veilchen hinein in den Schleier geschwind!
Denn gleich einem Veilchen ist hold diese Braut,
Vom Himmel auf Erden hernieder gethaut,
Und gleich einem Veilchen, so duftig und zart,
So hat sie die Reinheit des Thaues bewahrt.
D'rum hat ein erhabener Sinn es gepflückt,
D'rum jetzund das Veilchen die Kaiserkron' schmückt!“

   Zur dritten der Elfen ein Engel tritt zu:
   „Du dritte der Elfen, was denkest jetzt Du?“

„Ich denke,“ versetzte das Elfchen so fein,
„Ich möchte am liebsten ein Lorbeerzweig sein!
Wie schön wär's, zu schmücken ein ritterlich Haupt,
Das früh sich die Schläfe mit Ruhm hat umlaubt!

                                 2*

Wie schön wär's, zu schmücken ihm Harnisch und Schild,
Als Rahmen zu dienen dem sprechenden Bild!
Wie schön wär's, als Sinnbild von Ruhm und von Ehr',
Dem Vaterland sprechen vom siegreichen Heer!
Wie schön, mit Veteranen, in Schlachten ergraut,
Am Altar des Ruhmes zu werden getraut!
Wie schön wär's, dem Dichter, vom Glücke verwais't,
Als Blatt zu verkünden, was Nachwelt verheißt!
Wie schön wär's, zu ruhen beim Kronengeschmeid'!
D'rum denk' ich an Lorbeer zu jeglicher Zeit!"

D'rauf sagte der Engel: „So webe, mein Kind,
Hinein in den Schleier den Lorbeer geschwind,
Denn der diesen Schleier wird lösen vom Haar,
Dem grünet der Lorbeer um's Haupt schon fürwahr,
Er bringt ihn mit Scepter und Fürstentalar,
Als Bruder der Myrthe ihr mit zum Altar.
Der Lorbeer gebühret dem rosigen Blut,
Der Lorbeer gebühret dem freudigen Muth,
Der Lorbeer gebührt der entscheidenden That,
Im Felde der Thaten, im sinnenden Rath,
Der Lorbeer, die Pflanze aus feurigem Saft,
Schmückt würdig die Krone, das Schwert und den Schaft
Deß', der aus Getrümmer und Wahnsinnes Haft
Sein Reich als Erretter empor hat gerafft
Durch einigen Sinn und vereinigte Kraft!"

Zur vierten der Elfen der Engel tritt zu:
„Du vierte der Elfen, was denkest jetzt Du?"

„Ich denke," versetzte das Elfchen so fein,
„Ich möcht' nach Gewitter ein Regenbogen sein!
Wie schön wär's, auf finstere, wolkige Wand
Zu malen die Hoffnung mit farbiger Hand,

Wie schön wär's, nach Blitz und nach Donnergeroll,
Der Welt zu verkünden, daß Gott nicht mehr groll'?
Wie schön wär's, zu melden ganz strahlend vor Freud',
Daß Gott allen Menschen ihr Fehlen verzeiht.
D'rum denk' ich das Eine, das Eine allein:
Wie schön wär's, zu künden durch Licht und durch Schein,
Daß Alles vergeben, vergessen soll sein!

Da sagte der Engel: „So webe, mein Kind,
Den Bogen der Iris in' Schleier geschwind,
Und hinein, mit zarter Hand,
Der Verzeihung Unterpfand,
Regenbogen, Gnadenband,
Ausgespannt von Gottes Hand
Ueber neuverjüngtes Land!
Regenbogen Gottes meint:
Wolke hat genug geweint!
Regenbogen Gottes schreibt:
Wolke geht, doch Sonne bleibt!
Regenbogen Gottes sagt:
Erde hat genug geklagt!
Regenbogen Gottes spricht:
Ewig zürnen kann ich nicht!
D'rum Elfe, d'rum web' in den bräutlichen Schleier,
Bestimmt für die Stunde der heiligen Feier,
Den Bogen der Gnade in lieblichem Feuer!
Wer liebt, fühlt im Busen die Götter erwachen,
Wer liebet, ist glücklich, will glücklich auch machen,
Wer heim führt die Blume, so lange ersehnt,
Deß Herz für das Glück aller Menschen sich dehnt!
D'rum webt nur den Bogen der Traumphantasie,
Und webt in den Bogen das Wort voll Magie,
Das Wort, das viel schwerer, als Geist und Genie,
Das Wort, das viel schöner, als Sangmelodie,

Ein Wort, vor dem Engel selbst beugen das Knie,
Ein Wort, das der Himmel den Herrschern verlieh,
Ein Wort, das von Gottes Wort treue Copie,
Den Demant der Worte, das Wort: „Amnestie!"

Die vier Elfen hörten's und webten es fein,
Die vier Englein sagten's und lächelten d'rein,
Die vier Elfen schafften den Schleier ganz schnell,
Die vier Engelein nahmen ihn mit sich zur Stell'.
Vier Englein, vier Elfen, sie faßten ihn an,
Und trugen durch weißblauen Himmel ihn dann;
Die Englein, sie beten den Segen dabei,
Die Elfen, sie singen die Brautmelodei.
Es hüllten das liebliche Antlitz darein,
Vier Engel, vier Elfen im sonnigen Schein;
Es gingen zur Kirch' ungesehen auch mit
Vier Engel, vier Elfen, als Hochzeitgebitt'.
Es nahmen den Schleier, nach Kirch' und Altar,
Vier Engel, vier Elfen ihr zart aus dem Haar,
Es legten den Schleier, so zart und so los',
Vier Engel, vier Elfen der Hohen in'n Schooß,
Es schwebten dann wieder in Lüfte empor
Vier Englein, vier Elfen, und sangen im Chor:

„Nun zum Fest der Huldigungen
Strömt alle Welt herein,
Wer ein holdes Weib errungen,
Mische seinen Jubel ein!"

Eheheiligkeit.

Es gibt kein heiligeres, das Herz mit einer süßeren und stilleren Seligkeit füllendes Wort, als das Wort: Ehe! Wehe dem Leser, dem nicht jetzt schon dieses Wort ins Herz hineintönt, und mit leiser Ahnung jener Seligkeit darin zitternd fort= und nachklingt! Die Ehe ist das Rosenfest der Liebe, der große Vereinigungstag der Seelen, das Ineinanderwehen zweier Vesta=Flammen auf dem Altare der reinsten Tugend. Nach dem süßen Vortraum der Liebe, indem wir die Zeit wie an einer Blumenuhr, nur an Blütenkelchen und Rosendolden messen, und das Allspiel des Universums wie eine Flötenuhr uns umklingt, nach diesem Vorhimmel voll Frühgold und Morgenrosen, tritt der Jüngling in die heilige Stiftshütte der Ehe, und der wahre Himmel mit seinem nie sterbenden Blau und seiner unend= lichen Tiefe, mit seinen nie erbleichenden Sternen und seinem ewigen Sphärenklange lenkt sich herab auf sein Haupt, und leuchtet mit seinen hellen und warmen Strahlen weit in sein Leben hinein.

Da umfaßt der Jüngling sie, die Einzige, die er lange mit zartem Flügelschmelz in scheuer Achtung auf den Fittigen seines Herzens getragen, der er mit lockenden,

bebenden, leisgehauchten Liebesklängen nachzog und nach=
sang, in den stillen Blumenauen ihrer Jungfräulichkeit, und
im stillen keuschen Schauen sich ergötzt an dem Spiel ihrer
Augen, in denen die Votivtafeln der Unschuld und der
Reinheit unter der Feuerkaskade ihrer Blicke in süßen Zügen
schwammen; da umfaßt er sie in der Polhöhe seines Glückes,
und ein lauter, belebender Auferstehungshauch weht warm
und frisch über die eingesunkenen Leichen= und Leidenshügel
seiner langen, stummen Liebe hin, und wie am großen Grä=
berfeste steigen alle seine Hoffnungen und Wünsche heraus
aus ihren Todtenhüllen, und flechten ihm den Immergrün=
kranz himmlischer Ehewonnen um die glückumflogene Schläfe.

Wehe und wehe aber den Jünglingen, denen die Liebe
nichts ist, als eine Spielmarke der Zeit, nichts als das
Vorgebirge der Genußhoffnung, denen die Hallelujaden
reiner Sympathie wie die feszennischen Lieder heißkochender
Sinne erklingen, denen die Ehe nichts ist, als ein gesell=
schaftliches vierhändiges Spielstück, nichts, als wie das
Paar oder Unpaar der Leidenschaft! Diese erblicken in dem
reinsten Spiegel des reinsten Mädchenblickes nur ihr eigenes
Selbst, diesen an sich selbst nagenden Lustteufel und Scor=
pion; diese hören in dem zarten Schlagen der mit heiligem
Dunkel überbauten Jungfräulichkeit nur das Pochen und
Hämmern ihres in sich getragenen Bohr= und Todtenwurms
der Gier, und das leise, nur den Blumenfingern der Rein=
heit verspürbare Pulsiren jungfräulicher Liebe ist ihnen blos
der Auctionshammer der sich losschlagenden Sinnlichkeit!
Wehe! und dreimal wehe euch! ihr werdet vorgefordert

werden und Rechenschaft geben müssen dort über jeden
trüben Anhauch, mit dem ihr den Spiegel eines reinen
Weibergemüths beflecket; über jeden Staubfaden weiblicher
Blüte, den ihr mit euren Giftblicken angewehet; über jede
Sünde, die ihr in der geheimsten Herzensfalte gegen den
heiligen Geist der Tugend begannet; über die heimlichste
Thräne, über die leiseste schmerzliche Mundverzuckung der
von euch verlockten, betrogenen und in ihrer Zartheit und
Wehrlosigkeit tief in sich verfallenen und niedergebeugten
Weiblichkeit.

Ihr edlen und unentweihten Jünglinge aber, in deren
nie befleckter Herzensschale der Goldtropfe keuscher Liebe
zitternd hängt — der Gegenstand eurer Liebe schwebe nun
blos, wie die geheime Vorahnung eines bessern Seins vor
der blauen Ferndecke eurer Seele, oder er blühe schon im
Leben wie das Blümchen Augentrost (Euphrasia) vor eurem
trunkenen Blick — glaubt mir, ihr zieht an euren Gefühls=
fäden und Liebesseilen euren Himmel und den wahren, eure
Seligkeit und die unendliche nach euch. Sahet ihr einst das
verschlossene Paradies liegen in den Augen eurer Geliebten
und Braut, so liegt jetzt in den Blicken eures keuschen, euch
anvermählten Weibes das offene Paradies mit seinem immer
blütetreibenden Frühlinge, und mit der deutlichen Offen=
barung eures steten Glückes. Hörtet ihr sonst in ihren
Liebkosungen die Frühglocken des anbrechenden Wonnemor=
gens, die leisen, ins Herz hineinklingenden Vortöne und
Präludien zusammenschmelzender Accorde, so hört ihr jetzt
in den zärtlichen Tönen eurer Seelenhälfte die Psalmenklänge

des Friedens und der unsterblichen Liebe, das „Sanctus"
der weihevollsten und gottgesegnetsten Eintracht und Se=
ligkeit!

Darum, o darum haltet fest an dem Glauben an die
reine Jungfrau, diese Glaubenslehre macht euer künftiges
Heil! Eine nur weihet euch, und diese Eine sei euer Polar=
stern, dem ihr immer und ewig nachzieht. O gleichet nicht
dem Meere, das aus offenem Busen jeden Sonnenblick,
jeden Sternenschein zurückwirft und bei jedem Blitzstrahl
buhlerisch aufleuchtet, sondern dem Demantstern, der im
eigenen Glanze lange leuchtet, der Muschel, die nur einen
Tropfen aufnimmt und ihn in seliger Stille zur köstlichen
Perle befördert.

Der schönste Edelstein.

Vergebt, daß ich vor eines Possenspiels Gestalten
Vor Euch erschein', mit ernstbeschwingtem Wort;
Doch vor der Laune buntbewegtem Walten,
Ist manchmal ernste Regung am rechten Ort;
Und gerade, wenn das Herz die Flügelthüren
Weit geöffnet hat für frohen Scherz,
Da schlüpft ein Wort, geschaffen, um zu rühren,
Dem Bettler gleich sich unbemerkt in's Herz,
Und schleicht, wie mit dem Scherze in Verbindung,
Sich glücklich durch bis zu dem Winkel der Empfindung!

— Und so sei auch dies Wort zu Euch gekommen,
Und also gönnt ihm auch ein Plätzchen klein; —
Noch steht es an der Thür', — ein Bischen ist's beklommen,
Doch sieht es offenes Herz — und — husch! da ist's herein!

— Im gold'nen Saale sitzen sie, die Fürstensöhne,
Umgeben von des Purpurs blendenreicher Pracht,
Geschmückt mit Allem, was das Leben kröne,
Mit Allem, was das Dasein herrlich macht;
Und bei der Krone, die im Marmorsaale
Aus tausend Edelsteinen ihre Strahlen blitzt,
Entspinnt ein Wettstreit sich mit einem Male:
„Welch' ein Juwel den höchsten Werth besitzt!"
In welchem Edelsteine der schönste aller Kerne,
In welchem Edelsteine die reinste Flamme ruht,
Welch' ein Juwel am nächsten steht dem Sterne,
In welchem Stein die schimmervollste Gluth? —

Und Einer von den Fürsten sagt im stolzen Tone:
„Der Demant ist der König im Juwelenreich!
Ihm gleicht kein anderer Stein der Fürstenkrone,
Und kein Juwel kommt ihm an Glanz und Klarheit gleich!
Ist nur der Diamant in Gluth und Fluth zu schauen."

— Der Zweite spricht: „Ich aber geb' dem Feuer
Den Vorrang, der da wohnt im Rubin;
Er gleicht dem zartgewebten Rosenschleier,
Den Phöbus' Finger durch das Frühroth zieh'n!
Rubinenglanz, er gleichet dem Erröthen,
Der aus dem Schnee von Mädchenantlitz bringt,
Und ein Gedank' an Falschheit kann ihn tödten,
Daß an der Hand er blaß wird und zerspringt,
Und weil Gedanke nur von Schuld ihn macht erbleichen,
D'rum kann kein and'rer Edelstein an Werth ihm gleichen."

— Der Dritte spricht: „Smaragd allein ist meine Wonne,
Im Strahle vom Smaragd liegt Wunderkraft,
Weil er dem Aug', das wund vom Licht der Sonne,
Durch seines Schmelzes Milde süße Labung schafft;
Wie nach dem großen Schöpfungswort: „Es werde!"
Das Feld, die Flur, der Plan, die Au', der Hag,
Der Berg, das Thal, die ganze junge Erde
Im grünen Jägerkleide vor uns lag,
So kann nur aus Smaragdes grünen Flammen,
Ein grünes Heer von Frühlingsstrahlen stammen!" —

Dann kommt an die Andern auch die Reihe,
Granat, Saphir, Opal erhalten auch ihr Lob,
Als sich mit einem Lächeln stiller Herzensweihe,
Der Jüngste von den Fürsten mild erhob:

Ihr habt den Edelsteinen allen hier gehuldigt,
Und schwer ist unter ihnen der Vergleich,
Ich aber zeige, wenn Ihr mich entschuldigt,
Den allerschönsten Edelstein doch Euch!
Und wollt Ihr ein paar Schritte mit mir gehen,
So sollt Ihr meinen Edelstein gleich sehen!" —

Und gerne folgen alsogleich die Andern,
Er führt vom Thore in die Vorstadt sie hinaus,
Wo sie erwartend, stille mit ihm wandern,
Bis an ein kaum vollendet, groß geräumig' Haus;
Noch hat's kein Dach, es stehen kahl die Mauern,
Die Thüren und die Fenster sind der Flügel frei,
Doch wird's, man sieht's, nicht gar so lang mehr dauern,
Daß das Gebäude gänzlich fertig sei.
Und an des Hauses annoch unbeschritt'ne Schwelle
Liegt rohgemeißelt und viereckig da ein Stein,
Daneben liegt ein Hammer, gleich dabei die Kelle,
Und Mörtel bringt man in den Trog herein;
Der Fürst bleibt stehen, bückt sich milde nieder,
Und spricht: "Dies Haus da, vielgeliebte Brüder,
Nächst Gott ist's meinem Schutze anvertraut;
Für Sieche und für Kranke ist's erbaut.
Hier soll der Arme die Genesung finden,
Wenn ihm die Lebenskräfte langsam schwinden,
Hier soll den Lechzenden man laben,
Hier soll am Bett' des Schlummerlosen, Schwachen,
Ein freundlich' Auge mitternächtlich wachen;
Hier soll, der so allein steht und verlassen,
Mit neuer Zuversicht die Retterhand erfassen,
Hier soll der müde Wanderer in der letzten Stunde
Ein Friedenswort vernehmen aus geweihtem Munde,
Und diesen Quader leg' ich jetzt als Grundstein ein,
Und sag' Euch frei: Das ist mein schönster Edelstein!"

Da bückten sich gerührt, und ohn' Bedenken
Die Fürsten all', den Grundstein einzusenken,
Und gaben still dann Erde auch hinauf,
Und manches Frauen=Thränlein tropft darauf,
Und manche fromme Zähre auf den Grundstein rann,
Als sie das Kreuz auch schlugen mit dem Hammer dann,
Und still fortmau'rten und beteten dabei,
Daß es in Gottes Huld befohlen sei!
Und es schien, als ob aus dem frommen Hammerschlag
Ein Echo des Gebets zum edlen Fürsten drang:
„Was Du versenkst in stiller Erdennacht,
Das schaut das Aug', das in dem Himmel wacht;
Weil Du gemauert hast am Gottes=Stein,
Wird eine feste Mauer Gott Dir sein,
Und mit dem Haus, das Du gar der Erd' vertraut,
Hast auf den Himmel Du gar fromm gebaut!
Und trittst Du einstens in den Himmel ein,
Soll dieser einfach schlichte Mauerstein
Dir eine Stufe mehr zur ew'gen Gnade sein!" —

Frauenwürde.

Weibliche Unschuld und Reinheit im höchsten Sinne ist das Höchste und Heiligste auf Erden. Hier ist die Stufe, über welche Gott zum Menschen herabsteigt; eine Jungfrau ist als solche nothwendig zugleich ein Engel in Menschen= gestalt, worüber man das Wörterbuch aller Dichter und Verliebten nachsehe. Kinder nämlich (das heißt Dichter) und Narren (das heißt Verliebte) reden nach einem alten Sprich= worte stets die Wahrheit. Eben darum konnte der ewige Gottmensch auch nur von einer reinen Jungfrau geboren werden, — wie es alle vorchristlichen Sagenlehren ahnen, in denen von der Menschwerdung eines Gottes die Rede ist, — und wer dies Stück der Glaubenslehre umgeht, vernich= tet damit zugleich die Gottheit des Christus.

Eben darum ist der höchste Gipfel des Schönen in der zarten Gestalt des unschuldigen Weibes — die Mutter ist nur schön, in so fern sie sich selbst als solche noch Jung= fräulichkeit erhalten konnte — und der höchste Sieg der Kunst in der medicäischen Venus und der Madonna, — darum ist Schönheit und Jungfräulichkeit eigentlich einerlei im tiefsten Urgrund. Darum leuchtet der Himmel mit allen seinen Sternen aus dem reinen Blicke der Jungfrau, die

nichts davon weiß, daß ihr unbefangen die Erde betrach=
tendes Auge den Himmel rückstrahlt durch Offenbarungs=
wunder. Darum vermag die edle Herrin den wildesten Ritter
zu sänftigen, und darum ist die Tugend, Wahrheit und
Schönheit in allen tugendhaften Sprachen weiblichen Ge=
schlechtes.

Wer dies Heiligthum des Jungfrauenherzens nicht
ehrt und anbetet, ist auch kein Mensch, und wer diesen
reinen Spiegel des Himmels beflecken kann mit der Lust der
Erde, der begeht die eigentliche S ü n d e wider den h e i =
l i g e n G e i s t!

Wehe euch neumodischen Weiberha ssern, die ihr im
reinen Spiegel des weiblichen Herzens nur den eigenen
Teufel erblickt, da er doch jedem guten Menschen ein Engel=
bild zustrahlt. Glaubt und sagt nicht, daß diese Reinheit
des Weibes jetzt etwa seltener sei als je; suchet sie nur ′zu
allen Zeiten, und ihr werdet sie stets finden, wo sie am we=
nigsten gesucht wird.

Eine Zeit und ein Volk, wo man die Frauen nicht
ehrt, ist eben darum eine schlechte Zeit und ein gesunkenes
Volk, und einst wird das jüngste Gericht von dem gesun=
kenen Männervolke des Zeitalters Vergeltung fordern für
all die unzähligen still und heimlich geflossenen Thränen
und erstickten Seufzer der verkannten, zertrümmerten und
niedergedrückten Weiblichkeit!

———

Der Liebe und des Ruhmes Kranz.

. .

Vergebt, Ihr Herr'n, der Dichter selbst, aus dessen Händen
    Ich diese kleine Dichtung hier erhielt,
Rieth mir, mich an die Frauenwelt zu wenden
    Mit seinem schlichten Phantasie = Gebild;
Er meint, das Frauenherz nur kann entscheiden,
    Ob er erfaßt, wie dieses wundersame Ding
Empfindet, schlägt und pocht im Suchen und im Meiden;
    Und wann und wie es Lieb' am liebsten je empfing;
Wie Lieb' muß nahen, und wie Lieb' muß kommen,
    Wie Lieb' muß sprechen, und wie Lieb' muß fleh'n,
Wenn sie als Lieb' im Herzen sei willkommen,
    Wenn Gegenlieb' soll Lieb' entgegen geh'n! —
Ihr werdet mit uns Beiden doch nicht rechten,
    Am Ende schlägt es doch in Euer Reich,
Denn wenn die Frauen Kränz' und Körbe flechten,
    So flechten Beide sie ja nur — für Euch —!
D'rum lauscht und schaut die Frauen an zuweilen,
    Mit Eurem Kenneraug', so sehr geübt;
Und scheinen sie der Dichtung Sinn zu theilen,
    Dann applaudirt nur, wenn es Euch beliebt.

* * *

Am Rhein, da wo die Welle an des Ufers Saum
Sich bricht und murmelt wie im Morgentraum,
Da lebt' ein Mädchen, wundersamlich hold,
Von Elfenhand das blonde Haar gerollt,

Das Aug' gefüllt mit Abendhimmels Blau,
Ein Zauberschloß des Mädchens Gliederbau,
Des Mädchens Blick, so klar, so lieb, so traut,
Dem Sterne gleich, der sich im Rhein beschaut,
Des Mädchens Wort, so süß, so fromm, so hell,
Gleich Glockenton aus stiller Priesterzell';
Des Mädchens Gang, so flink, so leicht bewegt,
Der Blüte gleich, die sich im Weste regt,
Des Mädchens Herz, ein unbeschrieben Blatt,
Auf das noch Lieb' kein Wort gezeichnet hat,
Das wie im stillen Thal ein stiller See
Bewacht nicht wird vom tiefen Liebesweh.
Im selben Ort lebt auch ein Brüderpaar,
Die liebten Beide sie, so tief als wahr,
Doch ihre Liebe nicht, und nicht ihr Schmerz
Erregten ihr das ruhig stille Herz;
Und als sie jahrelang geworben vergebens in Lieb',
Als kalt und fühllos stets die Jungfrau blieb,
Da litt es Beide nicht länger im Heimathshaus,
Es trieb sie fort, und es trieb sie hinaus
Mit Qual und Thränen, und mit Weh und Ach,
Verlassen Herd sie, Haus und Heimathdach,
Und zu versüßen, was das Leben Bitt'res bot,
Erwählen sie die Kunst zum Herzkleinod!
Denn Kunst ist ja das süße Himmelsbrot,
Das Gott bei Leid und Weh dem Leben bot;
Es ist die Kunst der klare Götterhauch,
Der küßt die Blumen wach am Dornenstrauch,
Es ist die Kunst ein süßer Tropfen Thau,
Der niederfällt vom nächt'gen Himmelsblau,
Der in des Herzens kranke Muschel fällt,
Und da zur Perle wird für alle Welt;
Es ist die Kunst ein Auferstehungsruf,
Der niedertönt von dem, der uns erschuf,

Der aus dem Herzensgrab' erstehen heißt
Zum ew'gen Leben den verklärten Geist!
Und wer der Kunst sich wirft in off'nen Arm,
Genes't von Lebensleid und Liebesharm!
Wer Kunst geliebt, wer treu ihr immer blieb,
Dem schenkt die Kunst auch sicher Gegenlieb'!
Die Brüder widmen sich der Kunst, die lang verkannt,
Der Kunst, die einst geirrt von Land zu Land,
Die Kunst, die Herzen rührt und süß belebt,
Die Ideale in das kahle Leben webt,
Die oft durch Thränen schweres Herz macht leicht,
Die oft dem Gram den Kelch der Tröstung reicht,
Die auf der leichtbewegten Linnenwand
Die Menschen und die Welt hat festgebannt;
Die auf der flücht'gen Well' des Augenblicks
Herauf beschwört die Stürme des Geschicks,
Die in der Hand des Lebens Spiegel trägt,
Die Herzen läutert, Herzen süß bewegt,
Die mit dem Dolch von Rauschgold und Papier
Tyrannen stürzt und schwingt das Siegspanier,
Die Kunst, die ihre Bilder schreibt in Sand,
Die Kunst, die kein Examen je bestand,
Die Kunst, die das Katheder nicht erfand,
Die Kunst, die, weil sie nie ein Lai' verstand,
In jedem Lehrling ihren Meister fand,
Die Kunst, die, wie der Busch im Wüstenland.
Im ew'gen Feuer steht, von selbst entbrannt,
Die Kunst, die von der Stunde ödem Strand
Hinaus Euch schifft in ein ergötzlich Insel-Land,
Für welche Nachwelt keine Kränze wand,
Die man belohnet mit dem Schall der Hand,
Die vielverdiente Kunst, die Schauspielkunst genannt!

* * *

In einer großen Stadt im deutschen Land
Erwählten beide Brüder diesen Künstlerstand;
Und durch Beruf, Genie, durch hohe Lust,
Den lohen Götterfunken in der Brust,
Erstiegen sie die Stufe höchster Kunst,
Und ihnen ward der Musen und der Menschen Gunst;
Durch alle Gauen hin flog der Tragöden Ruhm,
Der Bühnenkunst ein glänzendes Palladium,
Von fern und nahe kam der Fremden Schaar,
Bewund'rung zollend diesem Künstlerpaar,
Und auch vom fernen Rhein, von ihrem Heimathsort
Zog es das Mädchen, das einst sie liebten, fort,
War's Neugier, war es mehr? Sie war's sich kaum bewußt,
Es drängte sie ein namenlos' Gefühl der Brust,
Daß sie an Vaters Hand bald ankam an dem Ziel;
Und g'rad' an diesem Tag war Trauerspiel,
In welchem sich das weltberühmte Brüderpaar
Den höchsten Lorbeer kränzte um das Haar;
Und Abends bei des Hauses hellem Schein,
Voran auf allererster Bank der Reih'n,
Da saß, erglüht in holder Lieblichkeit,
Das Mädchen harrend an des Vaters Seit';
Das Stück beginnt, der Vorhang geht empor,
Das Mädchen sitzet da, ganz Aug' und Ohr,
Der Dichtung Sinn bestricket ihr Gemüth,
Zu hohem Roth ihr Antlitz ist erglüht;
Und ein Gefühl, gemischt aus Scham und Lust,
Beschleicht mit Wehmuthsfühlung ihre Brust,
Da tritt der eine Bruder auf die Bühn',
Ein lauter Jubelruf begrüßet ihn,
Und mit Begeisterung beginnt sein Spiel,
Sobald sein Auge auf die Sitze fiel,
Und er erblickt die Theu'rste auf der Welt,
Die er als heilig stets im Herzen hält;

Da schießt's wie Feuerstrom ihm durch das Blut,
Sein Wesen hoch aufflammt in Himmelsgluth,
Begeist'rung zuckt ihn durch wie Blitzesstrahl,
Er fühlt die Götternähe allzumal,
Und, angespornt von ihrer Gegenwart,
Sein Spiel zur höchsten Künstlerblume ward,
Es reißet seine Red' und sein beflügelt Wort
Unwiderstehlich die entzückte Menge fort,
Der höchste Geist belebt sein Kunstgebild,
Von Götterahnung ist sein Herz erfüllt,
Zu Thränen reißt er hin, zu süßem Schmerz,
Mit Wehmuthsschauer füllt sich jedes Herz,
Und wie er malt der Liebe Lust und Qual,
Erdröhnt vom Jubelschall der ganze Saal;
Und wie darauf die Bühne er verläßt,
Da schallt ihm nach ein jauchzend Jubelfest,
Von allen Seiten sind ihm nachgesandt
Der Blumen viel aus schöner Frauenhand,
Und einen gluthenvollen Siegesblick
Wirft er im Abgeh'n lächelnd noch zurück
Auf die Geliebte, die da saß und sann und sann,
Kaum wissend, daß die Thrän' vom Auge rann.
Da tritt der zweite Bruder auf die Bühn' heraus;
Auch ihn empfängt des Hauses jauchzender Applaus,
Und er beginnt sein Spiel mit Meisterschaft,
Die Rede strömt vom Mund' mit Weih' und Kraft;
Da fällt in das Parterre hinab sein Blick,
Er sieht die Theure da, er fährt zurück,
Er wirft den Blick hinunter noch einmal,
Da zuckt's ihm durch das Herz wie Blitzesstrahl,
Es schießt ihm plötzlich heiß durch Mark und Blut,
Es faßt ihn an wie wilde Fiebergluth,
Vor seinem Aug' es blendend schwirrt und flirrt,
Die Rede stockt, er scheint verzagt, verwirrt,

Vergessen hat er, was er sagen muß,
Zerrissen ist der Rede stolzer Fluß,
Er stockt, er lallt, er weiß nicht, was er spricht,
Die Menge horcht und stutzt, versteht ihn nicht,
Er bebt und zittert, steht dann starr und stumpf,
Ein Murmeln gehet durch die Menge dumpf,
Und unter lautem Pochen wankt er bebend ab,
Ein matter Blick nur fällt auf sie hinab.
Nicht weiter wird gespielt, das Stück ist aus,
Im lauten Unwill' geht das Volk nach Haus;
Das Mädchen doch verläßt das Haus noch nicht,
Sie gehet auf die Bühn' mit blaßem Angesicht,
Und als gefunden sie das Brüderpaar,
Nimmt sie der Kränze zwei aus ihrem Haar,
Und zu dem Einen spricht sie züchtiglich:
„Der eine Kranz allhier, der ist für Dich!
Du zeigtest heut' Dich mir im Künstlerglanz,
Dir ziemt mit Recht dafür des Ruhmes Kranz!

„Denn glücklich, wem in seines Lebens Tagen
    Die Stirne schmückt des Ruhmes grüner Preis;
Vom Himmel wird in einem gold'nen Wagen
    Des Lorbeers ewig unverwelklich' Reis,
Auf Westwindwolken erdwärts hingetragen,
    Auf hoher Götter Rathschluß und Geheiß,
Auf wessen Haupt der Lorbeer fällt hernieder,
Dem küßten Götter wach die Augenlieder!

„Dem küßten Götter wach die Augenlieder,
    Dem küßten Götter wach das taube Ohr,
Daß er vernimmt die unvernomm'nen Lieder
    Der Nachwelt laut, die sich sein Lob erkor;
Daß er erblickt das glänzende Gefieder
    Der Ewigkeit am lichten Himmelsthor;

Daß aus der Zukunft dichtverhüllter Ferne
Ihm leuchten seines Ruhmes gold'ne Sterne!

„Ihm leuchten seines Ruhmes gold'ne Sterne,
    Er wird zum Licht sich selbst auf seinem Pfad;
Zum Lebensbaum pflanzt er sich selbst die Kerne,
    Die Blüten schon genießet er als Saat;
Auf irdisch' Glück verzichtet er hier gerne,
    Und Lieb' lebt nicht in seinem Herzensrath,
So soll der Kranz des Ruhmes Dich beglücken,
Wer Lorbeer sucht, will keine Rose pflücken!"

Darauf nimmt sie den zweiten Kranz und spricht
Zum Andern mit erglühtem Angesicht:
„Es ist die Lieb' ein sonderbar und eigensinnig Ding,
Ist heute Löw' und morgen Schmetterling:
Wenn man sie ruft, so kommt sie sicher nie,
Ruft man sie nicht, kommt sie, man weiß nicht wie;
Wo sie das Herz beglückt, davon sie schnell enteilt,
Wo sie die Herzen bricht, sie treu und fest verweilt,
Wer ihr entläuft, dem jagt sie nach mit Hast,
Wer auf sie sucht, bei dem hat sie nicht Rast;
Sie ist ein Kind, doch nimmt man's auf den Schooß,
Und liebkos't es, so wird es riesengroß,
Sie ist auch blind, doch sündigt man ein Bischen d'rauf,
So schließt sie plötzlich tausend Augen auf.
Von was lebt Lieb'? Von wunderbarer Kost!
Die Thrän' ist ihr des Augenapfels süßer Most;
Ein Schwur, ein Seufzer, ein beschrieben Blatt,
Ein Bischen Haargewind, das macht sie satt.
Und woran stirbt die Lieb'? Sie stirbt an Hungersnoth,
Wenn Treue fehlt, denn Treue ist der Liebe Brot;
Sie stirbt gerad' wie ein Mimosenblatt,
Man faßt sie unzart an, sie welkt dahin, wird matt;

Sie stirbt so wie die Eisblum', die am Fenster sprießt,
Ein bloßer Hauch, ein rauher Wind und sie zerfließt.
Und mit was spricht die Lieb'? Mit Liebes-ABC,
Beginnt mit einem Ach, und schließt mit einem Weh!
Wen aber liebt die Liebe allzumeist?
Der ihr zumeist das zarte Herz zerreißt,
Der für die Wunden, die sie schlägt,
Kein Wunder-Mittel bei sich trägt,
Der nicht mit einem dürren Lorbeerblatt,
Geheilt das Weh der Liebe hat,
Dem Liebe selbst so Alles ist,
Daß er darob auf Ruhm und Kunst vergißt!
Denn Ruhm will in Gesellschaft sein,
Doch Liebe geht für sich allein,
Denn Ruhm lebt nur in Red' und Wort,
Doch Liebe lebt nur schweigsam fort,
Denn Ruhm der Nachwelt nur entgegen harrt,
Doch Liebes-Welt heißt: Gegenwart!
Und weil Dir Lieb' war mehr als Ruhm und Glanz,
So reich' ich liebend Dir den Liebes-Kranz!"

Scherz und Ernst über Leben und Kunst.

Ja, dieses Leben ist mehr denn ein bloßes Pflanzendasein, mehr als eine bloße Vorschule des Todes, mehr als ein bloßes Kerkerathmen, mehr als ein bedeutungsloses und unverstandenes Ding! das sagt uns jede gestirnte Nacht, das sagt uns die Süßigkeit verstohlen vergossener Thränen, das sagt uns die tiefe Sehnsucht nach etwas, das nicht im Leben ist, und das nicht gestillt wird, nicht von dem Goldglanze des Glückes, nicht von den Luftblasen der Ehre, selbst nicht von den Seligkeiten zärtlicher und erwiederter Liebe; das sagt uns der fortbebende Laut entfernter harmonischer Töne, Alles, Alles das sagt uns, daß ein tieferer, heiligerer Sinn des Lebens weiße Blätter fülle, daß es ein sinn- und bedeutungsreiches Räthsel ist, dessen Auflösung wir erst am Leichensteine zu lesen bekommen!

Die Frauen hassen nichts mehr, als Vorreden, lieben nichts mehr, als Nachreden, lassen sich gerne Vieles einreden, aber selten etwas ausreden.

Alles lernen die Frauen, nur die deutsche Sprache nicht leicht. Daher kommt es auch, daß sie Vieles unrichtig auffassen und ausführen. So wird zum Beispiel oft das ungewisse „Mädchen" zur „Frau" (die), ohne daß sie so thut, als ob sie jetzt blos weiblich wäre. So behandeln sie

oft die abstracten Hauptwörter: „die Treue," „die Spar=
samkeit," „die Mutterpflicht" ꝛc. blos als Nebenwörter;
sie leiden die eigenen männlichen Namen in der vielfachen
Zahl; sie verwechseln das Geschlechtswort „das" mit
dem Bindewort „daß"; sie vertauschen leicht das Nenn=
wort „Mann" mit dem unbestimmten „man", oft auch mit
dem Sammelnamen „Männer"; von den persönlichen
Fürwörtern kennen sie nur die erste und dritte Person „ich"
und „er". In den Zahlwörtern nehmen sie oft eine Null
für eine Zahl, und das Zahlen für eine Null; in den
Ordnungszahlen sind sie ganz fremd, gewöhnlich ist ihnen
der Erste der beste. Mit den Zeitwörtern gehen sie gar
falsch um, die längstvergangene Zeit nehmen sie in
der gegenwärtigen, zum Beispiel „ich bin 18 Jahr alt,"
statt „ich war gewesen" ꝛc. — Oft sagen sie in der anzei=
genden Art, was sie doch in der verbindenden denken,
zum Beispiel „ich könnte heirathen," statt „O, daß ich hei=
rathen könnte!" ꝛc. Von den Hülfswörtern fordern sie
von ihren Geliebten nur das „Haben"; zu „Sein" braucht
er gar nichts. Von den Umstandswörtern kennen sie blos
das „gegen" und „wider" ꝛc. ꝛc. Man sieht also, wohin es
führt, daß das weibliche Geschlecht die Sprache nur ober=
flächlich versteht.

Es gibt weibliche Wesen, die nichts als Seele sind,
aber ohne es sein zu wollen. Ihr Körper ist so zu sagen nur
der ätherische, durchsichtige, klare Spiritus, in welchen der
Schöpfer die Seele zur Erhaltung in der verwesenden Erden=
luft gesetzt, und die wir in diesem krystallreinen Elemente

fast beschauen können. Ja, wir sehen die Seele eines solchen zarten klaren Wesens auf der Antlitzfläche sich sonnen, wir folgen ihrem Spiele in den durchlaufenden Lineamenten des lebendigen Mienenspiels, und wir tauchen bis auf den Grund dieser wasserhellen Seele durch die runde, geschliffene, glanzfeuchte Taucherglocke ihres freien, offenen und klaren Auges. Ein solches Wesen ist ein wahres Blümchen Augentrost (Euphrasia), und ihr Kennzeichen ist, daß wir uns stets heliotropenartig zu ihr hinneigen, um sie regellos anzuschauen, aber es ist nicht das vampyrartige, gierige Einsaugen der Blicke, es ist nicht das Drehen der geöffneten Passions- und Leidenschaftsblume nach der glühenden Sonne seines Wunsches, es ist das Erschließen der zarten Nachtviole dem keuschen Mondlichte, dem milden Sternenschein; wir sehen sie an, wie wir das Sternenblatt betrachten, wie wir im Dunkeln nach dem Schein eines fernen Lichtes schauen, wie wir mit den Augen ausruhen auf einer herrlichen Landschaft, die, in reizenden Massen vom Mondlicht umgossen, sich vor uns aufthut.

Es ist sonderbar, daß das Mädchen mit den kleinsten zierlichsten Füßchen als Weib den größten drückendsten Pantoffel hat, und die scharfsichtigsten, thätigsten Jünglinge die kurzsichtigsten und leidendsten Ehemänner werden.

Schriftstellerinnen haben die Eitelkeit, daß sie ihrem Namen immer das „geborne von“ hinzusetzen. Ei, in der Literatur sind die rechten Musensöhne alle gleich wohl und gleich hoch (am Parnaß) geboren. Wollen sie aber nun

schon das „geboren" durchaus beibehalten, so sollten sie
wenigstens „geboren zu" und nicht „von" schreiben, zum
Beispiel „geboren zu Trauerspielen," „zur Romanschrift=
stellerin" ꝛc. ꝛc., so würde man doch wissen, daß sie dazu
geboren sind, wenn man es auch aus ihren Schriften nicht
ersieht.

Warum hängt das Triumphkleid der Freude nur
leicht und locker um uns're Schulter, und das feingewebte,
thränennasse Nesseltuch des Schmerzes legt und schmiegt und
wickelt sich an und um uns an, fest und unherabreißbar, wie
das Nessuskleid der Dejanira?! Ach! jede helle Lebens=
erscheinung wirft einen dunklen Schatten hinter sich! So
wird das Segelschiff unserer Gefühle zugleich von dem
Segelhauch der Freude und von dem Haarseile der Wehmuth
fortgezogen, und eben mitten in den strotzenden Macbeth=
tafeln der Lust ruft's plötzlich in uns: dorthin schau!
und zeigt auf die gestaltlose Geisternähe einer traurigen
Empfindung! Aber hat das Geschick nicht dem brennendsten
Schmerze wie dem Salamander kühlende Tropfen gegeben?
Blüht nicht in jedem Erdenleiden, wie auf der persischen
Seenessel, die himmelblaue Blüte, die Thräne, diese schmerz=
stillenden Tropfen des himmlischen Vaters? der höchste
Grad von Schmerz bleibt auf dem Siedpunkte der Unerträg=
lichkeit nur einen Augenblick stehen; nach der längsten kum=
merschweren Erdennacht folgen immer kürzere und kürzere.
Die hochgehenden Wogen des Unglücks tragen uns nur höher
zum Himmel, und wenn wir alle Wünsche über Bord ge=
worfen, wenn alle ausgesetzten Hoffnungsboote umschlagen,

wenn das ganze Freudenschiff zerschellt, o! dann, ja dann
nur drücken wir das rettende Brett desto inniger an uns're
Brust, — die Liebe zu Gott!!

Kunst! Künstler! das sind jetzt die Hutschmänn-
chen unserer Zeit, und besonders unserer Theaterwelt!
Künstler! Künstlerin! das sind die falschen Schaumünzen,
die Recensenten bei ihrer papiernen Krönung an dem Jan-
hagel der Kunst mit vollen Händen auswerfen. O! sündiget
nicht auf das geduldige Papier los! setzt eine katoptrisch-
dioptrische Linse auf und seht, wie leer diese Hülsen sind!
Setzt die rechten Gehörtrichter an Euer Ohr und hört, wie
hohl es klingt! Von den Dutzenden, die ihr mit dem Namen
Künstler belegt, ist es oft kaum der Dreizehnte! die Toga
macht den Römer nicht, das Schwert den Helden nicht,
das Schreien und Lärmen den tragischen, Trivialitäten und
Gemeinheit den komischen Künstler nicht!

Erst verspricht man sich zur Ehe, dann traut man
sich, das ist schlecht; man muß sich erst trauen, dann ver=
sprechen. Man verspricht sich, das ist wieder schlecht, man
sollte nicht sich, sondern einer dem Andern frohe Tage
versprechen.

Das Weib liest Romane, um einen zu spielen,
der Mann spielt Romane, um einen zu schreiben.

———

Schmollen und Brummen.

Er.

Der Ehestand, das ist ein süßer Stand,
Wenn nur das Schmollen gar nicht wäre.
Und wer das Schmollen einst erfand,
Das war kein Ehemann, auf Ehre!
Ist seinem Weibchen man auch noch so hold,
So sitzt sie dennoch oftmals da — und schmollt.

Sie.

Der Ehestand, das ist ein süßer Stand,
Wenn nur das Brummen gar nicht wäre.
Und wer das Brummen einst erfand,
Das war kein Eheweib, auf Ehre!
Wenn man den Mann auch noch so sanft umsummt,
So geht er dennoch oft herum — und brummt.

Er.

Wenn sie des Morgens früh erwacht,
Sag' ich ihr zärtlich guten Morgen.
Da hab' ich's schon nicht recht gemacht,
So muß ich plötzlich wohl besorgen,
Ich sagt's nicht so, wie ich gesollt.
Sie trinket still Kaffee — und schmollt, und schmollt.

Sie.

Wenn zeitlich ich im Negligée
Den Morgenkuß ihm bringe,
Da merk' ich es sogleich, o weh!
Ihn ärgern früh schon alle Dinge,
Er geht herum, und „hum't" und „hum't",
Er stopft die Pfeife sich — und brummt, und brummt.

Er.

Ein Glück ist's, wenn das Weibchen weint,
Vorüber geht das wie ein Regen;
Das Schmollen aber, das erscheint
Wie eine Dachtrauf' uns dagegen,
Das murmelt stets, als wär's für Lohn und Sold,
Sie trinket stets Kaffee — und schmollt, und schmollt.

Sie.

Wie freundlich nenn' das Schelten ich,
Ein Blitzstrahl ist es, der bald endet;
Nur Brummen nenn' ich fürchterlich,
Dem Donner gleicht's, der niemals endet;
Nicht laut ist er, nicht still und nicht verstummt,
Er stopft die Pfeife stets — und brummt, und brummt.

Er.

Ich denke oft: Sei doch galant,
Und bild' dir ein, es sei ein' Andere.
Ich kauf' ihr Schmuck und allerhand,
Daß es mit einem Verschen zu ihr wand're,
Vergebens spricht der Vers, und auch das Gold,
Sie schielt die Sachen an — und schmollt, und schmollt.

Sie.

Ich denke oft: es ist ein Mann,
Die sind so stark in schwachen Seiten,
Ich schmeichle diesem, wo ich kann,
Ich red' ihm zu, doch auszureiten,
Ja, mit dem Pferde wird getrillert und gesummt,
Er steigt vom Pferde ab — und brummt, und brummt.

Er.

Sie ist erpicht, stets einen Kreis
Von Beaux esprits um sich zu schlingen.
Ich geb' mir Müh' in Angst und Schweiß,
Ihr Dichter, Sänger in das Haus zu bringen,

Sie liest und singt, sie tanzt und tollt,
Der Kreis geht fort — sie schmollt, und schmollt.

Sie.

Redouten machen ihn oft froh,
Das weiß ich schon seit vielen Jahren,
Schnell bring' ich einen Domino,
Er muß mit mir zum Balle fahren:
Wie lustig ist er da, wenn er vermummt,
Er legt die Maske ab — und brummt, und brummt.

Er.

Wie gerne möchte ich das Brummen lassen,
Laß' du das Schmollen sein, mein Kind.

Sie.

Es sei, ich will beim Wort dich fassen,
Obschon der Mann stets mehr dabei gewinnt!

Er.

So? mehr? hm! hm! hm! — — —

Sie.

— — — — da brummt er wiederum!

Er.

Verzeih'! es war gewiß der letzte Brumm!

Beide.

Wohlan, von jetzt soll Schmollen und auch Brummen,
Für — heute wenigstens — verstummen.

Abend-Vision.

Die Königin unseres Welttheaters, die Sonne, sank hinter den Gebirgs-Coulissen unter, und zog die lange, rothe, purpurne, mit goldenen Wolkenflitterchen besäete Abendroth-Schleppe über den ganzen westlichen Himmel nach. Im Zwischenacte von Tag und Nacht erscholl die Hofkapelle der Natur, der Gesang der Luftbewohner und der Osthimmel steckte schon immer mehr und mehr die schimmernden arganbischen Lampen an, über welchen die blaue Decke wie eine schützende Veilchenglocke hing. Der letzte verklingende Ton der Abendglocke bebte wie der Scheidegruß des dahin geschwundenen Tages durch stillwehende Zweige. Ich öffnete das Fenster und sah hinaus in die Unendlichkeit, in den Raum, die Wiege und das Grab aller Wesen. — In dem Oberhause war die Pairskammer der Sterne schon versammelt, — gerade über mir schimmerte das Siebengestirn, die Septemviraltafel dieser leuchtenden Welten; die Natur hielt ihren Athem an, und die heilige Stille lag wie eine Sargdecke auf dem geschlossenen Auge der Welt, — ein warmer Hauch wie der leise Seufzer eines unaussprechbaren Bangens wehte durch die Luft, und zog mich hin in das süße Laubad der Sehnsucht, — namenlose Empfindungen und Schmerzen legten sich wie elastische Brusthütchen warm und geschmeidig an mich an, und die dünnen Schuppen

fielen ab von den Schnittwunden der Liebe, und rothe, glü=
hende Tropfen quollen heiß aus ihnen heraus, und die Eis=
mützen der kühlenden Zeit zerschmolzen an dem Hauche einer
glühenden Sehnsucht; und Lyssa's Andenken tauchte wie
eine neue, noch unbewohnte Insel der Seligen aus meinem
Herzen auf. — Ich glaube sie zu sehen, und die leisesten
Conturen wurden mir ansichtig. Der Goldschimmer ihrer
Lockenfülle, das Aetherfeuer, das wie ein Freudenfeuer der
jubelnden Natur aus der Augenkehlchen leuchtete; das Lächeln,
das wie ein Engelkind mit den Lippenrosen spielte; das
durchsichtige Sultanstuch überirdischer Reize, das ihr Gesicht
umwehte; der Rhythmus ihrer Bewegungen; Alles das
spielte wie ein Sonnewendefeuer vor meiner trunkenen Phan=
tasie. — Ich sog mit langen gierigen Zügen wie ein Taub=
stummer an der Süßigkeit der Täuschung, und in mir
sprang der Springquell reiner Wonnen, und mein Herz
schlug heftig; und Alles um mich zerrann in einen freund=
lichen Nebel, und in den Augen schwammen mir die zarten
Wasserpflänzchen des süßen Wonnemeeres, die Himmels=
schlüßlein der Empfindungen, und in diesen lichten Wasser=
wölkchen brachen sich die Sternenstrahlen, und alle Farben
des Regenbogens glänzten und schimmerten in mein Inneres
zurück. Ich war aufgelöst in eine einzige Empfindung einer
stummen, stillen und doch glücklichen Liebe; — alle Blutegel
des Hasses, der Feindlichkeit, des Neides, fielen ab von mir,
und aus ihren dreispitzigen Wundritzen floß aus das empörte
Blut der Leidenschaften, und das Gift der Lieblosigkeit. —
Ich hätte meine Fühlhörner ausdehnen mögen, daß sie die

Unendlichkeit umfaßten, und meine Gehör=Maschinen legen
mögen an alle Wesen der Natur, um zu wissen, ob auch
ihre Pulse in so klarer Seligkeit klopfen! Ich wollte mich
hinbeugen auf Lyssa's Hand, die wie die Hand der Ewigkeit
mir aus lichten Wölkchen entgegenstrahlte, und rufen:
„O Lyssa, laß in einem Kusse mein ganzes Leben versiegen.“
Da stieß ich die Stirne an die Fensterscheibe; — ich erwachte
aus der Täuschung; die Gestalt verschwand. — Die Thrä=
nen=Aehre sank von der eigenen Fülle schwer zu Boden, und
mein Herz schloß sich zu wie eine Austerschale. — Das
Siebengestirn stand noch über mir, und schien mich mit
seinen Vexir=Spiegeln hohnzunecken! — Alle Sterne schie=
nen mit Spott auf mich herabzuschauen, und die Luft dünkte
mir schneidend und kalt, wie aus den Eisspalten der Ver=
nichtung hervorgequollen. Durch einen stehenden Nebel
· wogten die Umrisse einer gigantischen Felsenmasse, und oben
auf dem unersteiglichen Gipfel stand Lyssa, spielend mit den
Sternen, nahm sie wie Lettern aus dem runden Setzkasten
des Himmels, und setzte das Wort „Entsagen“ zusammen;
ich sank nieder im Schmerzkrampf der Gefühle, und die
Goldader=Knoten der Hoffnung sprangen in meinem Herzen
auseinander, die Erschütterung untergrub die Säulen der
Standhaftigkeit; mein Auge erblindete bei dem Fackeltanz
der Gestirne, meine Brust zog sich krampfhaft zusammen,
und in dem Buche meines Lebens war ein leeres Blatt ein=
geschlossen. Da fühlte ich mich von einem stehenden Dufte
eingeschlossen, und eine Hand faßte mich, die Hand war
nicht kalt anzufühlen, aber kein Pulsschlag belebte sie, keine

Blutader rollte in ihr, — der Duft, der mich umgab, stand
dicht wie eine Säule, und ich wurde von der unsichtbaren
Hand ergriffen und mit ihm weggeführt.

Als ich mich von meiner Stelle wegbewegte, klang's
hinter mir, als wenn ein Weltbeben das Universum zum
Tode läutete — alle Körper fielen wie Sägespäne hinter
mir weg, und die Hand leitete mich starr und bewegungslos
über die höchsten Bergrücken; und in der Tiefe unten rauchte
die Schädelstätte von Millionen Menschengeschlechtern, und
darüber stand eine Bluteisdecke, und ein unendliches Gewin=
sel zertretener Jahrtausende quoll zu mir herauf; und mir
gerann das Blut in den Adern; und ein Schwindel ergriff
mich, und ich stürzte hinab in das Gewinsel. — Da fühlte
ich mich einen Augenblick schweben auf dem stockenden Blut=
dampfe, die unsichtbare Hand ergriff mich wieder und zog
mich hinauf in die Luft; und unter mir hing an einem
schwarzen Kloben das ganze Weltall, wie die gegerbte Haut
einer Riesenschlange, ausgedorret und schwarzscheußlich,
und auf dem Bauche und Rücken waren die einzelnen Wel=
ten, wie falbe Punkte und Flecken sichtbar, und der Wind
spielte mit der hängenden Haut, und dorrte sie immer mehr
aus. — Da klang's dumpf, wie das Zuschlagen eines
Sargdeckels in mir, und der letzte Funke verglimmte in
mir, — da ergriff sie mich, die kalte unsichtbare Hand, und
führte mich schnell, wie die Windsbraut, fort durch die wo=
gende Luft, und ein heller Klang floß durch die Wolke, und
der letzte Glockenschlag der Zeit erscholl, und zerriß den
stehenden Duft, der mich eingeschlossen hielt, — über —

unter — neben — und um mich sah ich weiße und schim=
mernde Sonnenpunkte, und die Punkte wurden immer grö=
ßer, floßen in ein großes Lichtmeer zusammen, und in die=
sem Lichtmeer schwammen, in ein ewiges Lächeln getaucht,
die verklärten Gesichter aller meiner Freunde und Jugend=
bekannten wie Wasser=Lilien; und in jedem ihrer Augen
quoll eine zitternde Perle, und in dieser zitternden Perle
zitterte das große unendliche Licht und zog mich hinab, —
und wie ich mich hinneigte zu den schimmernden Gesichtern,
verzogen sie sich in Eines, und ihr Lächeln schwamm zusam=
men, und ihre Thränen floßen in einander, und das ganze
Lichtmeer legte und wickelte sich um mich, und stürzte mit
mir durch die Unendlichkeit bis an die Pforte der Ewigkeit.
Weg flogen die Riegel, — hinter mir verschwand die Fall=
brücke der Zeit — das Thor flog auf, und ein Sonnenrad
schwang sich im unendlichen Raum — ein nie versiegender
Glanz strömte davon aus, und im Mittelpunkte schimmerte
der Brennpunkt und ich erkannte Lyssa. — Aber es war keine
Gestalt; es waren keine Formen; es war nur ein wogender
Duft, ein Schimmer, und doch erkannte ich Lyssa — ich
stürzte nieder neben ihr, — es zischte wie ein Wassertropfen,
der auf glühend Eisen fällt, und ich war aufgelöst in einem
lichten Aether, und spielte im Abglanz Lyssa's; — das große
Sonnenrad drehte sich um uns, und wir standen unter der
Kaskade ewigen Lichtes in einem Lichttropfen zusammen=
geschmolzen, und zogen unsterbliche Vereinigung aus dem
um uns in Funken zerstäubenden Strahlenfalle. — Da
wehte es mich kalt an; ich erwachte aus meiner Vision —

noch stand ich am Fenster, ein kalter Luftzug hat mich er=
weckt. — Noch hing die blaue Kuppel sternenbesäet über
mir — die blasse Mondesscheibe leuchtete wie eine stille Dul=
derin mir zu, — die Stille sprach mich so wundersam an, —
mir ward so wehmüthig, wohl, — eine warme Thräne stieg
wie die süße Vorahnung der ewigen Vereinigung mit Lyssa,
mir ins Auge, ich fühlte mich so leicht, und mein Herz so
voll banger, süßer Empfindungen, — es drängte mich, einem
lebenden Wesen an die Brust zu sinken; mein Mund verzog
lächelnd zu einem seligen Weinen sich, und die salzlosen
Wassertropfen quollen aus dem umflorten Auge, durch wel=
ches das besternte All mir Friede und Hoffnung ins Herz
blinkte. Ich sank auf die Knie, und lispelte die leisen Worte
durch die zarte, fortbebende Luft: „O Lyssa, wenn du mir
auch fern bist, wie dort der glänzende Sirius, und die Un=
endlichkeit sich wie ein Riese zwischen uns legt, hörtest du
auch nie den leisen Seufzer meiner Liebe, und muß ich dich,
wie die freundlich leuchtende Welt dort oben, von ferne an=
schauen, und kniend anbeten; doch einst, wenn dies Leben,
das Vorwort der Ewigkeit, zu Ende geht, wenn aus den
Sargritzen lächelnd die Gestorbenen aussteigen, wenn alle
Wellen wie Tropfen, und alle Menschen wie Infusions=
Thierchen in diesen Tropfen in die Hand des großen Vaters
zusammenrinnen, dann bin ich in deiner Nähe, und ein
Element: unsterbliche Liebe, wird uns umschließen, und zu
was sich hier die Seele geneigt, muß sich nach ewigen Ge=
setzen dort festhalten und in ewiger Seligkeit umarmen!"

Die stille Woche.

Allein mit Dir, mein wundes Herz,
Mit Dir nur ganz allein,
Will ich in Andacht und in Schmerz
Die stille Woche sein.

Berathen will ich inniglich
Mit Dir mich im Gebet,
Wenn durch das Weltall feierlich
Die Auferstehung weht;

Erkennen möcht' ich nun zur Stund',
Was innig Dich bewegt,
Was Dich bis auf den tiefsten Grund
Zu Lust und Leid erregt;

Ob eitel Ding und weltlich Gut
An Deine Thüre pocht,
Ob Dir Gelüst nach irb'scher Gluth
Des Blutes Welle kocht.

Ich will mit leisem Vater-Wort
Besprechen Dich allein,
Auf daß Du Dich zu Deinem Hort
Erhebest fromm und rein.

Zu Deinem Hort, der für Dein Heil
Den Kreuzestod erkannt,
Der für Dein ew'ges Seelenheil
Vom Tode auferstand!

O sehe betend Dich nur um,
Wie rings, im vollen Licht,
Natur, ein heilig Kirchenthum,
Von Auferstehung spricht.

Wie sich das Gräschen, neu belebt,
Dem starren Tod entringt,
Und frisch und jung das Haupt erhebt,
Und in die Lüfte dringt.

Der Baum, der schon gestorben war,
Verdorrt bis auf sein Haupt,
Er wird nun wieder blütenbar,
An Zweig und Ast belaubt.

Und Blumen stehen priesterlich
Vom Opferduft beschwert,
Und schau'n empor und neigen sich
In Demuth still zur Erd'.

Die Lilie als Sakristan,
Sie hat zu Gottes Preis
Das Meßgewand schon angethan,
So zart und rein und weiß.

Aus jedem Kelche steigt empor
Des Weihrauchs heil'ger Duft,
Aus Büschen steigt der Andachts=Chor
Der Lerche in die Luft.

Und Alles auf dem großen Rund,
Vom Menschen bis zur Blum',
Es thut die Auferstehung kund,
Zu Gottes Preis und Ruhm.

D'rum wird auch hier mein Erdenstaub,
Des Leibes Wesenschaft,
Der Nacht des Todes hier zum Raub,
Zur finstern Grabeshaft.

So schwingt sich doch zum ew'gen Licht
Die Seele allzumal,
Wenn einst der große Tag anbricht
Mit seinem Gnadenstrahl.

Wer hier den Schöpfer lobt und preist,
Und schaut zu Gott hinauf,
Als reine Blume steht sein Geist
Am ew'gen Frühling auf.

Lebende Bilder aus meiner Selbst-Biographie.

Wie süß ist die Erinnerung an die Kindheit! Wie lieblich ist der Gedanke an die Jugendjahre!

Kindheit! Maimorgendämmerung des Daseins! Jugend! Frühlingssonnenaufgang des langen Lebenstages! Kindheit, Jugend, reizende, süße Vignette und Titelblatt des Menschenbuches, leichtgeschürzte, flüchtige Vorläufer und Blumenstreuer vor dem schweren Gespann des nachrollenden Alters; selig, wer mit entzückender Erinnerung von Euch reden kann! Selig der, dem Ihr im Gedächtniß dasteht, reichgeschmückt und lichtumflossen, und ihm die Arme öffnet jeglichen Augenblick, wenn er im Lebensstrome aufwärtsschwimmt zur Quelle der Jugend! Dreimal selig der, dessen Erinnerung sich das Gedächtniß an Kindheit und Jugend zurückgelegt hat als Nothpfennig für die alten Tage, der die goldnen Schau- und Krönungsmünzen, welche die tanzende Jugend auf seinen Weg gestreut, in der Erinnerung eingesammelt hat, um in späterer Zeit von den einzelnen Stücken ganze Jahre zu vergolden!

Ich, ich hatte keine Kindheit! Ich hatte keine Jugend!

Diese zwei goldnen Einleitungsblätter fehlen in meinem Lebensbuche! Die Kindheit, dieser farbige, buntgemalte Anfangsbuchstabe, ist weggerissen von der langen Zeile meines Daseins!

Ich hatte keine Kindheit, keine Jugend! Nicht Gängelband und nicht Rollwägelchen lernten mich gehen, sondern ich schlug mir so lange die Nase blutig, bis ich gehen konnte! Ich hatte keinen Namenstag und keinen Geburtstag! Mir wurde kein Bindband, und mir leuchtete kein Kerzchen eines Weihnachtsbaumes! Ich hatte kein Spielzeug und keinen Spielgefährten! Ich hatte nie Ferien, und wurde nie spazieren geführt! Mir wurde nie eine Freude gemacht, ich erhielt nie eine Belohnung, ich wurde nie mit irgend einem Sächelchen überrascht, ich erfuhr nie eine Lieb=kosung! Kein schmeichelnder Ton führte mich zum Schlummer und kein freundlicher Laut rief mich zum Erwachen!

Die zwei leuchtenden Augen des Lebens: Kindheit und Jugend hat mein Schicksal mit einem schwarzen Pflaster bedeckt! Sie existirten nicht für mich mit ihrem Licht und mit ihren Strahlen, nur mit ihrem Brennen und Stechen und tiefen Weh!

Das Flügelkleid des Lebens war für mich eine Zwangsjacke! Ich wurde gefüttert mit Drangsal, groß=gezogen mit Schlägen, gebadet in ewigen Drohungen, unterrichtet in Entbehrungen, ich bekam Schwimm=Lectionen in Thränen und Turnunterricht mit dem nie rastenden spa=nischen Rohr eines Hauslehrers!

Vergebens blättere ich zurück, und blättere ängstlich und suche mit spähendem Auge in dem Kalender meiner Kindheit, da finde ich keinen Tag, der angestrichen wäre mit dem Roth eines Festtags; da ist keine Stunde, die bezeichnet wäre mit irgend einer winzigen Freude, da ist

keine Minute, die überdeckt wäre mit dem dünnsten Gold=
schlägerblättchen eines kindlich=frohen Augenblickes!

Wenn ich in einsamen Stunden auf= und abschreite
und herumwandle in den Ruinen meiner frühesten Lebens=
tage, da begegnet mir nur eine traurige, weibliche Gestalt,
mit niedergedrücktem Gang, mit blaßblauen, in Thränen
geübten Augen, mit leidenden, in Duldung ergebenen Zügen,
gebückten Hauptes, kränklich und willenlos, mild und in
Resignation aufgelöst, und diese Gestalt fuhr mit feucht=
kalten, fleischlosen, zarten und weißen Händen über die
brennenden, von Thränen überschwemmten Wangen, und
sagte nichts, als fast tonlos mit sterbender Stimme: „Sei
still, Moriz, es wird schon wieder gut werden!" Diese
Gestalt war meine Mutter! Ach, sie hatte ein Herz voll
Liebe, voll inniger, herzlicher Liebe für alle, alle Men=
schen, und auch für ihre Peiniger, und nun gar für ihre
Kinder! Aber dieses Herz war gebrochen, in allen Adern
grausam höhnisch zerrissen, an seinen zartesten Fäden zer=
rissen, und als ich eines Morgens erwachte, trugen sie
einen schwarzen Kasten hinaus, und ich sah die liebliche,
leidende, zärtliche Gestalt nicht wieder, und keine zarte
Hand fuhr mehr über meine thränennassen Wangen, und
kein süßer Laut sprach mehr: „Sei still, Moriz!" Ich hatte
keine Mutter mehr, ich sah sie nicht wieder!

Aber doch, doch! Ich sah sie wieder! Dreißig Jahre
später! Man wird lächeln! Und doch! Und doch!

Noch steht ein Samstag vor mir, ich sollte große
Prüfung aus dem „Talmud" machen! Die Rabbinen des

Ortes waren eingeladen! Es ging Alles vortrefflich! Die
Rabbinen waren außer sich über meine Capacität, und
prophezeiten, ich werde ein großer Rabbiner werden! Mein
Vater hatte den großen philosophischen Grundsatz: „Man
muß den Kindern nie zeigen, daß man sie lieb
hat!" Ein Grundsatz, der hie und da noch gang und gebe
ist, und wie ein Gifthauch über die zarte Pflanzung der
kindlichen Liebe im Herzen des Kindes hinfährt!

Ich war auf eine Belohnung gefaßt und weinte bitterlich. Da kam die blasse Gestalt, die Leidensfrau, meine
Mutter, mit einem kleinen, seidenen Tüchlein in der Hand
und fuhr mir mit den zarten weißen Händen über das Antlitz und trocknete meine Thränen und sagte: „Sei still,
Moriz, es wird schon wieder gut werden!" und knüpfte
mir das seidene Tüchlein um und weinte selbst still dabei.

Nach dreißig Jahren lag ich in München am Ner-
venfieber darnieder. Meine Collegen, die Journalisten, hatten
schon meinen Tod verkündet. Das Hirn glühte in meinem
Kopfe, mein Blut floß wie Lava durch die Adern, es
hämmerte an meinen Gehirnwänden, die Denkkraft flatterte
wie ein vom Sturm zersetzter Wimpel auf meinem Gedan-
kenschiffe hin und her, und meine Pulse schlugen wie die
Planken eines kecken Fahrzeugs auf erzürnten Wellen. Es
war Nacht und öde Stille um mich herum, da öffnete sich
die Zimmerthüre und hereintrat oder schwebte vielmehr eine
traurige weibliche Gestalt, mit blaßblauen, in Thränen
geübten Augen, mit leidenden Zügen, es war meine Mutter! In der Hand hatte sie dasselbe seidene Tüchlein, und

sie nahete sich meinem Bette, und fuhr mit den zarten wei=
ßen Händen über mein glühendes Antlitz, und sie band
mir das seidene Tüchlein um den Hals, und neigte sich
nieder und flüsterte: „Sei still, Moriz, es wird schon wie=
der gut werden!" und ein Kuß hauchte meine Stirne an
und sie verschwand!

Wars ein Traum? Ein Fieberbild? Wars mehr?
Ich will es nicht entscheiden.

Aber ich fühlte mich innerlich genesen von diesem
wundersamen Augenblicke an, und eine Beruhigung, die an
Zuversicht gränzte, ging durch mein Wesen, und die Ueber=
zeugung, daß ich genesen werde, erfüllte mich unerschütter=
lich. Am andern Morgen kam mein vortrefflicher Arzt, der
unschätzbare Herr Medicinalrath von Koch, fühlte mir den
Puls, sah mich an, und sprach in seiner liebenswürdigen
Weise: „Ei, schämen Sie sich, ist das ein Puls für einen
Fieberkranken?"

Und von derselben Stunde an war die Krankheit
gehoben.

Es ist höchst wunderbar, wie lange oft gewisse Mo=
mente und Scenen aus unseren Kinderjahren vergessen lie=
gen in uns, und bei einer unvermutheten Veranlassung
plötzlich wie auf den Druck einer geheimen Springfeder
herausspringen, und vor uns offen da liegen! Wie leicht
aufgeritzt ist das Reich der frühesten Erinnerungen!

Ach, darum kann der Mensch gar nicht wissen,
welch' ein Heiligthum, welch' eine heilige, göttliche, wun=
dersame Mythe und Ueberlieferung die Kindheit ist! Darum

soll der Mensch dastehen, vor jedem Kinde, wie vor einem Zauberschreine, in dessen Gesteine und Geschnitze göttliche Offenbarungen liegen, aus dessen Innern eine uns unbekannte, bedeutsame, göttliche Musik ertönt, und der Schlüssel zu diesem Zauberschreine ist Liebe, nichts als Liebe!

Ach, bedenkt Ihr Alle, die Ihr auf der Claviatur des Kinderlebens, und auf der Tastatur der Kinderherzen herumfährt, bald mit Thalberg'scher Noblesse, bald mit Liszt'scher Genialität, bald mit Meyer'schem Faustrecht, und bald mit Hummel'schen Improvisationen; bedenkt, daß die Töne, die Ihr jetzt anschlagt, in diesen Herzen fortvibriren bis ins späte Alter, und daß jeder falsche Ton, jede harte Note einst heraussteigen wird als ein Wesen für sich und von Euch Rechenschaft fordern wird für jeden falschen Griff, für jede gerissene Saite, für jedes Wischen und Schleifen auf dem Forte und Piano des jugendlichen Herzens!

Die Eltern denken nur daran, wie sie jetzt den Kindern erscheinen, und strafen sie jetzt und liebkosen sie später, und verwunden das zarte Herzchen in diesem Augenblicke, und verbinden es im nächsten Augenblicke wieder mit der Wundsalbe von Zärtlichkeit und mit dem Giftpflaster von Geschenken und Spielereien; allein sie vergessen, daß die Einschnitte und Verletzungen, die man dem jungen Herzchen macht, tief gehen und tief bleiben, und das Giftpflaster und die Wundsalbe nur auf der Oberfläche bleiben, und in spätern Jahren da zählt das erwachsene Herz seine Narben, und es erinnert sich nur der Wunden und des Schmerzes, und des Instrumentes, das sie machte, aber nicht auch der kühlenden Salbe und des abgefallenen Verbandes!

Die Eltern müssen die Kinder nicht so behandeln, daß sie dieselben blos jetzt als Kinder lieben und ehren, denn ein Kind liebt leicht und schnell, und Alles, was ihm mit Liebe entgegenkommt, — nein, sie müssen sie mit solcher Liebe lieben und umgeben und großziehen, daß diese Liebe als ein Einziges, Unversehrtes, an und für sich Bestehendes mit hinübergehe in das Gedächtniß des kindlichen Herzens bis in ihr spätestes Alter; daß diese Liebe eine Mitgift werde für die Zukunft des Kindes, und daß die Kinder von der Erinnerung an ihre Kindheit nichts mit hinüber nehmen in ihr Alter, als die Liebe, die sie erhielten!

Friedhofskind.

Wahres Ereigniß.

Es war am Allerseelentage,
Als in gar traulich stiller Abendstunde
Manch' Märlein und manche liebe Schauersage
Ward ringsherum erzählt im engen Freundesbunde;
Und auch der Dichter dieser heut'gen Gabe,
Erzählte, als die Reihe kam an ihn im Kreise,
Ein klein Ergebniß dann an einem Grabe,
Das er erlebt, erzählt's in einfach klarer Weise.
Der Dichter malte seine Friedhofs-Scene
Ganz ohne Schmuck, doch wahr und innig,
Ich ward gerührt und eine stille Thräne
Zollt' dem Ereigniß ich, so einfach, sinnig;
Ich bat den Dichter aber, das Erzählte
In des Gedichtes Rahmen einzupassen,
Und wie er oft schon Kindersagen wählte,
Mög' er doch diese auch in Verse fassen.
Der Dichter sprach: „Und liegt denn nicht nach Gottes Plan,
Im Kindesleben höchste Gottverklärung?
Ein Sternlein zog drei Königen voran
Zu eines Kindes göttlicher Verehrung!
Ein Kind, es ist ein ungeöffnet Zauberbuch,
In welchem viel geheime Schätze liegen,
Noch unerklärt ist jeder Zug,
Auf dem sich still des Lebens Räthsel wiegen.

Und wie die Blume blühet über Nacht,
Den Sternen heimgestellt ihr Sorgen;
Wie der Gedanke webt im Herzensschacht,
Von stillen Geistern wohl geborgen;
Und wie das Herz mit froher Liebesfracht
Die Nacht durchschifft bis früh am Morgen,
Und wie die Lilien ihres Kleides Pracht
Vom lieben Himmel kindlich borgen,
So wächst, gedeiht ein Kind, ganz wohlgemuth,
Beschützt von Himmels unsichtbarer Huth!
Und immer wenn ein Kind tritt in die Welt,
Wird ihm ein Sternlein hoch am Himmelszelt,
Und wie alsdann das Kind gedeiht und blüht,
Ob seinem Haupt sein Sternlein glüht,
Und alldieweil das Kind am Leben bleibt,
Sein Sternlein hoch den Kreis umschreibt,
Doch wenn das Kindlein drunten sterben muß,
Senkt sich sein Stern herab zum letzten Kuß,
Die Menschen aber nennen's einen Sternenschuß! —"
Und weil an nichts der Dichter in der Welt
Mit solcher Liebe, als an Kindern hält,
Glaubt er, es mög' sein inniglich Empfinden
Wohl auch in ihrem Herzen Anklang finden,
Und so erzähl' ich's denn mit seinem Wort,
Wenn Sie's erlauben, Ihnen nun sofort. — —

* * *

Es war am Allerseelentag, in jener Stadt,
Die an dem Isarstrom ihr Bette hat,
Daß ich hinausging mit wehmuthsvollem Sinn,
Und leitete den Schritt zum Friedhof hin.
Ein schön'rer Gottesacker ist zur Zeit
Auf Erden kaum, so weit und breit!

Ein wahrer Friedhof ist's, ein Gartenraum,
Da grünt's und blüht's, und Schatten gibt der Baum,
Der Rasen breitet seinen Teppich allerweg,
Zu sammtenen Decken aus auf Weg und Steg,
Und in den dunklen Zweigen hangen
So Sehnsucht, Thränen, als Verlangen,
Und aus dem Tiefgrün trauernder Cypressen
Scheint es zu flüstern: nicht vergessen!
Und dichte Lauben, die von Kränzen ganz erfüllt,
Sie halten sinnige Inschrift in Düster gehüllt,
Und Alles flüstert in diesen Räumen uns zu:
„Hier nur ist Friede, und hier nur ist Ruh'!" —
Ich ging wohl lange, sinnend, stumm,
Von Grab zu Grab im Friedhofe herum,
Gedrängt voll waren die Räume all,
An jedem Grab von Menschen ein Schwall,
Wo man nur hinsah, allerwärts
Geputzte Gräber und geputzter Schmerz,
Und Lichter und Blumen an jeglichem Stein,
Und bunte Lampen und Kerzenschein.
An jedem Stein, an jedem Kreuzlein, das erhöht,
Ein weinend Aug', ein Mund im Gebet,
Ein Herz, das gebrochen, ein Blick, der gesenkt,
Ein Haupt, das in Wehmuth zur Erde sich senkt.
Ich wanderte still an den Gräbern umher,
Kein einziges war von Blumen wohl leer,
Kein einz'ges, an dem nicht ein Lämpchen gebrannt,
Um das sich nicht ein Grünzweiglein frisch wand.
Als ich so weiter ging, an die Wand hinschreit',
Allwo die Armuth auch im Tod liegt bei Seit',
Gewahrt' ich ein Schauspiel, das in's Herze mir schnitt,
Und weiter nicht wagt' ich den stockenden Schritt.
An einem ganz verfallenen Grabe, abseits, allein,
Bezeichnet nicht von Hügel, von Stein,

Von einem kleinen Kreuzlein nur geschmückt,
Da saß ein kleiner Knabe, einsam, zerknickt,
Gestützt auf seine kleine, schwache Hand,
Und gräbt mit einem Messer in den Sand,
Und zieht aus der Brust, halb kaum bedeckt,
Ein Stückchen Zweig, das er in die Erde steckt,
Und steht dann auf und geht umher,
Und sieht, ob kein Blümchen zu finden wär',
Und wie er fand ein Stückchen Grün, eine Ros' ohne Stiel,
Lief er zurück zu seinem frommen Ziel,
Und steckt das Stückchen Rose in die Erd',
Und wirft sich nieder, und weint ungehört.
Dann geht er wieder fort, und sucht auf jedem Schritt,
Und bringt ein Stückchen Grünes immer mit,
Das er still wieder in die Erde setzt,
Und wieder es mit hellen Thränen benetzt!
Mir ward das Herz so voll, das Auge lief mir über;
Ich sprach ihn an: „Was machst Du da, mein Lieber?"
Der arme Knabe sah mich an und sprach im kindlichen Ton:
„Die Mutter liegt mir da wohl zwei Jahre schon,
Und alle Gräber sind herausgeputzt und mächtig schön,
Und nur auf meiner Mutter Grab ist nichts zu seh'n;
Wenn ich nur einen kleinen Kreuzer hätt',
Etwas zu kaufen draußen von dem Blumenbret,
Wo sie da draußen verkaufen vor der Thür!"
Dabei quollen ihm die Thränen herfür.
Ich aber sprach: „Da, lieber Junge, da hast Du Geld,
Und kauf' Dir jetzund, was Dir gefällt!"
Der Knabe lief wie ein Blitz von mir fort,
Ich aber war geblieben an Stell' und Ort,
Und sieh', bald kommt der Knabe zurück,
Aus seinen Aeuglein spricht ein traurig Glück,
Er brachte einen großen, grünen Kranz
Und einen Stern aus Holz, der ringsum ganz

Voll rother, grüner Lichter war und Kerzenglanz;
Und kauert sich nieder und schmücket das Grab,
Und windet den Kranz um den hölzernen Stab,
Und wirft sich auf die kleinen Knie nieder,
Und betet und weint und betet wieder,
Und liegt am kleinen Grab bis Abends spät.
Und als im Dunkeln er vom Friedhof geht,
Geb' ich von ferne stets ihm das Geleit,
Und merk' das Hüttchen mir, das steht abseit,
Allwo der Knabe, kaum neun Jahre alt,
Verwaist bei Bettlern hat seinen Aufenthalt.
Und andern Tags, noch ganz vom Weh erfüllt,
Entwerf' ich dem Publikum ein kleines Bild
Der Friedhof=Scen', und der Himmel segnet meine Hand,
So daß mein einfach Wort auch weiche Herzen fand.
Denn was ein Dichterherz für Menschenwohl ersann,
Das klingt im Menschenherz stets dichterlohnend an.
Und eine hohe Königswittib, an Geist und Tugend reich,
Die jetzund oben thront im ewigen Himmelsreich,
Sie las, was ich beschrieb, bescheidet mich zu sich,
Begehrt einen Bericht ganz huldiglich
Vom frommen, armen Kind, von seinem tiefen Leid.
Da wird die hohe Frau von Milde ganz verklärt,
Und sprach: „Dem armen Kind sei Hilfe schnell gewährt!"
Und in dem Augenblick gab sie sogleich Befehl,
Daß für den Knaben sei gesorgt an Leib und Seel'.
Ich aber ging nach Haus, und sprach zu Gott empor:
„Dem Dichter gibst Du nicht des Lebens reichen Flor,
Dem Dichter gibst Du nicht des Lebens irb'sches Gut,
Dem Dichter gibst Du nicht des Glückes hohe Fluth,
Dem Dichter gibst Du nicht der Ehrenzeichen Tand,
Dem Dichter gibst Du nicht den Kranz im eigenen Land,
Dem Dichter gibst Du nicht der Erdengroßen Gunst,
Doch gibst dem Dichter Du die süße Herzenskunst,

Zu rühren mit dem Wort der edlen Menschen Herz,
Zu stimmen Menschensinn zum Mitleid für den Schmerz,
Zu singen hie und da ein tiefgemüthlich Lied,
Das in das trock'ne Aug' die süße Zähre zieht;
Zu schildern inniglich der Menschheit Noth und Leid,
Daß in des Menschen Brust das Mitleid sei bereit!
Daß Du dem Dichter gibst die Lust und auch die Kraft,
Daß er, ein Armer selbst, doch selbst für Arme schafft,
Dafür, o Ewiger, wie klein auch mein Talent,
Dafür hab' Dank und Preis und Segen ohne End'!"

Warum gibt es kein Narrenhaus für verrückte Gedanken, kein Invalidenhaus für alte Gedanken, kein Zuchthaus für gestohlene Gedanken, kein Thierspital für kollerische Gedanken, keinen Actienverein auf ungeborne Gedanken?
u. s. w. u. s. w.

Humoristische Vorlesung.

Es ist eine ausgemachte Sache, meine freundlichen Hörer und Hörerinnen, je weniger Geld der Mensch hat, desto mehr Gedanken hat er; wer sich kein Geld machen kann, der macht sich allerlei Gedanken, auf die der Mensch, der Geld hat, mit keinem Gedanken denkt, und wenn Sie, meine freundlichen Hörer und Hörerinnen, Jemanden tief in Gedanken sitzen sehen, so können Sie darauf rechnen, er sitzt nicht tief in Geld!

Die ganze Welt sagt laut, die halbe Welt hat kein Geld, und die halbe Welt weiß still, daß die ganze Welt kein Geld hat!

Warum haben jetzt die Wiener kein Geld, weil sie die Börse verlegt haben!

Die Börse ist aus einer Gasse auf einen Platz gekommen, und auf diesem Kampfplatz ist eine große Merkwürdigkeit, nämlich: daß, je mehr Leute gefordert werden, je weniger bleiben auf dem Platze.

Früher, meine freundlichen Hörer und Hörerinnen, war das Unglück: kein Geld haben, eine Familientrauer, jetzt ist dieses Unglück eine Welt= und Landtrauer, mit dem Unterschiede, bei einer wirklichen Landtrauer dürfen nur die Großen öffentlich schwarz gehen und die Kleinen nicht, bei dieser Kleingeld=Landtrauer gehen die Kleinen öffentlich und die Großen insgeheim schwarz.

Den Punkt Geld, meine freundlichen Hörer und Hörerinnen, sollte zwar ein Schriftsteller stets ganz umgehen, denn der Punkt Geld umgeht den Schriftsteller auch ganz, das ist ihr gegenseitiger Umgang! Allein da die Gedanken da anfangen, wo das Geld aufhört, so ist die Schriftstellerei nichts anders, als eine zurückgetretene, und auf das Gehirn übergesetzte Geldbeutelgicht!

Früher hat in den Taschen blos Dämmerung geherrscht, man hat doch manchmal einen „Schein" gehabt, allein jetzt herrscht vollkommene Finsterniß da, und zwar eine egyptische Finsterniß! Als die handelnde Welt einst aus Egypten zog, sagt die Weltgeschichte, nahm sie den Egyptiern ihr Silber und Gold mit. Man glaubte damals, sie hätte sich das unrechtmäßig zugeeignet, allein sie hat Alles voraus gesehen, und nahm es blos als Entschädigung für die Dividende, die sie jetzt durch Egypten verliert!

Man macht unserem Jahrhundert den schauderhaften Vorwurf, es gibt keine Gönner mehr, keine Fuggers, welche Gelehrte und Schriftsteller unterstützen; wie ungerecht! Eben das, daß sie ihnen nichts geben, geschieht aus reinem Eifer für die schriftstellerische Gedanken=Beförderung!

Zum Beweis für das Gesagte finden gewisse Künstler, zum Beispiel Tänzer, Sänger und dergleichen noch große Gönner und Unterstützer, weil diese keine Gedanken brauchen, und das Geld ihnen nicht schadet!

Indessen muß ich Sie, ~~meine~~ freundlichen Hörer ~~und Hörerinnen~~, nach allen dem doch darauf aufmerksam machen, daß es nicht auch umgekehrt die Folge ist, und daß nicht Jeder, der keine guten Gedanken hat, viel Geld haben muß, sonst laufe ich Gefahr, Sie sagen nach dieser Vorlesung von mir:

„Der Mann muß Geld haben!"

Wenn mich Jemand mit diesem Gedanken besuchen wollte, er würde bald von mir und dem Gedanken mit anderen Gedanken zurückkommen. Geld und Humor passen nicht zusammen, denn Jean Paul sagt:

„Humor ist eine eigene Menschenanschauung!"

Wer aber Geld hat, schaut die Menschen gar nicht an!

Da nun der Geldmangel jetzt so allgemein ist, daß man nicht über den Graben gehen kann, ohne Gefahr zu laufen, von guten Gedanken niedergefahren zu werden, so wäre es an der Zeit, auch im Reiche der Gedanken und Ideen solche industrielle und wohlthätige Anstalten zu errichten, wie es deren in der physischen Welt gibt.

Schlechte Menschen, sittenlose Menschen, zweideutige Menschen sind der Gesellschaft nicht so schädlich, als schlechte Gedanken, sittenlose Gedanken, zweideutige Gedanken, und doch haben wir keine Corrections-Anstalt für solche Gedanken.

Der Mensch beurtheilt den Menschen nach seinen Handlungen, die sind oft erzwungen; der Mensch muß den Menschen nach seinen Gedanken beurtheilen. Eigentlich müßte der Mensch den Andern nur nach dem beurtheilen, was er aus dem Schlafe spricht.

Wenn wir von Cäsar und Napoleon, von Shakespeare und Goethe ein Verzeichniß aller ihrer Träume hätten, wir würden ihren Charakter aus diesen Träumen richtiger erkennen, als aus ihren Thaten und Schriften!

Mit den Gedanken ist schwer umzugehen, meine freundlichen Hörer und Hörerinnen, und es geht den Schriftstellern mit den Gedanken, wie den Männern mit ihren Frauen; es kostet weniger, zehn Frauen zu ernähren, als eine zu kleiden, und so ist's mit den Gedanken auch, die Schriftsteller fassen eher zehn Gedanken, bis sie einen stylistisch kleiden können.

Worte sind die Kleider der Gedanken, wie wenig Schriftsteller aber wissen ihre Gedanken zu kleiden; sie kleiden einen brunetten Gedanken in ein rothes, und einen blonden Gedanken in ein gelbes Gewand! Kleider machen Leute und Gedanken. Bei dem Frauen=Anzug kann man sagen: je weniger Kleid, desto theurer der Anzug! und bei dem Schriftsteller: je unbedeutender der Gedanke, desto kostbarer der Aufputz.

Der sogenannte blühende Styl der jetzigen Autoren ist nichts, als ein Maskenball.

Man kann versichert sein, hinter der buntesten Maske stecken die ältesten Gedanken.

Diese alten Gedanken kommen als Spanier, Orien-
talen, Tiroler u. s. w. Wenn man ihnen nur ein Bischen
unter die Larve guckt, so sagt man: „Ach, ich kenne Dich
schon!"

Frankreichs Propaganda ist mit Recht lächerlich,
aber eine fürchterliche Propaganda besitzt es, nämlich die
Marchandes de Modes; so ein kleines Heer von Putzhänd-
lerinnen minirt von Paris aus ganz Deutschland, und
sprengt die ältesten Häuser in die Luft. Ebenso unterminirt
der französische Styl der jetzigen Schriftsteller die deutsche
Literatur, so daß sie jeden Gedanken mit einem Aufputz aus
der rue Vivienne herausputzt.

Man sagt, meine freundlichen Hörer und Hörerinnen, der Mensch nimmt nichts mit in den Himmel, als
seine Werke. Wenn unsere Schriftsteller alle ihre Werke
in den Himmel nehmen, so verdient der Himmel den Himmel. Aber wenn alle Autoren ihre Werke mit in den Himmel
nehmen, wo kommen ums Himmelswillen all die „hinter-
lassenen" Werke her? Man müßte so einem Schriftsteller
nachrufen: „Sie haben noch was vergessen! Ihre Werke
folgen Ihnen nach!"

Mit den Schriftstellern ist's wie mit den Menschen:
nach dem Tode sagt man ihnen nichts Böses nach! —

Unter den Frauen sind die Schlafenden, unter den
Narren die Eingesperrten, und unter den Schriftstellern die
Gestorbenen am beliebtesten.

Ueberhaupt, weil man von den Todten nur Gutes
sagen muß, wünscht man seinem bösesten Feind auch den

Tod nicht! — — „Der Mensch ist ein Schauspieler und das Leben eine Schaubühne."

Diesen Gedanken sollte man auch schon wegen Entkräftung und Altersschwäche in ein Gedanken-Invalidenhaus geben. Allein man kann diesem Gedanken neue Seiten abgewinnen, zum Beispiel der Mensch betrachtet jeden Nebenmenschen als Schauspieler, und applaudirt ihn am liebsten — beim Abgang von der Lebensbühne.

Im wirklichen Theater ist es so: wenn die Heldin unter die Haube kommt, ist das Stück ein Lustspiel, wenn sie unter die Erde kommt, ist es ein Trauerspiel; im Leben ist es anders, wenn die Heldin unter die Haube kommt, da fängt das Trauerspiel an. So ist die Lebensbühne bestellt. Die Liebe ist die Oper; denn was heißt eine Oper? Wenn Sachen so dumm sind, daß man sich schämt, sie zu sprechen, so singt man sie.

Die Liebe singt immer! Die Liebe hat auch das Schicksal wie unsere neuen Opern: bei der ersten Vorstellung laufen alle Menschen zusammen und sie fällt glücklich durch, die zweite Vorstellung geht glücklich, aber es kümmert sich kein Mensch mehr um sie!

Bei der Liebe, meine freundlichen Hörer und Hörerinnen, sind wie bei einem Gedicht blos drei Sachen schwer: der Anfang, die Fortsetzung und das Ende!

Den Männern geht's mit ihrer Liebe auch wie den Theater-Directionen: die erste Liebhaberin macht ihnen am meisten zu schaffen, die zweite, dritte und vierte Liebhaberin, die findet sich leicht!

Auch in der Liebe gibt es Gedanken und Ausdrücke, die man in ein Bürgerspital für spießbürgerliche Gedanken sperren sollte, zum Beispiel: „das weibliche Herz ist eine Festung, die mit Sturm eingenommen werden will," ein siecher, matter, hinkender Gedanke und Vergleich!

Wenn man ein weibliches Herz eine Festung nennt, so setzt man voraus, daß schon eine tüchtige Besatzung in demselben liegt!

Eine Festung, je mehr gemauerte Redouten zum Rückenfeuer sie hat, desto länger hält sie sich; unsere weiblichen Herzensfestungen hingegen werden durch die Redouten am meisten überrumpelt. Man bedient sich jetzt der weiblichen Herzen nicht mehr als Festungen zur Vertheidigung, sondern zur Strafe, man schickt manche Männer zur Strafe auf diese Festung.

Die Männer hingegen, wenn sie ein Herz erobern wollen, wollen es meistens im Sturm, allein sie machen blos Wind, und nicht jeder Wind ist ein Sturm. Wenn die Männer ein Herz erobert haben, so wollen sie nicht als Besatzung drin bleiben, sondern sie wollen es wie eine feindliche Festung schleifen und verlassen!

Wenn die Liebe eine Oper ist, so ist die Ehe ein Trauerspiel. Der Mann ist ein tragischer Held, denn Seneca sagt: „es gibt keinen tragischern und erhabenern Anblick, als den Mann im ewigen Kampf mit einem Unglück!"

Die Freundschaft ist eine Lokalposse, sie erhält sich durch Bierhausscenen, Weinlieder und Zweideutigkeiten.

Die meiste Freundschaft der Männer, die sogenannte Ju=
gend= und Schulfreundschaft, gründet sich auf nichts, als
auf das Bewußtsein, daß man einst die meisten Prügel in
Compagnie bekommen hat!

Sie sehen, meine freundlichen Hörer und Hörerin=
nen, wie lang ich diesen Gedanken ausgesponnen habe, und
für solche Gedanken sollte man wieder ein Gedanken=Spinn=
haus haben.

Sehr erwünscht wäre ein Versorgungshaus für
alleinstehende, verwaiste Gedanken.

Man hat manchmal Gedanken, die nicht Vater, nicht
Mutter, nicht Geschwister haben; Gedanken, die Einen so
auf der Straße anpacken und versorgt sein wollen.

Solche alleinstehende Gedanken, die man nicht unter=
zubringen weiß, möchte ich alte Garçons nennen. So zum
Beispiel stehen in meinem Gedanken=Album mehrere solche
Gedanken, mit denen ich nicht weiß, wohin. Wenn Sie,
meine freundlichen Hörer und Hörerinnen, erlauben, so
theile ich Ihnen einige solche isolirte Gedanken mit.

1.

Alle Menschen wären bescheiden, wenn sie in ihrem
Leben nur ein einziges Mal gestorben wären! dann würden
sie sehen, wie leicht die Welt ohne sie besteht!

2.

Niemand schämt sich zu sagen: „mein Fuß ist mir
eingeschlafen, mein Arm ist mir eingeschlafen u. s. w.“
Jeder aber schämt sich zu sagen: „mein Verstand ist mir

eingeschlafen!" oder „meine Nächstenliebe ist mir einge=
schlafen!"

3.

Wenn seinem Nachbar ein Unglück zukommt, so sagt
der Mensch: „das hat Gott gethan!" Wenn sein Nachbar
aber ein Glück hat, so sagt er: „das ist der blinde Zufall!"
Bei sich macht er's umgekehrt!

4.

Ein Gewitter in der Ehe ist, wie ein Gewitter in
der Natur, nicht unangenehm; das Unangenehme dabei ist
das oft darauf folgende nasse Wetter!

5.

Ein jeder Mensch hat Druckfehler und Schreibfehler,
man sei in Gottesnamen gegen seine Schreibfehler so streng,
als man will, aber gegen die Druckfehler, die er im Drucke
des Schicksals erhielt, gegen diese Druckfehler sei man
nachsichtig.

6.

Recensenten und Schneider, wenn beide recht vor=
nehm und modern sind, so schneiden sie blos zu und die
Gesellen machen die Stich. Aber in einem Punkte sind die
Schneider honneter als die Recensenten — es gibt nämlich
keine anonymen Schneider.

7.

Gepreßte Seufzer in goldenen Salons klingen schmerz=
licher, als Seufzer in bürgerlichen Stuben, und Thränen
in seidene Foulards vergossen sind rührender, als Thränen
in Baumwolltücher geweint.

8.

Unser Jahrhundert schreit immer um Licht! Es geht
unserm Jahrhundert wie manchen Menschen, welche die
ganze Nacht nicht schlafen können, sobald man aber Licht
anzündet, schlafen sie gleich wieder ein!

9.

Die Frau nimmt in der Ehe den Namen des Mannes
an, so wie ein Sieger den Namen der Schlacht annimmt,
die er gewonnen hat!

10.

In den Trauerspielen wird sehr viel geweint, allein
nur Wenige weinen die Thränen des Dichters, die Meisten
bringen ihre eigenen Thränen, ihren Hauswein mit. Wenn
ich Theaterdirector wäre, solche, die ihre eigenen Thränen
mitbringen, müßten mir mit dem Eintrittsgeld dafür auch
noch — Pfropfengeld bezahlen!

11.

Warum findet man in kleinen Städten mehr Men=
schenliebe, als in großen? Weil sie weniger an Nächstenliebe
brauchen. In Wien muß man viermalhundert Tausend
Nächste lieben, was kommt da auf Einen?! In Eipeldau
braucht man blos vier Hundert zu lieben, das gibt aus!

12.

Ein Akademiegeber weiß jetzt wirklich nicht, was er
sich wünschen soll: schönes Wetter und schlechte Gedanken,
oder schlechtes Wetter und schöne Gedanken! Auf jeden Fall
ist besser, ein kaltes Wetter und ein warmes Publikum, als
ein warmes Wetter und ein kaltes Publikum.

13.

Warum ist es auf dem Lebensweg nicht wie auf dem Fahrweg? Auf dem Fahrweg müssen die leeren Wagen den vollen ausweichen, auf dem Lebensweg weichen die vollen Köpfe den leeren aus.

14.

Die Wohnungen sind so theuer geworden, daß das kleinste Herz noch ein Zimmer mit separirtem Eingang vermiethet!

15.

Einem großen Talente geht es wie einem papiernen Drachen; je höher er sich erhebt, desto mehr Straßenjungen laufen zusammen, um ihn herunter zu ziehen.

16.

Wenn es zum Sterben kommt, sind alle Menschen wahr, und bei dem Ausgange aus dem Leben, bei der letzten Thür, ist die Redensart gewiß ernst: „Belieben Sie nur voraus zu spazieren!"

17.

Thränen erpressen ist das Vorrecht des Schicksals und der Menschen, Thränen vergießen das Vorrecht des Unglücks, Thränen trocknen das Vorrecht der Menschlichkeit, Thränen verhehlen das Vorrecht der Größe!

18.

Ein Narr macht zehn Narren, eine Närrin aber macht fünfhundert Närrinnen.

19.

Ein Genie ist wie ein Feuerstein voller Ecken, aber gerade die Ecken geben Funken.

20.

Am Baume der Erkenntniß schüttelt der Weise und schüttelt der Narr! Der Weise schüttelt ihn, um die Früchte herunter zu bekommen; der Thor, um die Maikäfer zu bekommen!

Für solche alleinstehende Gedanken sollte ein Versorgungshaus existiren, in welchem sie erzogen werden, bis Jemand kommt, der gar keine Gedanken hat, und sich einen oder zwei auswählt und an Kindes Statt annimmt.

Man würde dadurch dem Stehlen der Gedanken vorbeugen!

Man sagt, es ist schwer zu stehlen, wo der Herr selbst ein Dieb ist. Warum? Darum: Wenn Jemand von einem ehrlichen Manne in Wien stiehlt, so kann er die Sache ruhig in Pesth verkaufen; wenn aber Jemand von einem Diebe stiehlt, so weiß er nicht, wo jener diese Sachen gestohlen hat, und weiß auch nicht, wo er sie ohne Gefahr verkaufen kann.

So ist's auch mit dem Gedankenstehlen; es ist sehr schwer, einem Schriftsteller einen Gedanken zu stehlen, der selbst ein Dieb ist, denn man weiß dann nicht, wo man diesen Gedanken ruhig kann drucken lassen. Deshalb bestiehlt man nur die Alten; die jetzigen Schriftsteller untereinander bestehlen sich nicht, denn es könnte ihnen gerathen, daß sie sich gegenseitig sagten: „Diesen Gedanken, den Sie gestohlen haben, den hab' ja ich gestohlen!"

Es gibt etwas auf der Welt, meine freundlichen Hörer und Hörerinnen, welches einzeln viel theurer und kostspieliger ist, als zu Zweien, zu Dreien, zu Sechsen. Was ist das? Eine schöne, einzige Tochter! Die kostet mehr, als wenn man sechse hat! So gibt es auch Menschen, die all' ihr Lebtag nur eine einzige Idee, einen einzigen Gedanken gehabt haben, und so eine einzige Lebensidee kommt ungeheuer hoch! Man möchte die einzige Idee, wie die einzige Tochter gern an Mann bringen, allein man möchte sich auch nicht von ihr trennen, bis die Tochter und die Idee alt geworden sind!

Warum, meine freundlichen Hörer und Hörerinnen, gibt es keine Anstalt für herumlaufende, herrenlose Gedanken, namentlich für herrenlose Witze? Manchmal läuft ein Witz in der ganzen Stadt herum, kein Mensch weiß, wem er angehört? Wäre es nicht billig, daß jeder herumlaufende Witz ein Halsband haben müßte, mit dem Namen seines Herrn und der Hausnummer, von welcher er ausging! Oder noch besser, jeder Mensch müßte seinen Witz an einem Stricke führen, und, so wie man manchmal nicht weiß, führt der Herr den Hund spazieren, oder führt der Hund den Herrn spazieren, so weiß man manchmal auch nicht, führt der Mann den Witz zu weit, oder führt der Witz den Mann zu weit!

Die Welt kann nicht ohne Plage sein, grassirt nicht Hungersnoth, so grassirt Krieg, grassirt kein Krieg, so grassirt die Cholera, und grassirt keine Cholera, so grassirt der Humor!

Jeder Mensch ist jetzt humoristisch, und so wie zur Zeit der Cholera, wer die Cholera nicht hatte, doch wenigstens

6*

an der Cholerine litt, so leidet jetzt Jeder, wenn auch nicht an einem Humor, doch an einer gelinden Humorine! Sogar die Gelehrten fangen schon an, ihre aschfarbenen Theorien mit Humor auszuschlagen. Es ist wie mit den Crispins und Burnus, wenn auch der Stoff grau, müssen sie doch eine humoristisch=rothe Cerise=Kapuze haben!

Eine andere wohlthätige Anstalt im Ideenreiche wäre ein Verein gegen „Gedanken=Quälerei"!

Mancher Autor schreibt ein Buch wie ein beladener Frachtwagen, und spannt einen einzigen Gedanken als Ein= spänner vor; dieser arme Einspänner soll nun den schweren Packwagen in die Welt hineinziehen.

Ein Anderer nimmt einen ganz kleinwinzigen Gedan= ken, und streckt ihn auf der Dehnleiter unbarmherzig aus, bis er so lang und dünn geworden ist, daß er einen Stock nebenan braucht, um den Gedanken dran zu binden.

Wie gequält wird nicht die arme lyrische Poesie! Alle unsere Dichter glauben, sie müssen unglücklich lieben, um glücklich zu singen; im Grunde aber lieben sie glücklich und singen unglücklich!

Wenn unsere jungen Dichter unglücklich lieben, so wollen sie alle ins Wasser springen, allein sie schreiben sich erst das Wasser dazu.

Unsere jungen Autoren sind alle Nachtigallen, allein die wahren Nachtigallen singen blos vom grünen Baum, sie aber singen auch vom Purzelbaum. Was gibt ihnen nicht Alles Stoff zu Liebesklängen? Wenn sie ein Mädchen zum ersten Male sehen, dann dasselbe besuchen wollen,

und der Vater sie bei der Thüre hinauswirft, nennen sie
das eine unglückliche Liebe, und singen sogleich:

„Klage und Herzeleid.“
Als mich der Vater der Holden die Treppe hinab fallen ließ.

Sehnsucht hat mit süßem Wahn
    Mir das Herz umflogen,
Daß ich ihrer holden Bahn
    Liebend nachgezogen.

Sehnsucht will mein Herz umfah'n,
    Kann ihr nicht entrinnen,
Ihrem Leben unterthan
    Ist mein Sein und Sinnen!

Sehnsucht wiegt sich gleich dem Schwan
    Auf des Herzens Welle,
Und ich steh', bricht Tag heran,
    Schon auf ihrer Schwelle.

Sehnsucht klopft ganz sachte an;
    Wie ich hin mich schleppe,
Da kommt Vater Grobian,
    Wirft mich 'nab die Treppe.

Auch außer diesem Verein gegen lyrische Gedanken=
Quälerei wäre noch eine sehr wohlthätige Anstalt:
„Eine Leih=Bibliothek für Gesellschafts= Gedanken!“
wo man sich auf Salon=Gedanken, Diner=Gedanken, Sou=
per=Gedanken, Tanz=Gedanken u. s. w. abonniren könnte,
sehr zweckmäßig.

Es wird Jemand plötzlich eingeladen, er hat weder einen dunklen Frack, noch einen hellen Gedanken, er bekommt aber beim Schneider für ein Billiges einen ganzen Anzug sammt Glacé-Handschuhen auf 24 Stunden, warum sollte er nicht auch einige Ideen und ein Paar Glacé-Gedanken zu leihen bekommen?

Man steckt die Gedanken in die Tasche und bei Gelegenheit gibt man sie aus! Und man kann versichert sein, daß in der Gesellschaft die Gedanken weniger strapazirt werden, als die Kleider!

In der Gesellschaft sind die Menschen lauter Buchbinder: sie binden allen Menschen ihren Titel hinter'm Rücken auf.

Unsere jetzigen Gesellschaften, meine freundlichen Hörer und Hörerinnen, zeigen, welch ein ungeheures Mißtrauen unter den Menschen gegenseitig herrscht. Beim Hineingehen bekommt man eine Nummer, damit der Bediente uns den Mantel nicht abläugne, den Hut muß man beständig in der Hand haben, damit Einem der Andere ihn nicht mit seinem schlechten vertausche, und einen Stock haltet man in der Hand, damit man nicht wehrlos ist, wenn uns Jemand räuberisch anfallen sollte! Wenn der Mensch vierhändig wäre, so würde er sich mit der dritten Hand noch die Taschen zuhalten, und in der vierten würde er sein Testament halten, für den Fall, daß er nicht mit dem Leben davonkommt! Mit welcher Hand soll nun der Mensch, welcher vier Stunden lang in der einen Hand einen Hut, in der andern Hand einen Stock halten muß, noch einen Gedanken hernehmen? Wäre es also nicht eine Wohlthat, wenn sich ein solcher Mann für den Abend zwei, drei Gedanken aus der Anstalt bringen lassen könnte?

Wie wohlthätig wäre eine „Kleinkinder-Bewahr-Anstalt" für ungezogene Gedanken, und endlich eine „Assekuranz-Gesellschaft" gegen humoristische Vorlesungen?

Wenn man bedenkt, daß eine gewisse Anzahl von Menschen jährlich regelmäßig einmal im Jahre vom Vorlesungs-Unglück heimgesucht wird, so dürfte eine solche „Versicherungs-Anstalt" eine kleine Prämie werth sein!

Indessen, was eine solche „Versicherungs-Anstalt" erschwert, ist der Umstand, daß man nicht weiß, ob eine humoristische Vorlesung zu einer Land-Assekuranz oder Wasser-Assekuranz gehört. Auf jeden Fall hat Sie, meine freundlichen Hörer und Hörerinnen, meine heutige Vorlesung aufs Glatteis geführt, ich ende also, um Sie so schnell als möglich wieder zurückzuführen! Bis eine solche Versicherungs-Anstalt ins Leben tritt, nehmen Sie, meine freundlichen Hörer und Hörerinnen, die Versicherung hin, daß ich so eben ende, um Sie in Sicherheit zu bringen!

———

Die Schöpfung des Traumes.

Wie entstand das Feenreich der Träume?
  Wer erschuf die schöne Fabelwelt?
Wer ergriff die Aetherschäume,
  Hat zu Bildern sie dann festgestellt?
Wer ersann die klingenden Gedichte,
  Die der Schlaf improvisirt?
Wer bemalt die lieblichen Gesichte,
  Die der Schlummer mit sich führt?
Woher rauschen diese Wogen,
  Wo Delphine rauschen d'rein?
Wer erbaute diesen Bogen,
  Von der Erd' in' Himmel 'nein?
Wohin ziehen diese Bilder,
  Himmelhoch im Traumballon?
Wessen sind die bunten Schilder,
  Wie entwandt vom Sternenthron?
Wer kredenzt die Zauberschale,
  Die so süßen Wahnsinn beut?
Wer durchflicht mit gold'nem Strahle
  So des Schlummers schwarzes Kleid? — —

— Ich will's Euch erzählen. Hört mich freundlich an!
Gut erzählen? Nun, so gut, als ich es eben kann;
Gut was zu erzählen, dazu braucht man Zwei:
Den, der gut erzählt, und Den, der gut zuhören kann dabei.

Prometheus, der von Göttern Hochgeehrte,
Des Oceans geprief'ner Tochtersohn,
Titanenkind und Jupiters Gefährte,
Ein Günstling an des Blitzesschleub'rers Thron;
Prometheus, dem schwillt im Uebermuth die Seele,
Er dünkt sich Göttern gleich in diesen Reih'n,
Und daß zum Gotte ihm auch gar nichts fehle,
Will er, geschaffen, nun auch Schöpfer sein!
Aus weichem Thon ein Bildniß er gestaltet,
Den Göttern gleich an Bau und Angesicht.
Doch liegt das Bildniß da, zum Stein erkaltet,
Gefühl hat es und auch Gedanken nicht;
Da stahl er kühn vom Himmel einen Funken,
Und flößt' ihn äthergleich dem Bildniß ein;
Und als dies Bild die Gluth getrunken,
Wird es durchzuckt von lebensvollem Sein.
Gesprungen ist die regungslose Schranke,
Das Bildniß lebt, es sieht, es spricht, es geht,
Das große Götterzeichen, der Gedanke,
Am Thron der Stirne majestätisch steht!
Prometheus jauchzt! O, jauchze nicht, Verbrecher!
Die Götter gehen schrecklich zu Gericht;
Zum Nektar laden sie den irb'schen Zecher,
Zu ihrem Feuertrunke, wahrlich nicht!
Wohl glücklich ist das hochbegabte Leben,
Das in der Brust den Himmelsfunken trug,
Wenn ihn der Himmel als Geschenk gegeben;
Doch wer ihn stiehlt, dem wird er nur zum Fluch!
Und also rief aus Flammenblitzen,
Im Götterrathe Vater Zeus:
„Auf! Schmiedet ihn an Felsenspitzen,
Entfernt ihn weit aus uns'rem Kreis!

An heißen Ringen sei er angekettet,
Und preisgegeben uns'rem Sonnenbrand,
Und ewig auf den Gluthenfels gebettet,
Als auch vom Gluthenstrahle wund gebrannt!
Und weil er dachte g'ring, verächtlich
Von uns'rem tiefverhüllten Schöpferlauf,
D'rum zehr' ein wilder Adler nächtlich
Mit Hungergier das Eingeweid' ihm auf.
Denn nur dem Aar ist Reue zu vergleichen,
Die nächtlich ihren Fittig nieder trägt,
Und in des Sünders Herz und Brust und Weichen
Die blutgeschärften, wilden Klauen schlägt;
Denn Reue ist die Tochter vom Gewissen,
Und das Gewissen hält Gerichtstag nur bei Nacht,
Wenn des Verbrechers angstzerknülltes Kissen,
Von Thränen feucht, den stummen Zeugen macht.
So soll die Reue an Dir nagen,
Dem Adler gleich, der nimmer satt,
Der in dem Ton von Deinen Jammerklagen
Nur neuen Reiz zum wilden Hunger hat!
Doch das Geschöpf, das Du geschaffen
Durch Deinen Frevel sündenhaft,
Ein Mittelding von Gott und Affen,
Sei nicht so hart, wie Du, bestraft:
Denn dieses kleine Fünkchen Himmelsfeuer,
Das Du für ihn gestohlen hast, so klein,
Bedecke ich mit einem dichten Schleier,
Auf daß es werd' zum Zweifelsdämmerschein!
Und nur am Tage, wenn am Himmelsbogen
Die Sonne flammt, aus der sein Funke kam,
Sei auch der Mensch vom Geist durchzogen,
Den aus dem Lebenslicht er nahm;

Allein des Nachts dann, wenn der Sonne Funkeln
Wird von der Dämm'rungs-Wimper eingehüllt,
Soll auch der Funke sich verdunkeln,
Der Deinen Menschen licht erfüllt. —
Er hab' Empfindung nicht, und nicht Gedanken,
Selbst seine Sinne leg' er kraftlos ab!
So setz' der Schlaf ihm nächtlich Schranken,
Und jede Nacht sei ihm ein off'nes Grab!" —
So sprach Zeus. Und als die Dämm'rung ihre Hülle
Faltenreich, in weicher Liebesfülle,
Um die strahlentrunk'ne Erde wand,
Sank der Mensch, der kaum belebte,
Dem sein Denken und sein Geist entschwebte,
Wie ein Steinbild hin an Baches Rand.
Wo ihn dann im Gras, im feuchten,
Bei des Glühwurms mildem Leuchten
Bald der Chor der Grazien fand.
Froh erstaunt sah'n sie am Boden,
Ohne Leben, doch mit Odem,
Die Gestalt, die schlafgebannte,
Seltsam neue, unbekannte,
Zartgeformte, gottverwandte;
Auf den Wangen Jugendblüte,
Und der Mund wie Pfirsichbüte,
Auf dem Stirnenschild, dem blanken,
Geister abgeschiedener Gedanken,
Auf den hochgewölbten Augenbogen
Ruhten Pfeile, hochverwogen;
Und des Herzens leises Schlagen
Schien im Schlafe selbst zu sagen:
„Menschenherz, in Lust und Kummer,
Menschenherz hat niemals Schlummer!

Menschenherz, in Tag und Nächten,
Menschenherz hat stets zu rechten!
Menschenherz, wenn auch gebrochen,
Menschenherz muß dennoch pochen!
Menschenherz ist nie im Hafen!
Menschenherz kann niemals schlafen!
Menschenherz, zu Lust und Schmerz,
Menschenherz sucht — Menschenherz!" —

Und die Grazien knie'n wieder
Zu dem stillen Steinbild nieder,
Und mit leisem Wohlgefallen
Sehen sie des Herzens Wallen,
Und das Antlitz, wo die Blüte
Süßen Schlummers dunkel glühte,
Und sie fühlen voller Mildniß
Mitleid mit dem stummen Bildniß,
Und beschloßen, in den Schlaf, vom Zeus gegeben,
Ein schön'res Leben einzuweben,
Eine Welt voll wundersamer Dramen,
Eine Welt voll wundersamer Märchen,
Voll von Elfenprinzen, Nixendamen,
Voll von schönen Sylphen-Pärchen,
Voll von Duft, wie Lindenblütenbäume,
Voll von Glanz, wie Abendwollensäume,
Kurz: die Welt der wundersamen Träume! —
Und die Eine neigt sich, wie zuvor,
Flüstert leis' dem Schläfer in das Ohr:
„Melodieen,
Die aus dunklen Hainen schwellen,
Sollen, wie ein Bad von Wellen,
Deinen Schlaf umziehen!

Lerchenklänge, Liebesfänge
Sollen Dich umrauschen!
Nachtigallen sollen ihre Sehnsuchtsklänge
Vor dem off'nen Ohr Dir tauschen!
Hören sollst Du, wenn die Rose
Zu dem Dörnlein spricht: „Halte Wacht
Heute Nacht!
Daß der Schmetterling, der lose,
Weg den Thau nicht schlürst,
Den mein Herzblatt selbst bedürst'!"
Hören sollst Du, wenn dem Veilchen, thauverjüngt,
Das Vergißmeinnicht sein Ständchen bringt,
Vor dem Gräsergitter also singt:
„Wer da liebt, kann der vergessen?
Wer vergißt, hat der geliebt?
Lieben heißt ja: Nie vergessen!
Und Vergessen: Nie geliebt!
Wer da liebt, und kann vergessen,
Hat vergessen, wie man liebt!
Hat geliebt, es zu vergessen:
„Wer vergißt, hat nie geliebt!"
Lieben heißt: Sich selbst vergessen.
Und vergessen heißt: Sich selbst geliebt!
Wer geliebt hat und vergessen,
Hat vergessen, wie man liebt!
Der beleidigt wahre Lieb', der spricht:
„Liebe Lieb', vergiß mein nicht!" —

D'rauf neigt sich die Zweite nieder,
Küßt des Schläfers Augenlieder:
„Eine Welt soll Dir sich zeigen,
Dem Gesetz des Irdischen nicht eigen;

Wo nichts wird, nichts keimt und nichts entstehet,
Nichts zerfällt und nichts verblüht und nichts vergehet,
Wo die Frucht sitzt schon im Blätterschooße,
Und die Knospe schon ist Rose,
Wo ein Thau wird Meereswogen,
Und ein Strahl zum Regenbogen,
Wo ein Laut wird zum Chorale,
Wo ein Blatt wird Opferschale,
Wo dem Worte folgt Erhörung,
Wo dem Blicke folgt Gewährung,
Wo der Sehnsucht folgt die Stillung,
Wo dem Hoffen folgt Erfüllung,
Wo die Thäler und die Gipfel,
Und die Wurzeln und die Wipfel,
Und die Klüfte, weit zerrissen,
Sich umarmen und sich küssen,
Wo nicht Krankheit, nicht Genesung,
Und nicht Tod und nicht Verwesung!" —
Und die Jüngste, wie mit leisem Nippen,
Küßt des Schläfers Scharlachlippen:
"Deine Phantasie entfesseln
Soll des Todes Bruder, Schlaf,
Der Dich auf des Lebens Nesseln,
Auf des Daseins Dornen traf.
Soll tausend Welten Dir enthüllen
Gar fabelhaft und wunderbar,
Soll mit Gebilden sie erfüllen,
Mit einer zaubervollen Bilderschaar!
Bald sind's Elfen, die im Reigen
Aus den Lilienkelchen steigen;
Bald sind's Nixen, die aus Quellen
Reichgeschmückt sich Dir gesellen;

Bald sind's Sylphen, die mit Flügeln
Tanzen auf den Frührothshügeln;
Bald sind's Mädchen, die mit Rosen
Dich umflechten, Dich umkosen;
Bald sind's Maler, die mit Bildern
Dir des Himmels Reize schildern;
Bald sind's Dichter, die mit Liedern
Deine Seufzer Dir erwiedern;
Bald sind's Tänzer, die in Gruppen
Sich verkleiden und entpuppen;
Bald sind's Kinder, die mit Lächeln
Und mit Küssen Dich umfächeln!
Bald sind's Schmetterlinge, Blumenschaukler,
Colibri und Sonnengaukler,
Märchenseelen, Wagenspringer,
Räthselgeister, Thyrsusschwinger,
Bildermänner, Zitherschläger,
Schattenspieler, Falkenjäger!
Und noch and're Bilder tausend,
Die im Reich der Geister hausend,
Lachend, neckend, flüsternd, sausend,
Dir den Schlaf, den bleiern schweren
In ein Götterreich verkehren!" —

Und als die Grazien schwiegen,
Da malt auf des Schläfers Zügen
Ein Lächeln sich voll Herzvergnügen,
Und auf den zarten Lilienwangen
War ein erhöhtes Roth ihm aufgegangen,
Es schwebt ein Kuß um seiner Lippen Saum;
Und so entstand des Menschen erster Traum! — —

— Wenn Ihr mich nun fragt, wie so der Dichter dies erfahren?
Wer's ihm gesagt, ob's die Grazien selber waren?
Ob er in müßig stillen Morgenstunden
Das Ding so in der Luft gefunden?
Ob er's in einem alten Buch gelesen?
Ob er gar selbst ein Zauberwesen?
Ich weiß es nicht! — Er hat das Ding nun einmal so gereimt;
D'rum seid so gütig und denkt — er hat das Ding geträumt! —

Unter-Döblinger Novellen.

(1841.)

Auf's Land! Auf's Land!
In Sand! In Sand!
Ist's auch ein Loch,
Natur ist's doch!
Natur, Natur,
Du grüne Nuhr,
Die stets romantisch ist!
Sei's auch in Staub und Mist!

1.

Jede Sache hat zwei Seiten, oder: Man soll mit allen Frauenzimmern artig sein.

„Pulvis et umbra sumus!" so lautet die Devise des Döblinger Stadt=Wappens. Man lese ja nicht: „pulvis et ambra sumus!" Mit der Ambra'ser Sammlung hat's in Döbling nicht viel zu sagen. So viel ist gewiß, daß, wer in Döbling wohnt, in kurzer Zeit ein frommer Mensch wird! Denn die erste Pflicht eines Frommen ist, stets daran zu denken, daß der Mensch nur aus Staub kam, Staub ist, und zum Staub zurückkehrt! Und man kann von Jedem, der Morgens von Döbling nach Wien, und Abends zurück= geht, sagen, daß er „aus Staub kommt, Staub ißt, und zum Staub zurückkehrt!" Der Weg nach Döbling ist der Weg zur Erbauung und wehmüthigsten Betrachtung! Wenn man die Döblingerinnen Abends mit ihrem Strick= zeug spazieren gehen sieht, so erkennt man die weiblichen

M. G. Saphir's Schriften. VII. Bd.

7

Blumen an den Staub=Fäden! Unstreitig wird Döbling durch seinen klassischen, echt antiken Staub noch der besuchteste Platz um Wien werden; denn wer viele Jahre hintereinander gewohnt ist, Sommers in Döbling zu wohnen, der kehrt zuletzt gar nicht mehr nach Wien zurück, sondern der bleibt gleich links vor der Linie, ein Mitbürger jener stillen Colonie, die sich aus dem Staub in den Staub gemacht hat, und welcher der Staub nicht mehr schadet, weil sie den Athem beständig an sich hält, und jenen Staub nicht schluckt, den die humanen Quartiervermiether Döblings anstatt des nöthigen Möbels in ihren „möblirten Quartieren" ihren Parteien zur portofreien Verschluckung mit verschwenderischer Nächstenliebe überlassen, und für welchen Staub sie weder Chaussée=Geld, noch Stiegen=Geld, noch Verzehrungs=Steuer eintreiben!

„Ach, auf's Land! auf's Land!"

Seit Stuwer die Erfindung seiner „Wasserfeuerwerke" gemacht hat, in welchem das Feuer unter dem Wasser brennt, hat man in Döbling auch ein „Wasserstaubwerk" entdeckt, und indem oben aufgespritzt wird, steigen aus dieser sublimen Wasserdecke die schönsten Staub=Raketen, Staub=Räder, Staub=Schwärmer u. s. w. in die Höhe, und bereiten das entzückende Schauspiel der Chaussée=Verfinsterung am hellsten Tage, so daß vor lauter Kunst=Staub das Natur=Wasser sich zurückzieht und verschwindet!

„Ach, auf's Land! auf's Land!"

Staub vertritt auch in vielen Quartieren das Möbel, und die Worte: „Allhier ist ein möblirtes Quartier"

heißt oft: „Allhier ist ein bestaubtes Quartier," und
allerdings vertritt der Staub das Möbel, zum Beispiel
den Schreibkasten, denn man kann auf den Staub
schreiben; oder auch die Vorhänge, denn es dringt
durch diesen Staub kein Sonnenstrahl durch!

„Ach, auf's Land! auf's Land!"

Ja, „das Land", mehr braucht man nicht! Da ist
ein möblirtes Quartier, der Tisch hat drei Füße, „aber,"
so sagt' ich, „der Tisch hat ja nur drei Füße?" — „Ja,
aber „auf's Land" nimmt man's nicht so genau!" —
„Aber das Bett hat ja keine Einlegbreter?" — „Ach nein,
aber „auf's Land" nimmt man's nicht so genau!" —
„Aber in der Küche ist ja der Herd gar nicht zu brau=
chen?" — „Ach nein, aber „auf's Land" thut er's
schon!" — „Aber hier sind ja weder Vorhänge, noch Läden,
noch Jalousien?" — „Ach nein, aber „auf's Land" braucht
man's nicht!" — „Aber hier ist ja auch kein Schloß an der
Thüre?" — „Ach nein, aber „auf's Land" ist's halt
schon so!"

„Ach, auf's Land! auf's Land!"

„Auf's Land" braucht der Tisch nur drei Füße,
und der Mensch vier Füße; „auf's Land" braucht die
Thüre kein Schloß, aber die Lunge, damit man sie gegen den
Döblinger möblirten Staub zuschließe! Ich wohne in „Un=
ter=Döbling", hinter dem großen Staube! Wenn
der geneigte Leser mir die Ehre seines Besuchs schenken will,
so sei er so gefällig, sich gleich, wie er aus Wien kommt,
an den „großen Staub" zu halten, von da kommt er in

7 *

den „dicken Staub", so halte er sich gerade aus und pas=
sire den „trockenen Staub", so lange, bis er an den
„nassen Staub" kommt, dann geh' er links, oder auch
rechts, oder auch gerade aus in den „echten Döblinger
gerebelten Staub"; wenn er so eine Weile in dem „ge=
rebelten Staub" fortgewandelt ist, kommt der „Döb=
linger Lokalstaub", welchen die Staub=Eingebor=
nen mit den Staub=Eingewanderten auf gleiche Ra=
tionen verzehren, wenn die Staub=Eingewanderten
erst an die Staub=Eingebornen eine Gratification für
die Verpflegung und Unterhaltung dieses Lokalstaubes entrich=
tet haben; dann kommt der Leser bei dem „Nußwaldel"
in den „vereinigten Staub" von Döbling, Heiligen=
stadt und Unter=Döbling, und dann links, wo von bei=
den Seiten mehrere einzelne „Privat=Stäube" liegen, da
findet er unter andern auch mich, da wo der Staub ein Eck
hat! Der Leser kann nicht fehlen!

„Ach, auf's Land! auf's Land!"

Es war an einem schönen Morgen, als ich von Wien
nach Unter=Döbling fuhr, und meinen nassen Schwamm,
den ich auf dieser Fahrt immer bei mir habe, mitnahm, und
folgendes Vorgebet zum Himmel schickte: „Lieber Himmel,
der Du mich erst gestern errettetest aus dem Döblinger
Staub, bewahre mich bei meiner heutigen Fahrt vor einem
dicken Herrn, der einschläft und auf meine Schulter sich bet=
tet! Bewahre mich ferner vor einem Hund, der auf meinen
Hühneraugen ein Clavierstück à quatre mains spielt! Be=
wahre mich ferner vor einer Köchin, die zwei junge Gansel,

einen Gugelhupf und vier Bund Kohlrabi mitnimmt, und
meinen Schooß für einen Speisekasten ansieht! Bewahre
mich ferner vor einer zärtlichen Mutter mit drei Wickelkin=
dern, die ihre Beinchen an meiner weißen Pantalon abzap=
peln u. s. w." Ich stieg ein, und meiner Maxime getreu,
Niemanden zuerst anzusprechen, setzte ich mein Schweigen
vom gestrigen Stellwagen glücklich fort. Gegenüber saß ein
Mann, der mehrere Büschel Monatrettig in der Hand hielt,
von welchen er nacheinander immer einen melancholisch auf=
zehrte. Neben mir saß ein wohlgekleidetes Frauenzimmer,
und da ich, wie gesagt, Niemanden anspreche, so sagte
ich blos im Allgemeinen: „Guten Abend!" Wenn ich
in einem Gesellschaftswagen „Guten Abend!" sage, so
weiß der Zuhörer selten, was ich gesagt habe, welche
Sprache ich gesprochen habe, und ob es überhaupt eine
Sprache, ein Brummen, oder ein Summen, oder ein
Näseln u. s. w. war.

Ich sah meine Nachbarin von der Seite an, und —
sah sie nicht wieder an! Ein garstiges Maal zog sich vom
Ohr bis ans Kinn, und eine mit Seiden=Beschen beschattete
Warze machte den Sockel zu diesem Maal! Ich raffte mich
in mich hinein, befahl meine Seele dem Staub, und war
vollkommen gesellschaftsdicht. Die Stille im Wagen wurde
nur zuweilen von dem eintönigen Rettig=Zermalmen des
unermüdlichen Rettig=Vertilgers unterbrochen, und nur
zuweilen sagte meine Nachbarin: „Ach, der Staub!"
Ich freute mich ordentlich, daß auch der Rettig=Vertilger
zu beschäftigt war, um etwas auf diese Staub=Apostrophe

zu erwiedern. Nach einer Pause fragte meine Nachbarin:
„Wohnen Sie auch in Döbling?" Da die Frage ohne
Adresse auf die Post kam, so konnte auch der Held von
Rettigfeld gemeint sein, und ich antwortete nicht; er war
zu beschäftigt, und noch einmal fragte meine Nachbarin:
„Wohnen Sie auch in Döbling, Herr von Saphir?" Da
ich nicht glauben konnte, daß der Mann mit den unversieg=
baren Rettigen auch Saphir heiße, so mußte ich zu ant=
worten mich entschließen. „Ja, in Unter=Döbling!"
brummte ich barsch rechts, und sah links zum Wagen
hinaus. — Pause, von nichts unterbrochen, als von dem
Zähnknarren des Rettigwürgers. — „Wohnen Sie schon
lange da?" fuhr die Unermüdliche fort; ich wurde fast
unwillig und sagte kurz: „Na, so, so, nicht gar zu lange." —
Pause, durchflochten vom Rettig=Knicker! — „Sie sind
sehr einsilbig heute!" tönte es mir wieder zu. — „Heute
und immer!" trotzte ich zurück. — Lange Pause, mit obli=
gaten Magenseufzern des absolvirten Rettig=Ausrotters. —
„Bleiben Sie Nachts in der Stadt?" so fragte endlich
meine neugierige und geschwätzige Nachbarin wieder. Ich
wurde erboßt und sagte: „Entweder in der Stadt oder auf
dem Lande." Da hielt der Wagen, ich sprang halb wüthend
vom Wagen, sagte wieder ein verhallendes „Guten Abend!"
und verschwand, ohne meine rasende Fragerin nur weiter
angesehen zu haben. Aber ich sollte für diese Unartigkeit
bestraft werden! Es gibt eine Nemesis! Sie wohnt im
Stellwagen! Abends, um die Zeit, wo sich in Döbling
der Staub legt und die Frauenzimmer aufstehen. Abends,

um die Zeit, wo die „füße Stunde saure Milch im Munde" hat, fuhr ich von Döbling zurück nach Wien.

Die Stunde schlug eben, der Lenker der Sonnenpferde hob eben das belebende Princip Peitsche, um sie in Bewegung zu setzen, da sprang ich noch auf den hintern Sitz im Wagen, auf welchem ich ein wunderhübsches Profil erblickte. Im Nu saß ich, und die Arche setzte sich in Bewegung. Die Arche war wieder nicht überladen, „Paar und Paar" waren sie eingezogen, auf jedem Sitze ein Männlein und ein Weiblein, und auf dem Rücksitz ich und ein Fräulein, so schloß ich aus dem zarten, jugendlichen Profil und dem angehauchten Morgenroth auf der Lilienwange. Nun weiß der Leser zwar, daß ich den Grundsatz habe, nie Jemanden zuerst anzusprechen, und meine Grundsätze sind unerschütterlich! Aber ein Gesellschaftswagen erschüttert die festesten Grundsätze; kaum war er hundert Schritte gefahren, so war mein Grundsatz so von Grund aus erschüttert, daß er baufällig zusammenstürzte! Ich nahm mir vor, meine holde Nachbarin, welche jenseits des Fensters zum Wagen hinaussah, anzusprechen. Sie hatte auf meinen „Guten Abend!" kaum geantwortet, und sich gleich abseits gerückt. Ein schlimmes Zeichen? Wer weiß! Manche rückt fort, damit man nachrücke! Ich rückte nach!

Die Holde blieb unbeweglich, und legte ein Bündelchen, welches sie in der Hand hatte, neben sich, gleichsam als Naturgränze unserer beiden Sitzreiche.

Ich war boshaft genug, das Bündel unvermerkt herunter zu stupfen. Es fiel ihr zu Füßen! ich ihm nach,

hob den Gefallenen auf, sie dankte mir kaum, ohne mich
anzusehen. Ich beschloß also, die Schleusen meiner Bered=
samkeit aufzuziehen und ihr Schweigen auf ihr fortzuschwem=
men. „Wohnen Sie auch in Döbling?“ — Keine Antwort.
„Der erste Pfeil sprang ab!“ sagt Diana. — „Wohnen Sie
auch in Döbling, mein Fräulein?“ wiederholte ich, und
ohne nur das holde Häuptchen oder ein Aeuglein zu mir zu
wenden, antwortete sie kurz: „O ja, in Unter=Döbling!“ —
Pause. Ich bedurfte neue Steinkohlen, um das Gespräch
zu heizen, und fuhr mit drei Grad Reaumur Wärme fort:
„Wohnen Sie schon lange da?“ — „Na, so, so, nicht
gar zu lang!“ war die Antwort, und ich war nicht um ein
Haar breit weiter in meiner Liebesbewerbung! Allein ich
faßte Muth, mich verdroß es gewaltig, auf meine Suade
so wenig Gewicht legen zu sehen, und ich sagte etwas
ironisch: „Sie sind sehr einseitig heute!“ — „Heute
und immer!“ war die Antwort. Noch fiel es mir nicht
auf, daß ich fast dieselben Antworten bekam, die ich heute
Früh ausgab, denn es waren so ziemlich Gemeinplätze;
aber wie vom Schicksal angespornt, trieb es mich an, sie
zu fragen: „Bleiben Sie Nachts in der Stadt?“ und ein
Kichern kaum unterdrückend, erwiederte sie: „Entweder in
der Stadt oder auf dem Lande!“ Das kann kein Zufall
sein! Da steckt eine abgekartete Bosheit dahinter! Der
Wagen war indessen auf der Freiung angelangt, ich stieg
aus, und beschloß um jeden Preis mir Aufklärung zu ver=
schaffen. Aber sie ward mir gegeben, und zwar auf eine
eben so seltsame als überraschende Weise. Ich bezahlte

nämlich den Kutscher, und als ich mich umsah, stand meine Nachbarin von heute Morgen, die Nachbarin mit dem Feuermaal an meiner Seite. Ich stand verblüfft, und sah mich nach meiner' holden Nachbarin um, da wendete sich das Mädchen um und — siehe da! — von der andern Seite war es das liebenswürdigste, schönste, anmuthigste Wesen!

Sie sah mir mit klarem, freundlichem Blick in die Augen und sprach: „Ein Saphir sollte auch gegen ein häßliches Frauenzimmer artig sein, sind wir doch auch recht artig mit ihm! Gute Nacht!" Damit machte sie einen schelmischen Knits und verschwand. Ich stand da, wie ein dummer Junge. Wenn der Leser dazumal vorbeigegangen wäre, hätte er sich davon überzeugen können.

Die Moral dieser Geschichte ist: daß nicht nur jede Sache, sondern auch jedes Gesicht zwei Seiten hat, und daß man auch mit unschönen Frauenzimmern artig sein soll! Ich aber habe meine Lection verdient, und bestrafe mich selbst dadurch, daß ich sie Dir, lieber Leser, ganz naiv mittheile.

2.

Der Mensch denkt, der Esel lenkt.

Wenn Du, mein lieber Leser, in Unter=Döbling wohnst, so bist Du nah am „Himmel"; nicht nur jenem „Himmel", welcher jetzt bei Zinner & Comp. ausge= spielt wird, und zu dem Du schon ein Loos in der Tasche hast, sondern zum wahren, wirklichen, blauen, hohen Himmel, zum Himmel, der Kinder, Narren und — Dichter beschützt, die Lilien kleidet, die nicht spinnen, die Mädchen verheirathet, die kein Geld haben, und die Buchhändler reich macht, die kein ordentliches Buch verlegen. Ja, zu diesem Himmel führt der Weg von Unter=Döbling. Welcher Weg? Alle Wege! Denn, lieber Leser, Du wirst geste= hen, daß man bei lebendigem Leibe nicht in den Himmel kommt, und wenn man so fromm ist, wie unsere Kritik, und so unschuldig wie ein Kochbuch! Erst muß man sterben, sonst kommt man sein Leben nicht in den Himmel! Also, jeder Weg, der zum Tode führt, ist eigentlich ein Weg zum Himmel; wenn Du aber von Unter=Döbling spazieren gehen willst, seie es nach „Heiligenstadt" nach dem Berge Eriel, oder nach „Grinzing" auf dem Berge Carmel, oder nach · dem „Kahlenberg" Garisim, oder nach dem „Krapfen= waldel" auf dem Berge Ararat, oder nach dem „Himmel" auf dem Berge Sinai, oder nach „Sievring" in dem Thale Hinom, oder nach „Salmonsdorf" in dem Thale Jeschurun, kurz, wohin Dich von Döbling die Stege und

die Wege alle führen, sie sind alle mit mehr Lebensgefahr
verbunden, als jetzt eine Reise von Döbling nach Rio
Janeiro, als ein Ausflug von Döbling nach Damascus!
Ein gebrochener Fuß ist das kleinste Souvenir, eine auf-
geschlagene blaue Nase das unbedeutendste Vergißmeinnicht,
welches Du auf diesen ungebahnten, kiesigen, steinigen, ab-
schüssigen, holperigen, lehmigen, schrägen, vermaledeiten
Fußwegen zwischen Klippen und Abhängen pflücken kannst!
Man soll seinen Nebenmenschen keinen Stein in den Weg
legen, ist gewiß ein frommer, christlicher Spruch, allein,
nirgends steht geschrieben, man soll seinen Nebenmenschen
die Steine aus dem Weg schaffen!! Im Gegentheile! Ein
steiniger Weg, schmal, schief, mit Kiesel besäet, an der
Kante von Felsen, wo man gleich bei dem mindesten Fehl-
tritt auf ein Steingerölle stürzt, von dem kein „Prosit!"
mehr aufhilft, solch ein Pfad, wie alle die Fußpfade von
Döbling in die Berge, durch die nicht genug zu bewun-
dernde Kraft der wilden Natur, daliegen, ist der nächste
Weg zum Himmel, denn nicht selten, fast alle Jahre er-
eignet es sich, daß ein paar Fußgänger da stürzen, Bein
und Arm brechen, ja ganz todt bleiben! Wir haben aber
in der Einleitung schon bewiesen, daß der Tod die erste
Bedingung ist, um in den Himmel zu kommen! Es sind
also diese, aus purer Frömmigkeit und Nächstenliebe zum
freien, allgemeinen Halsbrechen eingerichtete, und zur
öffentlichen Verunglückung großmüthig preisgegebene Fußpfade, eben so viele Stufen, Leitern und Vicinal-Wege
zum Himmel! Diese Himmels-Wege sind aber auch nur

eine kurze Zeit dem willkürlichen Selbstmord-Vergnügen
der Spaziergänger freigestellt; denn kaum füllt sich eine
Beere von den Weingärten mit den ersten Elementen jener
sauren Lebensweisheit, die man auf Flaschen gezogen,
unter dem Namen „Grinzinger“ verkauft, und der in seiner
angewandten Philosophie dazu dient, daß der Magen
saure Gesichter schneide, und das Capillar-Gefäßnetz sich
tiefdenkerisch in sich selbst zusammenziehe, so ist die große
„Döblinger Continental-Sperre“ fertig, kein Fußpfad thut
sich uns auf, in den Weinbergen muß der Wanderer alle
Augenblick ein „Pfänderspiel“ mit sich spielen lassen,
wo das Pfand nicht durch einen Kuß ausgelöst wird, man
muß auf dem großen Fahrweg gehen, wenn man Muth,
Kraft, Ausdauer und Lust genug hat, mit den Stellwägen
um die Wette durch diesen Staub oder Morast seine Car=
riere zu machen!

Indessen es gibt Augenblicke, in denen der Mensch
doch spazieren gehen will, entweder weil er den Magen,
oder das Herz oder den Kopf zu voll hat, oder weil er
heute gerade sein Mittagsbrot und seine eheliche Hälfte
nicht gut verdauen kann, oder weil man zu Hause sein
Schreibzimmer und seine Geduld aufreibt u. s. w., und in
einer solchen Stunde entschloß ich mich, nach Grinzing zu
gehen und von da auf den Kahlenberg zu reiten.

Es war an einem schönen Freitag Nachmittag! —
Hier bitte ich zu bemerken, wie vorurtheilsfrei ich bin!
Denn es gibt viele Leute, welche an einem Freitage gar
nichts unternehmen, zum Beispiel keinem armen Mann

einen Kreuzer schenken, Niemanden auf eine „Bäuschel=
suppe" einladen u. s. w., blos aus Grundsatz! — Also
es war an einem Freitag Nachmittag, am Himmel war
kein Wölkchen und auf Erden kein Sonntags=Ellenreiter
zu sehen, rechts lagen die Häuser von Heiligenstadt im
Grünen wie gesetzte Eier im Spinat, und links sah der
Thurm von Grinzing aus dem Bergkessel wie der Respect=
theil einer Eipeldauer Gans aus dem Topfe; Döbling aber
lag hinter mir, wie das „haec mensa" aus meinen Schul=
jahren, und ich stolperte auf einer der Himmelsleitern weiter
vorwärts, indem ich über Mancherlei nachdachte, was lebens=
gefährlicher ist: über eine Sängerin die Wahrheit zu schreiben,
oder nach einem Grinzinger Fußsteig zu lustwandeln; was
undankbarer ist: ein Operntext oder ein Künstler; wer
erhabener sei: das Schweigen der Natur oder das
Schweigen einer Frau Gemahlin u. s. w. u. s. w.

. In Grinzing angelangt, dankte ich erst den Göttern
für die Errettung aus des Lebens „Fußpfaden", die für
einen Kurzsichtigen wahre Fußknacker und Knochenzermal=
mer sind, und dann sorgte ich um weiteres Fortkommen;
und ich sah, daß es nicht gut ist, daß der Mensch allein sei,
und ich beschloß, mir für diesen Nachmittag einen Esel als
Reise= und Lebensgefährten beizulegen.

Ober dem Casino, wo sich die Grinzinger Vegetation
in isländisches Moos verwandelt, weiter oben da,

Als ich nun hinausgegangen,
Wo die letzten Häuser sind,
Sah ich mit gebräunten Wangen
Unter Eseln steh'n ein schönes Kind.

Grüß Dich, Jungfrau! — Dank der Ehre! —
Bitte, komme gleich heraus. —
Und wer bist Du? — Redacteure. —
Nun such' Dir Deinen Esel aus! —

Sie rührt sich, den Sattel zum Esel zu tragen,
Sie weiß auch so lieblich den Esel zu schlagen,
Sie rührt sich und biegt sich und treibt ihn voraus!

Schmeichelnd zieht sie ihn zur Schwelle,
Lebhaft in die Straß' hinein,
„Dummer Esel! auf der Stelle,
Sollst du lustig, lebhaft sein.

„Bist du müd', brauchst nur zu traben
Zwanzig Schritte weit von hier,
Leg' dann in den nächsten Graben
Ruhig dich, du frommes Thier!"

Sie lindert geschäftig geheuchelte Leiden,
Der Esel, er lächelt, er siehet mit Freuden
Schon unten im Graben sein nächstes Quartier!

Ich besteig' den Esel munter,
Immer fauler wird er nur,
Wie er geht den Berg herunter,
Wird er nach und nach Natur!

Und so stellet nach dem Traben
Nach und nach der Schritt sich ein,
Ist er erst nur bei dem Graben,
Wird nicht fern der Abwurf sein.

Aber um die Bahn noch besser zu prüfen,
Sieht der Esel die Höhen und Tiefen,
Und legt sich gleich lieber in' Graben hinein.

Engel können fallen, das ist wahr, aber sinken kann
nur der Mensch! und nun gar in einen Graben sinken,
kann nur Mensch und Esel! Indessen, Gesunkene können
sich aufrichten, und so richteten wir Beide uns auch auf,
um unsere Laufbahn, das heißt unsere Schneckenbahn wei=
ter fortzusetzen. Ich habe immer gehört, daß man mit guten
Worten mehr ausrichtet, als mit Schlägen, und so hielt
ich denn folgende Rede an meinen Esel.

„Mein theurer Freund, Esel und Wandergefährte!

„Wie und auf welche Weise wir so von unserer
Lebensbahn abgewichen sind, und in einem Graben zu liegen
kamen, darüber, mein Allerwerthester, wollen wir nicht
weiter grübeln! „Quo sors vos trahet et retrahet etc. etc.“
Es sind schon größere Helden, als wir Beide, im Graben
gelegen, und an heißern Tagen, und die Weltgeschichte ist
um den Graben herum gehangen, und die Biographien
haben den Graben umgarnt!

„Ein Platz ist an und für sich weder ehrend noch
entehrend, der Mann adelt den Platz! Ein Graben qua
Graben ist eine Lokalität, welche auf die Ehre eines Wesens
keinen Einfluß ausüben kann; nur die Art, wie man
Ehrenbürger eines Grabens wurde, Hinc illae Lacrymae,
da liegt der Unterschied im Graben!

„Man kann aus Wißbegierde in einen Graben ge=
rathen, zum Beispiel, um am hellen Tag Astronomie zu

studiren; man kann auch aus weiser Vorsicht in einen Gra=
ben kommen, zum Beispiel wie jetzt wir, mein werther
Graben=Collega, um nicht erst so viele Beschwerden des
Steigens zu erleben.

„Aber, mein grauer Freund, ein Weiser bleibt da
nicht stehen, wo ihn der Zufall hingestellt, und ein Dichter
bleibt da nicht liegen, wo ihn ein Esel abgeworfen! Der
Mensch kann sich erheben, und wär's auch aus einem Gra=
ben, und ein Esel wie Du, ein solcher Menschenkenner und
Menschenhändler, der schon so viele Menschen abgesetzt
hat, sollte sich nicht erheben können?!

„Surge tandem! Ermanne Dich. „Sei mein starkes
Mädchen!" Grade nach dem Fall lernt der Denker erst
recht auf eigenen Füßen stehen! Schau, dort oben ist der
Kahlenberg, dort warten befreundete Seelen Deiner, zeig
einmal, was ein Esel kann (hier schwang ich mich auf sei=
nen Rücken), wenn der Genius über ihn kommt!" —

    Und der gute Esel hebet
    Aus dem Graben sich empor,
    Und auf seinem Rücken schwebet
    Auch der Dichter stolz hervor!
    Es verachtet der Dichter des Langohrs Gebläsel,
    Unsterbliche peitschen gefallene Esel
    Mit dornigen Stecken zum Berge empor!

Ich saß wieder mit einer solchen Sicherheit auf meinem
Esel, als ob die Natur keinen Graben mehr habe, nie einen
Graben gehabt hätte! und mein Esel trabte so phlegmatisch
vorwärts, als ob ein Dichter grad so viel Gewicht hätte,
wie eine Grinzinger Molkentrinkerin!

Mein Esel ließ träumerisch den Kopf hängen, er war in stilles Hinbrüten versunken, ich hörte ihn denken, und will versuchen, einige seiner Gedanken mitzutheilen. Der Leser wird mir schon vergeben, wenn ich seine Gedanken nicht ganz in seinem Geiste wiedergebe, sondern so gut ein Uebersetzer es vermag.

Stille Esel=Gedanken.

— Bestrebe Dich nie, Deine Dummheit zu verbergen. Die Menschen werden Dir eher zehn Dummheiten, als eine Klugheit verzeihen. —

— Eigenlob stinkt, darum geh' nie ohne Köllnerwasser in eine Künstlergesellschaft. —

— Man wird von allen Leuten vergessen! Von Verwandten, von Freunden, von der Geliebten, sogar am Ende von seinen Feinden, nur nicht von seinen — Gläubigern! Darum suche so viel Schulden zu machen, als möglich, um im Andenken der Leute fort zu leben! —

— Hüte Dich vor allem Treppen=Witz! das heißt, mache nie Deinen Witz zurecht, wenn Du die Treppe hinauf, in die Gesellschaft gehst, denn dieser wird ledern; und lasse Dir, wenn Du die Treppe hinab gehst, nie den Witz einfallen, den Du oben hättest brauchen können, und der Dir nicht einfiel, das macht Magensäure! —

— Wenn Du in eine fremde Stadt kommst, mach' gleich Bekanntschaft, in vierzehn Tagen geht's oft nicht mehr! —

— Unsere Kritiker sagen nicht wahr, und sind doch Wahrsager, nämlich: aus der Hand! —

— Ein Schafsgesicht ist eine große Erbsünde! —

— Die Liebe ist ein bewaffneter Friede, die Ehe ein entwaffneter Krieg. —

— Alle Frauen sind Biographen, sie schreiben zwar nicht, aber sie reden beständig die Lebensgeschichte einer andern Frau! —

— Zwar kann auch ein gutes Pferd stolpern, aber —

Hier, lieber Leser, stolperte mein Esel, und ich konnte diesen Satz nicht zu Ende hören. Ich habe versucht, seinen Gedanken zu Ende zu denken: „aber nicht ein ganzer Stall!" das ist schon da gewesen, und mein Esel denkt nur Original=Artikel; „aber es fällt nicht zu= sammen?" Das ist matt! — „aber es richtet sich nach dem Stolpern desto stolzer empor!" Möglich; es ist schwer, sich in die Logik eines Esels so ex abrupto hineinzudenken; wenn es der geneigte Leser versucht, wird er noch manche Schwie= rigkeit finden! Der Stolperer brachte meinen Esel aus sei= nen Ideen= und Esel=Gang, und er stutzte.

Wenn ein kluger Mensch stutzt, dann, mein lieber Leser, ist noch auf Etwas zu hoffen; man kann ihn mit einem Ton, mit einem Wink, mit einem Hieb, mit einem Sporn wieder ins Gleis bringen; aber wenn ein Esel stutzt, da sei der Himmel gnädig, da hilft nichts, nicht Worte, nicht Gründe, nicht Spornstiche!

Nach langen Versuchen gelang es mir, meinen lang= ohrigen Denker wieder in Schritt zu bringen, und ich ritt, wie Bileam auf seiner Eselin, zwischen den Weingärten sachte fort, bis wir an jenen Punkt kamen, wo eine schmale Brücke zum Kamm des Kahlenberges in eine kleine Thal- umbuchtung einschneidet.

Das war immer ein gefährlicher Punkt für mein Reitertalent! Man wird zugeben, daß man ein guter Dich- ter und ein schlechter Reiter sein kann; ohne gerade etwas von mir zu behaupten, schäme ich mich nicht, zu gestehen, daß ich doch mit dem Pegasus besser umzugehen weiß, als mit dem ersten besten Miethgaul!

Ach, zur Zeit, als ich jung war, und in jenen Jah- ren, wo andere Leute Erziehung erhalten, hatte die Cultur und die Aufklärung noch nicht so um sich gegriffen, daß man seinen größten Ehrgeiz darein setzte, seinen glänzenden Be- ruf zum — Reitknecht zu entfalten! Dazumal, als Kunst und Wissen noch nicht so strotzend in die Société hinein- wucherten, gab es noch andere Liebhabereien, als Meklen- burger und Holsteiner, als Engländer und Hannoveraner u. s. w. Die Blüte der Chevalerie blühte nicht aus dem Hufeisen der Wettrenner heraus, die gesellige Haltung wurde nicht an einem Barriersprung abgewogen, und nicht Jener war der liebenswürdigste Sterbliche, dessen Fuchs oder Schimmel, oder Rappe die halsbrecherischsten Cour- betten macht!

Ach, großes neunzehntes Jahrhundert! deine Pferde- zucht verdrängt die Menschenzucht! Das geistige Thema der Zeit ist: ob die Pferde nicht hintereinander zurückbleiben, ob aber die Menschen zurückbleiben, da wettet kein Mensch einen Heller darauf!

Wir wachsen in die Centauren zurück! Wir können nur dann nach unserm vollen Werth geschätzt werden, wenn wir sechsfüßig sind! „le cheval c'est l'homme," so lautet unsere Devise! und um ein vollkommener Mann zu sein, müssen wir einen Jokei, zwei Handschuhe und vier Hufeisen haben!

Wie nichtig ist jede andere Liebhaberei gegen die Roßliebhaberei! Es gibt zum Beispiel viele Reiche, die an Gemälden, an Büsten, an Büchern, an astrono= mischen Maschinen, an physikalischen Experimen= ten Gefallen finden, Andere finden Vergnügen daran, Künstler, Dichter, Genies zu beschützen, zu unter= stützen, mit ihnen umzugehen u. s. w. Gottlob, solche Alltagsliebhabereien, solcher Geschmack nimmt immer mehr ab! Ein Gemälde, eine Büste, ein Buch, ein Instrument, ist Todtes, und nur das „Lebende hat Recht!" Ein Roß, ein Wildfang, ein Renner, ha, das ist ein höheres Wesen, das ganz allein all' unsere Aufmerksamkeit, all' unsere Pflege, all' unsere Zärtlichkeit in Anspruch nimmt.

Von unsern Männern bekommt den ersten „Guten Morgen" und den ersten zärtlichen Blick die Cigarren= büchse, dann der Hund, dann der Reitknecht, dann das Roß, und wenn dann noch ein Bischen Zärtlichkeit als Bodensatz in ihnen blieb, dann erst bekommt die Ge= mahlin, das Kind auch einen Rest des guten Morgens!

Daß jetzt so viele Frauen reiten, geschieht nur, damit sie sich ihren Männern bemerkbar machen! Die gute Frau lehnt Morgens über der Wiege des Säuglings, der Mann

bemerkt das nicht! Sie räumt dann sein Cabinet auf, vergebens, er hat keine Augen dafür! Sie setzt sich ans Clavier,
umsonst, er hat keine Ohren dafür! Sie nahet sich ihm mit
feinen Wendungen und Liebkosungen, lächerlich! Er hat
keinen Sinn dafür! Da, da fällt ihr das letzte Mittel ein,
sie steigt zu Roß, und ein Blick von Theilnahme fällt von
ihm auf das Pferd, und von dem Pferd auf die Reiterin!
In das männliche Herz konnten die Frauen sich früher
hineinschmeicheln, dann hineinstehlen, jetzt müssen sie
hineinreiten! Wir können uns in gar nichts mit Recht
aufs hohe Pferd setzen, als eben auf dem Pferd!

Ja, leider bin ich nicht aus dieser Epoche, wo der
Stall das Studirzimmer verdrängt, und wo man nicht
anders in guten Geruch kommt, als wenn man Stallgeruch
di primo cartello an sich trägt!

Ich bin also kein Kunstreiter, sondern Natur-
Reiter, das heißt, ich glaube nicht, daß der Mensch
geschaffen wurde, um Pferde zu ziehen, sondern daß
die Pferde erschaffen wurden, um die Menschen zu ziehen!
Ich glaube nicht, daß es die höchste Aufgabe des
Ritterthums ist, von Früh bis Abend die Roßologie
zu studiren, die Menschenliebe auf Pferdeliebe, und die
Nächstenliebe auf Nächstenpferdliebe auszudehnen!
Ich glaube, ein Pferd ist ein edles Thier; aber ich glaube
nicht, daß man über die „Araber" seine eigene Familie
vergessen soll!

Bei mir ist ein gut aufgelegter Esel schon so viel
wie ein englischer Wettrenner, und wenn ich zu Esel sitze,

so hab' ich das Bewußtsein, daß ich das Thier be=
herrsche, und nicht umgekehrt!

Also ich stand auf dem gefährlichen Punkt, bergab,
vor einer schmalen Brücke, und nun sagte ich zu meinem
Esel: hic Rhodus, hic salta! Allein der Esel wußte wohl,
daß es nicht Rhodus war, folglich sprang er auch nicht.
Im Gegentheile, er blieb wie angewurzelt stehen, und
neigte sein Haupt zu einem Seitenstrauch, mit dem Aus=
druck unwiderstehbarer Begierde, sich mit dessen Blättern
gesetzlich zu vereinen. Ich wollte absteigen, allein mein
Esel protestirte gegen diese Desertion von meinem Posten
mit den Hinterbeinen so kräftig, daß ich es vorzog, den
status quo zu beobachten, und zwischen dem Esel und dem
grünen Strauch nicht zu interveniren. Ich versuchte endlich
umzukehren, allein ein zweiter Luftsprung des Hinter=Castells
meiner Rozinante verleidete mir auch diesen Versuch, und
ich beschloß, das zu thun, was die Politik in allen ähnlichen
Fällen gebietet, nämlich: zu temporisiren!

Das Ding währte mir aber doch zu lange und —
die Noth macht erfinderisch! — ich zog ein Journal aus
der Tasche, und fing an, meinem Esel die „Theater=Recen=
sionen" vorzulesen, dann die Antwort, welche die Redac=
tion von „Ost und West" auf meine Erklärung, daß ich
Notizen für kein literarisches Eigenthum halte, in
Nummer 45 von sich gab. Ich begann zu lesen:

„Blätter für Kunst, Literatur und gesel=
liges Leben."

Er stutzte ein klein wenig, und nagte dann weiter an seinen Blättern. Ich las fort:

Antwort:

„Unsere Erklärung in Nummer 29 dieser Blätter, worin wir dagegen protestirten, daß man unsere Artikel so häufig ohne Angabe der Quelle nachdruckt, hat Herrn Saphir zu einem überschwenglichen Witzergusse veranlaßt, der bei der jetzigen Frühlingshitze und Dürre doppelt erfreulich ist, und uns recht viel Spaß gemacht hat."

Der Esel sah auf und sah mich mit einem zwar nichtssagenden Blicke an, aus dem man füglich eine polemische Erwiderung hätte machen können, allein fort ging er doch nicht! Ich las weiter:

„Nun, der „Humorist" muß ex officio sein Publikum mit Spaß unterhalten, und indem man so ins Blaue hinein witzelt, kann es Einem auch leicht geschehen, daß man als Centrum der Zielscheibe etwas angibt, was gar nicht vorhanden ist."

Hier verspürte ich ein leises Zucken in den Vorderbeinen meiner Rozinante, und ich schöpfte Hoffnung, daß sie diesen Styl nicht aushalten werde, und davon laufen wird, dadurch ermuthigt las ich immer weiter und pathetischer:

„Wir haben nicht geäußert: „es sei mehr Gewicht auf Notizen zu legen, als auf Original=Artikel," sondern: „daß wir auch auf unsere Notizen Gewicht legen" (ein großer Unterschied!)."

Hier senkte sich mein Esel, spitzte die Ohren und sprach: „Hör' auf, ich geh' schon!"

Wenn hier die Leser stutzen wollten, daß ein Esel spricht, so verweise ich sie wieder auf Bileam's Esel! und ein solcher Kerl wie Bileam bin ich doch wohl auch noch? Der Unterschied ist der, Bileam's Esel sprach, weil er einen Geist wahrnahm, mein Esel sprach, weil er keinen Geist wahrnahm!

Also ich kam glücklich vom Fleck und über die kleine Brücke hinüber. Da „stellte sich ein sonderbares Schauspiel unsern Blicken dar!" Vom Berge herab, mir gerade entgegen, kam eine Quäkerin, dito auf einem Esel geritten. Wenn ich sage, eine „Quäkerin", so versteh' ich darunter ein Stadt=Mädchen, welches auf dem Lande sich ganz verquäkert, indem es ganz Natur wird, und die schlichten Haare mit einem unbändigen Rundkrämpenhut überquäkert. Die große Krämpe geißelt einer solchen Land= Phyllis Schultern und Nacken, und wenn man ihr ins Gesicht sehen will, muß man sich plattlings auf den Boden werfen und in die Höhe schauen. Als ich die Reiterin kom= men sah, hielt ich abseits, um ihr ganz artig den Weg zum Vorbeiritt frei zu lassen. Allein: „Der Dichter denkt, der Esel lenkt!"

Als sie ganz nahe bei mir war, wirbelte ein günstiger Windstoß die Krämpen ihres Hutes in die Höhe und ein allerliebstes Antlitz sah mir entgegen.

Ich könnte nun dieses allerliebste Antlitz schildern, allein ich bin zu faul; es sei genug, wenn ich sage: ein

allerliebstes Angesicht, ein Angesicht, welches im Stande
gewesen wäre, ärgere Weiberfeinde, als ich einer bin, in
einem Nu zu seinem Augen= und Wangen=Feuer=Anbeter
zu machen.

Als sie auf Grußweite nahe war, suchte ich meine
liebenswürdigste Miene heraus, jenes selbstgefällige Lächeln,
welches ich nur anziehe, wenn eine herzlich schlechte Rolle
ungeheuer applaudirt wird, und mit dieser irresistiblen
Miene, und mit dem Bewußtsein: „ich bin ich“ ausge=
rüstet, sagte ich: „Ergebenster Diener, meine Gnädigste!
bergab ist's schwer reiten.“

Sie nickte mit dem Kopf, wie eine Knospe vom
Zephyr geschaukelt; allein sie antwortete nicht.

Als sie ganz nahe an meiner Seite war, fiel die
feindselige Hutkrämpe wie ein Percussions=Kapsel über das
Angesicht herab, und ich hätte vielleicht „Esel und Reiterin“
nie wieder gesehen, wenn Gott Amor nicht durch unsere
Esel sein Spiel mit uns getrieben hätte!

Ihr Esel wollte nämlich nicht an meinem vorbei!
Beide Esel drängten sich aneinander, und obschon wir bei=
derseits alles Mögliche thaten, um die Allianz unserer Esel
zu zerreißen, so gelang es uns doch nicht.

Hier werden superkluge Leser wieder lächeln und in
ihrer Weisheit denken: „Nun, so sehr wird er sich auch nicht
gekränkt haben über diese zufällige Zusammenhänglichkeit!“

Darüber bin ich hinaus! Mein Gewissen sagt mir,
daß ich Alles anwendete, um unsere geenterten Esel frei zu
machen, und damit bin ich beruhigt!

Die schöne Unbekannte sagte: „Das ist doch ärger=
lich!" und ich antwortete: „Sehr ärgerlich!" Unsere
beiderseitigen Versuche, abzusteigen, wurden von dem ganz
uneselhaften Bäumen unserer Zelter verhindert, und so saßen
wir, sie den Kopf gegen Norden, ich nach Süden gerichtet,
und feierten in dem freien Tempel der Natur ein doppeltes
tête-à-tête.

„Es scheint," sagte ich, „daß unsere Esel Jugend=
oder Schul=Freunde sind, da sie hier ein Wiedersehen feiern
und sich nicht so bald trennen wollen."

„Sie haben Ihren Esel gewiß auch im obern Hause
genommen," sprach sie, „wo ich den Meinen nahm, und die
sind so aneinander gewohnt."

„Ja," antwortete ich, indem ich ihrem kleinen Schwarz=
esel freundlich den Hals kratzte, „es ist doch ein rührender
Anblick unter Wesen, die auf Bildung keinen Anspruch ma=
chen, die weder den Bulwer noch den „Humoristen"
lesen, eine solche schwärmerische Freundschaft, wo nicht
Liebe zu erblicken, und der Mensch, der gepriesene, der
gebildete, sollte nicht grausam dazwischen und in die Sym=
pathie zweier Herzen eingreifen."

Während ich so sprach, steckten die beiden Thiere ihre
Köpfe noch fester zusammen, so daß das Gesicht der Rei=
terin gerade handweit von mir war. Sie sah mich an und
lächelte. Das ermuthigte mich fortzufahren: „Sehen Sie,
meine Schöne, wer weiß, ob diese Esel wirklich Esel sind,
wer weiß, ob es nicht gewisse Geister der Natur sind, die
unter allerlei Gestalten dem Gott der Liebe dienen müssen,

und ob diese Esel nicht wahre Schicksal=Esel sind, um uns
auf so sonderbare Weise zusammenzuführen!"

„Ei," sagte sie schnippisch, und nahm zu meinem
Entzücken den Krämpenhut ab, und der schöne, ovale Kopf,
von üppigen, braunen Locken umflogen, trat frei in seiner
ganzen Anmuth heraus, „ei, vielleicht aber auch sind wir
bestimmt, die beiden Esel zusammenzubringen, und nun, da
unsere Sendung erfüllt ist, gehen Sie Ihre Wege und ich
die Meinigen, und wir haben das Unsrige gethan!" —
Dabei sah sie mich lachend an und wollte absteigen, allein
der Esel schlug aus und über, und sie mußte sich schnell an
meiner Hand festhalten, um nicht zu stürzen.

„Sehen Sie," sagte ich, „unsere Lage wird immer
romantischer! Es mögen Ihnen auf Erden schon viele Lie=
beserklärungen gemacht worden sein, o ja, auf Erden,
aber so zwischen Himmel und Erde, wie ich sie jetzt
mache, gewiß nicht! Ich möchte gerne auf die Knie sinken,
Sie sehen, ich kann nicht; Sie möchten gerne entfliehen,
Sie sehen, es geht nicht! Wir sind für einander bestimmt,
und diese Esel sind nichts, als die Vollstrecker höherer
Mächte!"

„Sie sind ein Haspel!" erwiederte sie lachend, „wenn
wir für einander bestimmt wären, das wäre also eine Eselei?
Da, treiben Sie einmal meinen Esel an, und somit Abieu!"

„Wohlan," rief ich, „Sie sehen, daß ich Ihren Be=
fehlen gehorche, auch gegen mein Interesse." Darauf hieb
ich mit einer Art Wuth auf beide Esel zugleich ein, und,
sieh da, Beide liefen ihren Weg fort, Meiner hinauf, und

der Ihrige hinab; so dachte ich, allein: „Der Mensch denkt und der Esel lenkt!" Kaum hatte ich einige Schritte geritten, so hörte ich etwas hinter mir traben, ich sah mich um, es war die schöne Reiterin, deren Esel gewohnt war, dem meinigen nachzugehen, und der nun rüstig mit seiner schönen Last hinter mir herkeuchte! Ich drehte mich lachend um und sang der Holden zu:

> „Und so finden wir uns wieder
> In den heitern, bunten Reih'n?
> Und die treuen Esel-Brüder
> Sollen uns gesegnet sein!"

„Sie sind durch und durch ein Narr und ein Böse-wicht," sagte die Holderröthende, halb lachend und halb zürnend, „was soll daraus werden? Ich bin in der größten Verlegenheit, ich kann nicht absteigen und kann das Thier auch nicht umlenken, was soll daraus werden? Es ist schon spät!" — „Was daraus werden soll?"

> „Wer reitet so spät durch Nacht und Wind?
> Es ist ein Esel und ein schönes Kind!
> Es hält der Dichter sie in dem Arm,
> Er hält sie sicher, er hält sie warm."

Indessen war sie ganz nahe zu mir gekommen, ich reichte ihr die Hand und sagte:

> „Theures Weib, gebiete Deinen Thränen,
> Hin nach Grinzing geht Dein feurig Sehnen,
> Dieser Esel führt Dich nicht dahin!
> Aber ich, mich hören jetzt die Götter,
> Ich werde freudig heut' Dein Retter,
> Sag', ob ich noch ein Böswicht bin?"

Sie reichte mir die Hand, und ein sanfter Druck sagte mir mehr als alle Worte, die ich hätte hören können. Ich nahm ihr die Zügel aus der Hand, zog ihren Esel ganz nahe an den meinen, und mit einer kühnen Wendung hatte ich beide zurück gegen Grinzing gekehrt. Wir ritten nun friedlich neben einander, alle Viere in tiefes Stillschweigen versunken. Ich erfuhr jedoch in kleinen Dosen, daß sie Arabella heiße, daß sie noch nie geliebt hat. — Wir drei Andern, wir glaubten — das —, daß sie oft allein Ausflüge mache, und daß wir uns — wieder finden werden! Indessen waren wir bei dem Esel-Bureau angekommen, geschäftige Hände haben uns von unseren Eseln entledigt, und mit einem bedenkenden Blick, in dem eine ganze geographisch-stellbicheinische Landkarte lag, trennten wir uns. Sie sah noch einmal nach mir zurück; und ich trennte mich von meinem Esel, indem ich ihm die Hand aufs Haupt legte und ausrief:

„Das war ein kluger Streich von einem Esel, der Himmel vermehre sie!"

Das Lied vom Menschenleben.

In dem Göttersaal, dem wunderbaren,
Blumenduft'gen, sternenklaren,
Wo im Kreis die Göttersitze funkeln,
Steht ein Spinnrad nur im Dunkeln,
In der Nische tiefem Bogen,
Der vom Lichte nicht durchzogen.
— Sieben Schicksalsschwestern sitzen
Unter Donnern, unter Blitzen
Um das Spinnrad, finster sinnend,
An dem Lebensfaden spinnend.

Sechs der Schwestern, grämlich, tückisch und verdrossen,
Menschenfeindlich, menschenhassend, sind entschlossen,
Mit der Hand, der knöcheldürren,
Diesen Faden zu verwirren;
Kummer, Jammer, Zittern, Beben,
In den Faden einzuweben,
Ihn durch Knoten zu verwirren,
Die der Tod nur soll entwirren! —
— Doch die Jüngste von den Spinnerinnen,
Jung und lieblich, wie des Tag's Beginnen,
Blühend wie auf Unschuldswangen
Zartes Roth ist aufgegangen,
Reizend wie des ersten Kusses Traum,
Der sich wiegt auf rothem Lippensaum,
Sitzt in milder Denkungsweise,
In der Schwestern engem Kreise,

Ihren Dienst da zu verrichten,
Und den Faden, den schon dichten,
Wenn er kommt zu ihren Händen,
Ab ihn schließend zu vollenden. —
Und wo die Schwestern in den Faden
Allen ihren Grimm entladen,
Wo sie eingewoben Weh und Schmerzen,
In das zarteste Geflecht vom Herzen,
Läßt die jüngste Schwester, still, bei Seiten.
Dann den Faden, den gefeiten,
Langsam durch die Finger gleiten,
Neigt das holde Haupt hernieder,
Webt hinein dann hin und wieder
Eine Schenkung, eine Gabe,
Die, als Trost und Herzenslabe,
Fähig sei, den Erdenkindern
Ihres Lebensfadens Leid zu lindern! —

Also singen sie, die Schicksalsschwestern:
„Schnurre, Spinnrad, schnurre!
Surre, Rädchen, surre!
Heut', wie morgen, heut', wie gestern!
Rocken, stehe! Rocken, halte!
Daß sich das Gespinnst gestalte!
Wetterhexen! Koboldsmündel!
Nebelgeister! Sumpfgesindel!
Bringt herbei die schwarze Spindel,
Nehmt als Hanf dann aus dem Bündel,
Gebt als Hanf dann auf die Spindel:
Nebelflocken, Wolkenwolle,
Dürres Gras aus Kirchhofscholle,
Welkes Laub von Grab-Cypressen,
Seufzerschilf, am Sumpf gesessen,

Einen Zweig der Trauerweide,
Schierlingswurzel von der Haide,
Eine abgelegte Haut der Schlange,
Etwas Werg vom Henkerstrange,
Distelköpf' und Stachelbeere,
Igelhaar und Krebsenschere,
Nesselkraut mit spitz'gen Enden,
Feuchtes Moos von Kerkerwänden,
Haar vom Haupt, auf nächt'gem Kissen
Stillverzweifelnd selbst sich ausgerissen,
Alles dieses bringt vom Brocken,
Zerrt es aus zu langen Flocken,
Gebt's hinauf auf unsern Rocken,
Daß daraus, nach unsern Sinnen,
Jenen Faden wir gewinnen,
Menschenleben d'raus zu spinnen!" —

Doch die jüngste Schwester harrte,
Bis das Spinnrad lauter knarrte,
Nahm sodann des Fadens Ende
In die weichen Blumenhände;
Als das Rad die Andern treten,
Fängt sie leise an zu beten:
"Weltenschöpfer, Weltenmeister!
Der Du schufst die guten Geister,
Der Du sagst den Engeln allen,
Daß sie mögen niederwallen
In die tausend kleinen Welten,
Fern von Deinen Lichtgezelten,
Deinen Segen auszugießen,
Deine Gnade zu erschließen!
Weltenherrscher, Weltenmeister!
Sende Deine guten Geister

Auf den kleinen Erdenkloben,
Der da ist aus dunklem, grobem,
Lichtversagtem Stoff gewoben,
Der da hängt im niedern Raume,
Tief an Deines Strahlenmantels Saume,
Der da fiel in diese finst're Scene
Von dem großen Bauriß Deiner Pläne,
Wie von der Wimper fällt die Thräne;
Sende sie den Staubgebornen,
Sende sie den Lichtverlornen,
Sende sie den Schmerzerkornen,
Die mit Zittern und mit Beben
In dem kleinen Tropfen leben,
Der dem Welten-Eimer ist entronnen,
Als Du zogst aus Deinem Schöpfungsbronnen
Himmel, Sterne, Mond und Sonnen! —
Und mich allhier laff' Mittel finden,
In den Faden ihres Daseins einzuwinden:
Stillen Zauber, der entkräftet
All' die Flüche, d'ran geheftet;
Lehr' mich süßen Balsam kennen,
Lehr' mich Zauberformel nennen,
Lehr' die Gaben mich, die rechten,
Diesem Faden einzuflechten,
Was da kann dem Schmerze wehren,
Was da kann das Dunkel klären,
Was versüßt die bittern Zähren,
Was da stillt das Herzverlangen,
Was da kühlt die Gluthenwangen,
Was beschwichtigt in den Adern
Wilder Wünsche wildes Hadern;
Was beschwichtigt im Gedanken
Wilden Wähnens wirres Schwanken;

Was beschwichtigt in den Sinnen
Wilder Frevel wild' Beginnen;
Was beschwichtigt in den Nerven
Wilder Widerhaken stetes Schärfen;
Was beschwichtigt das Gewissen,
Das von blutigen Natterbissen
Zu den schwarzen Höllenflüssen
Der Verzweiflung wird gerissen!" —

Aber Jene sangen wieder: "Schnurre, Rädchen, schnurre!
Surre, Rädchen, surre!
Heldenleben! Heldensein zusammen!
Laßt's uns spinnen und verdammen!
Heldenruhm, wie sehr er glänze,
Heldenruhm und alle Siegestänze,
Heldenruhm und alle Strahlenkränze,
Kühle nie des Helden Herzbegehren!
Sätt'ge nie die wilde Sucht nach Ehren,
Lösche nie die Gluth: mit Flammenheeren
Gegen Völker=Ruh' sich zu empören!
Ehrgeiz, dieser Höllendrache, winde
Wild sich um des Ruhmes Binde;
Und mit tausend Riesenlungen,
Und mit tausend Natterzungen,
Spei' er Wuth vom Flammenrachen,
Um den Blutdurst anzufachen!
Daß die Welt in Blut sich tauche,
Daß sein Stahl vom Blute rauche,
Bis der Held und Triumphator
Wird ein Tieger, Usurpator,
Bis in vollen Ungewittern
Seine Kränze all' zerknittern,
Seine Säulen all' verwittern,
Seine Kronen all' zersplittern,

Und sein Bischen Asche gibt die Lehre
Von des Heldenruhms Chimäre,
Daß er ist, wenn Wuth und Ehrgeiz bei ihm wohnen,
Fluch der Welt und Henker von Nationen!"

Doch es lächelt die jüngste Schwester wieder,
Neigt sich lächelnd flüsternd nieder:
„Soll man fliehen denn das Licht der Sonnen,
Weil sie ihre keuschen Strahlen
Zündend für das Brennglas stahlen?
Soll man fluchen Mond und Sterne,
Weil sie mißbraucht oft zur Diebslaterne?
Heldenleben, das für Gott und Ehre,
Und für Vaterlands Altäre,
Und für Unschuld, Schutz und Wehre,
Und für Glaubens heil'ge Lehre,
Aufschlitzt seines Herzens Quelle,
Mit des Blutes Purpurwelle
Zu begießen große Thaten,
Daß sie hoch, in üpp'gen Saaten,
Mögen goldgekörnt gerathen!
Heldenmuth und Heldenleben,
Löwenblut sei Dir gegeben,
Löwenmuth, Gefahrverachten,
Löwenkraft in Kampf und Schlachten,
Löwensinn im edlen Trachten,
Löwenherz und Sinn vom Leuen,
Um dem Feinde zu verzeihen!
Heldenmuth und Heldenleben!
Deinem Haupte sei ein Kranz gegeben,
Dessen Reis nur Den betheiligt.
Der dem Nachruhm ist geheiligt!
Lorbeerreis, der Ruhmgefährte,
Lorbeerreis, der Lichtverklärte,

Lorbeerreis, von Sängerzungen
Durch Jahrtausende besungen,
Sei mit lauten Huldigungen
Um das Heldenhaupt geschlungen!"

Wieder singen sie die bösen Schwestern:
„Surre, Rädchen, heut', wie gestern,
Heisa! Faden! läufst so rasch!
Heisa! Faden! Welch' Mischmasch!
Heisa! Dichterleben fein und bunt!
Dichterleben kommt jetzund!
Dichterleben, dünn und zart,
Fluch sei Dir nur aufbewahrt!
Mondesstrahlen sollst Du schälen,
Sonnenstäubchen sollst Du zählen,
Mit dem Traume Dich vermählen,
Und das Lebensglück verfehlen!
Lieder, die im Herz Dir sitzen,
Sollen mit den schärfsten Ritzen
Deine eig'ne Brust zerschlitzen!
Gelten sollst Du als Verräther,
Müßiggänger, Missethäter,
Weil Du wandeln willst im Aether,
Nicht im Schlamm, wie Deine Väter!
Was Du Edles je wirst leisten,
Sei zermürbt von rauhen Fäusten!
In den Knospen von Gefühlen,
Die an dornenvollen Stielen,
Selbstgetäuscht Du willst erzielen,
Sollen freche Finger höhnisch wühlen!
Selbst wenn Du ihr farblos Leben
Mit dem Lichtnetz willst umweben,
Das die Götter Dir gegeben,

Sollen sie's von Dir empfangen,
Nur geräuchert und auf Zangen,
Als ob Du wärst pestbefangen!
Selbst der Kreis von Elfen, Feen,
Den Du Dir zur Welt ersehen,
Sei verkleinert von der Kleinheit,
Und verdächtigt von Gemeinheit!
In den Kranz, den blütenlosen,
Sollen Schlangen zischend tosen,
Bis Du selbst ihn wirst entblättern,
Bis Du fluchend selbst und bitter
Deine gold'ne Himmelszither,
Dies Geschenk von hohen Göttern,
Unter Jubelruf von Spöttern,
An dem Felsen wirst zerschmettern!"

Doch die jüngste Schwester flicht dagegen,
In das Dichterleben ein den Segen:
Selbst sollst Du Dir schaffen die Gestalten,
Wie sie in der Brust Dir walten;
Wo Dein Sinnen hin Dich leitet,
Wird das Weltall zart besaitet;
Blumenlenz und Nachtigallen
Werden Deine Reichs = Vasallen!
Und der Klang aus Deinen Saiten
Bleibt Dein Freund für alle Zeiten,
Und das Lied, das Du gesungen,
Hält als Liebste Dich umschlungen,
Und die Märchen, die Du hast erfunden,
Nennen Vater Dich in stillen Stunden,
Und Gefühle, die Du hast in fremden Herzen
Aufgeregt in Wonne und in Schmerzen,
Kehren, wenn Du einsam bist zur Stelle,
Zu Dir heim, wie Bienen in die Zelle!

Dichterleben, süßbetheiligt,
Bist der edlen Brust geheiligt,
Denn es wird an schönen Seelen
Auf der Erde niemals fehlen,
Und es lebt im Menschen-Busen
Süße Lust am Spiel der Musen,
Und Du find'st in trüben Stunden,
Herzen, die wie Du empfunden!
Wie Dich auch das Leben höhne,
Bleibt Dir die Gewalt der Töne,
Und des Menschen Liebe für das Schöne,
Frauengunst und das Geschenk der Thräne!

— Wiederum singen die bösen Schicksalsschwestern:
„Schnurre, Spinnrad, schnurre!
Surre, Rädchen, surre,
Heut' wie morgen, heut' wie gestern!
Rocken stehe, Rocken halte,
Daß sich das Gespinnst gestalte;
Denn des Lebens dünnstes Fädchen,
Denn des Lebens zart'stes Fädchen
Windet jetzt sich auf das Rädchen!
Dreh' Dich, dreh' Dich ohne Gnaden!
Spinnest fest den Liebesfaden!
Spinnst den feinsten Herzensfaden!
Rädchen, Rädchen, sei recht thätig!
Liebesfaden, doppeldrähtig!
Herzen zwei sind dazu nöthig!
Liebe wird wie Flachs gewonnen,
Liebe wird wie Flachs gesponnen:
Erst gesä't in weiche Stelle,
Daß sie wachse bald und schnelle; —
Dann vom Boden ausgerissen,
Wenn die Blüte nah' wir wissen;

Dann geweicht in Thränenwasser,
Daß sie werde blaß und blasser;
Durch des Schicksals Hechel dann gezogen,
Dann geknickt! zusamm'gebogen;
Dann gezerrt zu bleichen Flocken,
Dann gefesselt an den Rocken,
Dann durch mitleidslose Hände
Ausgesponnen ohne Ende!
Und zuletzt zusamm'gebunden
Als ein Knäul von Schmerz und Wunden!
D'rum den Lebensfaden d'raus zu spinnen,
Nehmt Geweb' von Winkelspinnen,
Nehmt den Schaum vom Meeresstrande,
Den der Sturm gepeitscht zum Lande,
Nehmt die Gluth der Irrwischflamme,
Nehmt den Zorn vom Hahnenkamme,
Nehmt den Druck von Ungewittern,
Nehmt vom Espenlaub das Zittern,
Nehmt von einem Erbschatz=Drachen
Dieses ew'ge Nachtdurchwachen,
Nehmt von Eifersucht die tausend Wehen,
All' ihr Lauschen, Horchen, Lugen, Spähen,
Nehmt den Zahn der Zweifelsschlange,
Nehmt des Argwohns heiße Zange,
Nehmt des Scheidens böse Stunde,
Und der Trennung off'ne Wunde,
Nehmt Verrath und falsche Schwüre,
Und der Untreu' Herz=Vampyre,
Und des Treubruchs Pestgeschwüre,
Und der Falschheit Doppellippe,
Und des Meineids Fluchgerippe,
Des Betrog'nen Schmerzerwachen,
Des Verrath'nen gräßlich Lachen,

Des Verlaff'nen stilles Brüten,
Des Verzweiflers Insichwüthen,
Des Verzweiflers höllisch Lästern,
Alles das, ihr Schickfalsschwestern,
Sei dem Rocken frisch entladen
Zum Gespinnst vom Liebesfaden."

Und die jüngste Schwester harrte
Wieder, bis das Spinnrad knarrte,
Nahm des Liebesfadens Ende
In die lilienweißen Hände,
Um für alles Liebeleben
Glück und Wonne einzuweben,
Ja selbst für den Schmerz der Minnen
Trost und Labe einzuspinnen,
Und begann nun, leis' und lose,
All' die gold'nen Liebesloose
In den Faden einzuspinnen:
Liebeswort und Liebgekose,
Ausgetauscht in Sommernächten,
Das Geheimniß bann der Rose,
Sich durch Dornen durchzufechten!
Flicht dazu die Seligkeiten,
Die aus tausend Winzigkeiten
Sich die Liebe kann bereiten;
Wie sie glücklich ist im Sehnen,
Wie sie selig ist in Thränen,
Wie der Blick ist ihr Gesandter,
Wie der Seufzer ihr Verwandter,
Wie die Träume ihr Gebäude,
Wie die Blumen ihre Eide,
Wie die Thränen ihre Festtagsgäste,
Wie die Sehnsucht ihre Sieste,

Und wie selbst so Leid als Qualen
Sie stets trägt als Klärungsstrahlen!
Und die holde Spinnerin singt leise
Eine kleine, tändelnslose Weise,
Wie die Lieb' sie sendet auf die Reise:
„Liebe Lieb', Du holdes Wesen,
Liebe Lieb', bist auserlesen,
Menschenleben zu beglücken,
Menschenleben zu erquicken!
Liebe Lieb', nun sollst Dich schmücken,
Bade Dich in Balsamdüsten,
Trockne Dich an Maienlüften,
Auf die Wänglein, mein Kleinod,
Leg' Dir etwas Morgenroth,
In die Aeuglein, licht und klar,
Pflanz' von „Augentrost" ein Paar,
Um die Stirne, silberweiß,
Frauenhaar und Myrthenreis;
In die holden Ohren, klein,
Hänge Maienglöckchen ein,
Um den Hals die schönste Schnur
Von dem Thau der Blumenflur,
Und ein Kleidchen, zart und weiß,
Aus Gespinnst vom Ehrenpreis,
Und ein Gürtelchen sodann
Aus „Schau'! aber rühre mich nicht an!"
Und an einem Schlüsselbund
Himmelschlüßlein auch zur Stund';
Auch ein Schürzchen binde um
Aus dem Blatt der Sonnenblum';
Dann die Strümpfchen, transparent,
Stricke Dir aus Lilien-End',
Und das Füßchen schütz' vor Dorn
Frauenschuh und Rittersporn,

Dann als Fächer in die Hand
Ein Geflecht von „Himmelbrand",
Schmetterling im vollen Trab
Führt im „Venuswagen" Dich hinab;
Bist Du bei dem Menschen dann,
Herzchen wird gleich aufgethan,
Klopfest Du zuerst von d'raus,
Klopfst Du dann von d'rinn heraus!
Also geh', lieb' Liebe mein,
Kehre lieb beim Menschen ein,
Daß ihm Leben lieb und Lieb' soll Leben sein!"

Wieder singen die Schicksalsschwestern:
„Schnurre, Spinnrad, schnurre!
Surre, Rädchen, surre,
Heut' wie morgen, heut' wie gestern!
Faden, Faden, voll von Leiden,
Sollst von unsern Händen scheiden,
Parze kommt, Dich abzuschneiden!
Nun, ihr Schwestern, webt behende
An des Lebensfadens Ende,
Einen Fluch noch in die Ecken:
Todesfurcht und Todesschrecken,
Todesangst und Todesgrauen,
Daß der Mensch den Tod soll schauen,
Wie die Höllenlarve häßlich,
Zähnefletschend, ekel, gräßlich,
Daß die letzte Stund' im Leben
Sei voll Schaudern, sei voll Beben;
Daß in dieser Schauerstunde
Er noch mache seine Runde
In sein Leben, das vergangen,
Und mit Schaudern, und mit Bangen

Bleib' er an den Stunden hangen,
Wo er Frevel hat begangen,
Wo die Sünde ihn umfangen!
Und in seines Bettes Decken,
Und in seines Bettes Falten,
Malen sich zu seinem Schrecken
Alle seine Seelenflecken
Gräßlich ab in Blutgestalten!
Und an seines Hauptes Kissen
Zerr' in steten Finsternissen
Tückisch grausam sein Gewissen!
All' sein Leben sei gerochen,
In den Gluthen, die da kochen
In Gebein und Mark und Knochen!
Und sein Auge sei gebrochen!
Und verklungen sei'n die Worte
An der blassen Lippenpforte!
Und sein Denken und sein Sinnen
Soll verwirrt zusammenrinnen,
Soll mit Irrsinn ihn umspinnen,
Daß er seines Geist's nicht Meister,
Und ein Spiel der Zweifelgeister,
Ohne Tröstung zu verspüren,
Jene Brücke soll passiren,
Die von diesem Uferstrande
Führt zum finstern Schattenstrande!"

Doch die jüngste Schwester nimmt behende,
Schmerzlich lächelnd in die Hände
Dann des Lebensfadens Ende,
Wo er soll dem Tod verfallen,
Läßt darauf die Thräne fallen,

Neigt sich segnend auf den Faden:
„Herr des Lebens, Herr der Gnaden,
Laß' mich bei des Fadens Enden
Jenen Fluch in Segen wenden!
Lehr' mich jene Mild'rung finden,
Diesem Ende einzuwinden,
Was der Tod kann umgestalten
In ein höchstes Liebewalten!
In ein sanftes Heimwärtsleiten,
In ein Land voll Seligkeiten!
Gib ihm „Hoffnung" an die Seite,
Gib ihm „Glauben" zum Geleite,
Daß der Tod nicht komm' als Strafe,
Wie ein Bruder nur vom Schlafe,
Der anstatt der hohlen Träume
Mit sich bringt, wie Purpursäume,
All' die ew'gen Lebensbäume!
Laß' ihn an das Bett der Frommen
Wie ein Vaterlächeln kommen!
Lasse seinen Ruf erklingen
Wie ein einst gekanntes Singen;
Lasse seinen Kuß empfinden
Wie ein Kuß beim Wiederfinden;
Lasse seinen Athem wehen
Wie ein Hauch beim Auferstehen!
Lasse aus des Auges dunklem Flore
Leuchten Deine Gnadenthore;
Laß' den reuigen Gedanken
Gleich Gebet vor Deine Schranken!
Kommt er dann auf dunklen Wogen
In Dein lichtes Reich gezogen,
Laß' auf jenen Wolken-Auen
Ihn den Regenbogen schauen,

Diesen Eid, den Deine Milde
Hinschrieb an dem Himmels-Schilde;
Bau' ihn auf als Triumphpforte,
Wenn durch Deine Himmelspforte
Einst der Mensch, vom Tod geleitet,
Wenn die Glocke mahnend läutet,
Die des Herren Ruf bedeutet,
In das Land der Heimat schreitet!"

Physiognomische Schönheit der Frauen.

Nicht die in Wahrheit und eigentlich schönen Frauen sind für ein weiches Gemüth und hoch feuerhaltige oder schnellkräftige Nerven die gefährlichen; denn gar zu oft sind sie — leider! — nichts weiter denn schöne Marmorgebilde ohne Lieben und Leben, und du suchst in der schönen Gestalt vergebens nach einer schönen Seele, dafür dir eine schale Alltagsseele entgegengreint.

Wahrlich und gewißlich, ist unsereinem schon solch ein Betrug hie und da widerfahren, da möchte man rasend werden über die tückische Grausamkeit, wie Marktschreier hinter so erhabenen Aushängzetteln und in so geheimnißvollen Büchsen nichts weiter zu verwahren, als etwas Mehlstaub, der manchmal gar zum giftigen Mehlthau werden mag.

Ich komme zum Nachsatz:

Nicht diese leeren, bunten Puppenhüllen der gemeinen, grauen Nachtfalter sind die gefährlichsten, sondern die — um ein fremdes Wort zu gebrauchen — PhysiognomischSchönen, denen das gute, unbeschreiblich treue und trauliche

Herz, die unbefleckte göttliche Weiberzucht und das deutsche
Frauenthum so recht aus jedem Blick und Wink der
Augen, aus jedem Zug des Antlitzes herausleuchten! Mag
immerhin vor der beeisten Brille des aber- und after-
gelehrten Kunstrichters, der die Schönheit ausmessen und
abreißen will, gleich einem Feldmesser — mag vor der auch
nicht Gnade finden die breite Nase, die flache Stirne, das
spitze Kinn; schön bleiben sie dennoch im wahrsten Sinne
des Wortes, und die Regel, daß in einem schönen Körper auch eine schöne Seele wohne, geht nur umgekehrt in
Erfüllung, indem die schöne Seele ihrem Körper eben dadurch, daß er ihr Körper ist und sie ausdrückt, schon die
höchstmögliche Schönheit verliehen hat. Sonst gibt's denn
freilich auch Fälle, wo höchste Schönheit für Kunst und
Natur mit der schönsten Seele begabt erscheint; aber von
derlei Laternenträgern und Admiralen, die auf den glänzenden Flügeln ihr eigenes Schau- und Ehrendenkmal tragen und kaum noch mit den Nachtfaltern zu einem Geschlecht
gehören, von solchen Paradiesvögeln sollte man eigentlich
gar nicht reden, sondern nur flöten — und auch da würde
man noch vergeblich nach so schmelzenden, zitternden, leisgehauchten Zartklängen suchen, wie sie selber im großen
Allspiel der Schöpfung sind. Treibt das blinde Schicksal
solch ein feinartig Wundervöglein in eines Philisters Hand,
so spießt er es erbärmiglich auf und läßt es vor der ganzen
Welt prangen und prunken im bunten Glasschrank seiner
Kerbthiersammlung — während der sinnige Jüngling sich
traut und geheim einschließt mit dem zarten Wundervöglein,

in einen süß duftigen, selbst gepflanzten Blütengarten, sich im stillen Schauen ergötzt an den Flittern und Flattern seines Kleinods von Blume zu Blume im Sonnengold und leislauschend ehrfurchtsvoll bescheiden die Flügel berührt, auf daß er nicht den blinkenden Himmelsthau von ihnen hauche.

Thränenlied.

Ein Kind war ich einst, mit fliegendem Haar,
Am Tage die Aeuglein vor Fröhlichkeit klar,
Am Tag' unbewußt,
Voll Spiel und voll Lust,
So wohlig die Brust;
Und Abends, und Abends, wie lieb und wie fein,
Da wiegte mit Märchen mich Mütterchen ein! —
Auf einmal da sagten sie: Mutter sei todt!
Ich weinte die blinzelnden Aeuglein mir roth,
Da hab' ich voll Schmerz zu vergehen gemeint,
Die erste, die bitterste Thräne geweint!

Als Jüngling, da liebt' ich ein Mägdlein gar sehr,
Sie war mir die Erde, der Himmel und mehr,
Welch' süßer Verband,
Durch Aug' und durch Hand,
Durch Brief und durch Band!
Da kam das Geschick mit dem eisernen Schritt,
Nahm Liebe und Erde und Himmel mir mit!
Da hab' ich, in Schmerz und in Sehnsucht vereint,
Die zweite, die heißeste Thräne geweint!

Als Mann, da hatt' ich mein Hüttchen gebaut,
Auf heimischem Boden, so lieblich, so traut,
Wie klang da mein Lied
Von Ruh' und von Fried',
Durch Rain und durch Ried!

Da mußt' ich verlassen mein väterlich Land,
Vom Herd und vom Altar der Heimat verkannt,
Da hab' ich am Gränzstein, von Dornen umzäunt,
Die dritte, die schmerzlichste Thräne geweint!

Und jetzt geht das Leben an mir so vorbei,
Mir grünet kein Frühling, mir blühet kein Mai,
Der Tag hat nicht Pracht,
Nicht Trost bringt die Nacht,
So einsam durchwacht!
Und taub ist mein Ohr, und taub ist mein Herz,
Und stumm ist die Lippe, und starr ist der Schmerz,
Wie gerne, wie gerne hätt' oft ich geweint,
Doch leider dem Aug' ist die Thräne verneint!

Abhandlung über die epidemische Verbreitung des Witzes und des Humors, oder: „Wenn die ganze Welt witzig ist, wovon soll ich leben?"

Humoristische Vorlesung.

Witz, meine freundlichen Hörer und Hörerinnen, ist, wie Jean Paul sagt, das Vermögen, den Verstand anzuschauen.

Jean Paul meint: der Witzige muß seinen eigenen Verstand anschauen; die Menschen aber meinen, man muß den Verstand des Andern anschauen, und wenn jetzt Einer den Verstand des Andern anschaut, da muß er witzig werden, und wenn er noch so dumm ist!

Ein Ding, welches fest steht, ist besser anzuschauen, als ein Ding, welches geht und sich bewegt; deshalb macht die ganze Welt Witze, daß Einem der Verstand still steht, und dann schauen sie ihn an, das ist der Witz.

Der Witz, sagt Bouterweck, wagt sich nicht aufs Feld der Speculation, da aber jetzt bei dem Zustand unseres Mercantils kein Mensch eine Speculation zu machen wagt, so ist jetzt eine gute Speculation für den Witz.

Kein Mensch ist witziger, als ein herabgekommener Speculant, und auf der Börse werden nur dann gute Witze gemacht, wenn schlechte Geschäfte gemacht werden.

Wenn man auf der Nordbahn und auf der Südbahn verunglückt, so versucht man's mit der humoristischen Bahn, und auf dieser Bahn hat man den Vortheil, daß man Dampf und Wasser selbst bereitet.

10*

So viel scheint gewiß, meine freundlichen Hörer und Hörerinnen, daß der Witz da anfängt, wo das Geld aufhört. Je mehr Geldmangel, desto mehr Witzüberfluß. Glauben Sie nicht, meine freundlichen Hörer und Hörerinnen, daß ich mir da ein verstecktes Compliment machen will, denn ich habe blos gesagt, daß der Witz da anfängt, wo das Geld aufhört; diese Bemerkung zerfällt aber dort, wo Geld gar nicht angefangen hat!

- Bestimmt ist es, Geld in der Tasche ist für alle Fälle gut, nur nicht für Einfälle.

Wenn ein Millionär in die Tasche greift, hat er die besten Köpfe in der Hand, sie stehen ihm alle zu Gebote, und er kann daher den eigenen ganz entbehren; ein armer Teufel aber, der in die Tasche greift, der findet nirgends einen Kopf, der trägt den Kopfschmerz in der Tasche, und ihm bleibt keine Zuflucht, als zu seinem eigenen Kopfe! So ein armer, geistreicher Teufel, der lebt von seiner eigenen Kopfsteuer, und von dieser Kopfsteuer muß er auch sein Taschengeld bestreiten.

Wenn ein Millionär sagt: „Mein Kopf steht mir auf hundert Gegenstände," so hat er vollkommen Recht, denn bald steh'n seine Köpfe auf Gold, bald auf Silber, bald auf Kupfer u. s. w.; allein dem armen, geistreichen Teufel steht sein Kopf nur auf einen Gegenstand, auf ihn selbst, und das ist für die Welt kein Gegenstand.

Darum aber hat der Arme wieder einen Vortheil über den Reichen, er kann nämlich nur Einmal seinen Kopf verlieren, entweder er redet sich um den Kopf, oder er

schreibt sich um den Kopf, oder er rennt mit dem Kopf an
die Wand an, oder er verliert sich, das heißt, er setzt sich
einen andern Kopf in den Kopf, und der Einwohner wirft
den Hausherrn bei der Thür 'naus, kurz, er kann vom
Schicksal nur um e i n e n Kopf gebracht werden; ein armer
Reicher aber kann vom Schicksale alle Tage geköpft werden.
Heute köpft man ihm die silbernen Köpfe, morgen köpft
man ihm die goldenen Köpfe u. s. w., und bis er zu seinem
eigenen kommt, ist das Schicksal schon müde, und bemüht
sich wegen dieses kleinen Geldes nicht weiter.

Wer kann aber leichter witzig sein, als wer nichts
mehr zu verlieren hat, nicht einmal mehr einen Kopf?
Darin dürfte also die grassirende Witzsucht jetzt liegen.

Man kann wirklich jetzt kein Kind ausschicken, ohne
ihm einzuschärfen: „Gib Acht, daß Dich kein Witziger
beißt!" Man kann kein Journal lesen, ohne auf einen
Humoristen „au naturel", oder auf einen Humoristen „à la
langue de boeuf", oder auf einen „Humoristen mit Sem-
melbrösel" u. s. w. zu stoßen, und es sind lauter geborne
Humoristen, denn erstens, wenn sie nicht geboren wären,
so wären sie keine Humoristen, und wenn sie keine Humoristen wären, so wüßte man nicht, zu was sie geboren sind.

Die meisten sind aber w i r k l i c h e Humoristen; denn
der Humor besteht aus einer zweifelhaften Mischung von
Weinerlichem und Lächerlichem, und wenn man diese Sachen
liest, weiß man wirklich nicht, soll man weinen oder lachen!

Sieht man an einem öffentlichen Orte vier junge
Leute beisammen sitzen, so kann man fest überzeugt sein,

zwei sind Recensenten und drei Humoristen, und alle zu=
sammen ziehen sich die Röcke aus, und schürzen sich die
Aermel in die Höhe, um Witze zu machen! Mir sagte
letzthin Jemand ganz selig: „Meine Kinder haben Gottlob
großes Talent, besonders aber sind sie sehr witzig." Ich
fragte, wie alt sie wären, und er sagte mir: „Das Mädchen
ist bald drei Jahr' und der Bub' vier Monat!"

Ich bin überzeugt, wenn der Bub' fünf Monate alt
wird, der Papa schickt ihn unter die Recensenten, und viele
unserer Journale haben gerne eine kleine recensirende Klein=
kinderbewahranstalt; sie betrachten die Recensenten wie die
Gurken, und sagen: wenn sie scharf sein und beißen sollen,
müssen sie unreif eingelegt werden. Unsere Recensenten
sind von Kindsbeinen auf schon mit und unter Recensenten
groß geworden, und man kann von den meisten sagen: sie
sind unter der Kritik aufgewachsen!

Die meisten unserer Recensenten sind wie die Wagen=
räder, sie drehen sich stets um ihre eigene Achse, je geringer
der Gegenstand ist, den sie führen, desto größeres Geklap=
per machen sie, und wenn man sie nicht oft schmiert, kom=
men sie in Feuer!

Die Recensenten sind die Aerzte des Geistes, die
wirklichen Aerzte werden eingetheilt in theoretische und
praktische, die Recensenten meist nur in praktische, das heißt
sie gehen alle vom Praktiziren aus!

Der wirkliche Arzt weiß die Mittel ausfindig zu
machen, die er dem Patienten eingibt, bei dem recensirenden
Arzt muß der Patient die Mittel kennen, die er dem Doktor

eingibt. Beide Aerzte sind sich nur zuweilen darin gleich, daß sie lateinisch consultiren und verschreiben, die Krankheit aber blos deutsch spricht, und die Patienten also blos an der lateinischen Grammatik sterben!

So wie fast jeder Arzt eine Lieblingskrankheit, die er überall zuerst erblickt, und ein Lieblingsmittel, das er fast überall anwendet, hat, so haben jetzt unsere Recensenten auch ein Lieblingsmittel, das sie allen ihren Recepten beimischen: Witz; und da sie dieses Mittel nicht selbst fabriziren, so müssen sie es erst immer sich selbst verschreiben, und da gibt's denn Apotheken: beim Lessing, beim Jean Paul, beim Hippel u. s. w., wo man diesen Witz bekommt und ihn dann verdünnt und biluirt weiter verschreibt.

Der Witz, meine freundlichen Hörer und Hörerinnen, ist ein Geschenk der Natur. Es scheint: die Natur schenkt diese Gabe nur jenen Menschen, denen sie sonst gar nichts geschenkt hat. Das ist von der Natur eine schlechte Natur und ein guter Witz.

Ja, so wie sich in einer Apotheke die Geister meist in kleinen Gefäßen vorfinden, so erscheint Geist und Witz auch am öftersten in Menschen mit kleinem Format. Die Duodez=Menschen sind gewöhnlich inhaltsreicher, als die Folio=Menschen. Ein Foliant hat gewöhnlich oben einen breiten Rand, auf dem nichts steht, und lange, hohe Menschen sind oft wie hohe Häuser, oben, unter'm Dach steht Alles leer.

Das ganze Heer der berühmten Witz=Menschen waren kleine Tröpfchen, die deshalb leicht übersprudelten. Swift, Pope, Voltaire, Lessing, Mendelssohn, Lichtenberg u. s. w.

Der Witz ist gar vielerlei Art. Wir haben Mutter=
witz und nicht Vaterwitz, man sagt Muttersprache
und nicht Vatersprache, denn man kann überzeugt sein,
wenn ein Kind witzig ist, oder viel spricht, es hat diese
Eigenschaft eher von der Mutter, als vom Vater, denn
daß der Vater schweigen muß, wenn die Mutter spricht,
das ist eben der allgemeine Mutterwitz!

Die Frauen sind im Allgemeinen witziger, als die
Männer, und lieben auch den Witz mehr. Die Nähnadeln,
Stricknadeln und Stecknadeln haben sie auf das Spitze und
Stichelnde hingewiesen.

Es gibt drei Dinge, meine freundlichen Hörer und
Hörerinnen, welche alle anderen Dinge in der Welt gleich
zu machen suchen: Witz und Wein und Weiber. Diese drei
Gewalten haben schon viel Unterschiede und Klüfte aufge=
hoben. Den echten Witz und den echten Humor erkennt
man wie den echten Wein daran, daß er im Alter besser
wird und milder.

Das sicherste Zeichen eines flachen Witzlings ist,
wenn er im Alter ausraucht und fad wird. Im Witz wie
im Weine liegt Wahrheit, drum stößt man mit Beiden an!
Allein beim Weine liegt die Wahrheit am Boden, man
trinkt oben den Wein weg, und läßt unten die Wahrheit
liegen; aber beim Witz liegt die Wahrheit oben auf. Die
Weiber aber sollten mit dem Witz auch so umgehen, wie
mit dem Wein, sie sollten blos an ihm nippen, niemals
trinken. Die Grazien sind Frauenzimmer, und so wie
in England die Frauenzimmer den Tisch verlassen, wenn

der Wein kommt, so verlassen die Grazien den weiblichen Putz=, Thee= und Gesellschafts=Tisch, wenn der Witz kommt!

Die Frauen sollten den Witz und die Witzigen lieben, wie Waffen und Helden, die sich mit Degen und Pistolen tapfer halten, aber selbst sollen sie diese Waffen nicht führen.

Witzmacher von Profession wissen den Witz gar nicht einmal zu kleiden; denn alten Weibern und alten Witzen nützt das viele Herausputzen nichts, junge Weiber und junge Witze hingegen sind ungeputzt am hübschesten. Ein schöner Witz ist im Negligé am reizendsten.

Die Koketterie ist die Mathematik der Gefallsucht, sie findet sich in jedem Winkel, und der Witz ist die Koketterie des Geistes, sie steht nur dem wirklich Schönen gut an.

Es gibt ganze Völker, die einen Grundton von Witz haben, so die Oesterreicher, so die Berliner.

Allein der Unterschied liegt sowohl in der Form als in dem Wesen. Der Oesterreicher ist so sehr witzig, daß er aus lauter Witz zuweilen boshaft wird; der Nordländer ist so lange boshaft, bis er vor lauter Bosheit am Ende sogar witzig wird; der Witz der Nordländer ist ein harter Stein, er erhält seine Form blos durch schwere Hammerschläge, der österreichische Witz besteht aus weichen Tropfen, sie er= halten ihre Form, ihre Rundung, durch den leichten Um= schwung um sich selbst.

Der nordländische Witz verzeiht nie, nicht dem Schmerze, nicht dem Unglücke, er wäscht den Gegenstand seines Witzes in seinen eigenen Thränen, er rädert blos mit dem Unglücksrade; der österreichische Witz macht nur über

die Glücklichen einen Witz, er rädert blos mit dem Glücks=
rade, aber er verstummt, wenn er dem Schmerze begegnet,
und seine Spitze zersplittert an dem leisesten Seufzer; der
nordländische Witz ist wie Schlachtgesang, man muß dabei
verwunden; der österreichische Witz ist wie ein Strauß'scher
Walzer, man ißt Backhendel dabei.

Es ist sonderbar mit dem Volkswitz! Wer macht
ihn? Wie entsteht er?

Man erwacht früh Morgens, und findet einen Witz
vor der Thüre liegen! Es ist aber gerade verkehrt wie sonst
mit solchem Funde. Gewöhnlich werden nur solche Men=
schen, die selbst keine Kinder haben, mit solchen Gaben be=
schenkt, die elternlosen Witze aber werden leider gewöhnlich
nur Jenen vor die Thüre gelegt, die ohnehin solche ungezo=
gene Rangen haben.

Es gibt Witze, die wie Stroh von unten hinauf
dienen, sie werden am ebenen, flachen Boden des Volkes ge=
schnitten, und kommen zuletzt als Florentiner Hüte in die
höchsten Gesellschaften, und es gibt Witze, die wie Sammt
von oben herunter dienen, die zuerst neu als Galaputz in
großen Zirkeln erscheinen, und die nach und nach abgeschos=
sen, und zu Wirthskäppchen werden.

Gegen nichts sträuben sich Dichter und Künstler, das
heißt die mittelmäßigen, so sehr, als gegen witzige Kritiken;
sie sagen Alle: eine gründliche Kritik lasse ich mir gefallen,
nur keine witzige, das heißt: mit Brotrinden könnt ihr mir
die Flecken putzen und reiben, nur nicht mit Köllnerwasser
oder Spiritus!

Auf jeden Fall ist eine gründliche Kritik, besonders wenn sie tadelt, dem Künstler lieber, denn bis so eine gründliche Kritik ihr Feuerzeug zusammensucht: Stahl, Stein, Schwamm u. s. w., und immer klimpert, und alle fünf Minuten einen Funken herausschlägt, ist der Leser schon eingeschlafen, währenddem eine witzige Kritik mit ihrem chemischen Feuerzeug in einem Nu den ganzen Gegenstand beleuchtet, und der Leser auf einmal in vollem Lichte steht.

Der Witz, der wahre Witz, ist wie der Sturmwind, nur die kleinen Lichter bläst er aus, die großen facht er an. Der wahre Witz ist nur die Verkürzung des Ausdruckes, der falsche Witz ist die Verkürzung des Gedankens!

Der Fluch an unseren allgemeinen witzigen Recensenten ist, daß sie vom witzigen Jupiter, welchen sie nachahmen, blos den Donner gelernt haben, aber nicht den Blitz, und daß sie vergessen, daß Jupiter, wenn er im Donnerwagen einherfährt, Donner=Pferde vorspannt, aber nicht Donner=Esel!

Aber nicht nur der Witz ist jetzt schon ein Gemeingut der ganzen Welt, sondern auch der Humor! Und obwohl es gegen mein Interesse ist, so theile ich Ihnen doch Folgendes mit. Man kann alle Wochen hier in den Vorstädten bei so und so eine „humoristische Vorlesung“ um sechs Kreuzer hören.

Sie sehen, daß man dem Witz mit Unrecht den Vorwurf macht, er sei ungerecht, Sie werden selbst finden, daß hier der Witz vielleicht nicht ganz gerecht, aber doch gewiß gar billig ist!

Fast in jedem Hause, in jeder Familie hält man sich jetzt eine Köchin, ein Stubenmädel, einen Lance=Tänzer und einen Privat=Humoristen!

Wenn man den Haus=Humoristen entläßt, so bekommt er ein Zeugniß: „Vorzeiger Dieses, so und so, hat bei mir drei Monate als Haus=Humorist in Diensten gestanden, hat sich während dieser Zeit sehr humoristisch aufgeführt, und ist stets zu meiner Zufriedenheit witzig gewesen. Derselbe ist von mir gesund entlassen, und wünscht sich zu verbessern."

Die Alltagswitzmacher haben gewöhnlich blos ein Thema: „Frauen und Liebe."

Diese Bonmots=Jäger, die den Hirschfänger nicht als Waffe, sondern als Livrée tragen, glauben mit dem Windspiel: Witz, dieses edle Wild zu erlegen. Die Frauen haben in der Gesellschaft das Schicksal, wie die Bilder in einer Kunstausstellung: es kommt viel darauf an, in welches Licht sie gehängt werden. Leider gehen die Männer mit den Frauenbildern um, wie die Maler mit den wirklichen: sie suchen jetzt ihre Kunst in tiefen und starken Schatten. In jeder Hinsicht, wie das weibliche Geschlecht jetzt von unseren jungen Männern in ihren Witz=Picnicks geschildert wird, kann man wirklich sagen: „Je größer der Pinsel, desto greller das Bild!"

Sie machen sich über Alles lustig, über Frauenliebe, Frauentugend, Frauenehre und Frauenthränen. Der wahre Witz führt blos scheinbar Krieg gegen das Schöne, um das durch Waffen zu erhalten, was er durch

Unterhandlungen nicht bekommen kann. Der wahre Witz und der echte Humor wissen zwar, daß an einem Frauenzimmer und einem musikalischen Instrumente immer etwas zu stimmen und aufzuziehen ist; — allein der echte Witz stimmt sie wie eine Flöte oder wie eine Aeolsharfe, indem er sie ein Bischen stärker oder seichter schraubt. Der falsche Witz will sie wie eine Harfe stimmen — mit Fußtritten.

Der Humor sagt: „Als der Himmel die Erde von sich in die Tiefe sinken ließ, erschuf er die Frauen, damit er stets Anfaßpunkte habe, um die Erde wieder zu sich emporzuziehen. Darum sehen die Frauen in jedem Sterne ein goldenes Wägelchen, an dem sie schon hier etwas für den Himmel hinhängen, eine Hoffnung, eine Sehnsucht, einen Wunsch, ein stilles Gebet, eine Thräne.“

Der wahre Humor sieht in jeder Frauenthräne eine stumme Krankheitsgeschichte, in jedem Frauenseufzer einen Paragraph von ihrem zerrissenen Herzblatte, und in jedem blassen Frauenangesicht den thränengebleichten Vorhang vor dem heimlichen Trauerspiel im Herzen.

In manchem einsamen Frauenherzen, welches wehrlos vom feigen Witz angefallen wird, sieht der tiefe Humor die von der Fluth der Liebe einsam am Ufer zurückgelassene Muschel, deren Perle kein Taucher fand, und die zur ewigen, steinernen Thräne wird.

Eben so wie sich der falsche Witz über die vereinsamten Mädchen gerne lustig macht, eben so macht es wahrer Witz gerne mit den älteren Frauen.

Der Mann findet seine eigenen Runzeln nie legitim, und in keinem Kampf ist der Mann der Frau so überlegen, als im Kampf gegen die anrückenden Jahre!

Die Frauenzimmer sehen alle jeden Morgen ihren Haushaltungsconto nach, und wenn sie nur in einem Augen= oder Lippenwinkel eines jener kleinen Gedankenstrichelchen finden, welches die Jahre dahinsetzen, um Zeit zum Nach= denken zu geben, so bauen sie gleich vor, der Gedankenstrich wird ausgefüllt oder wegradirt. Die Männer aber machen alle Jahre Einmal Kasse, und da finden sie denn eine lange Leiter von Gedankenstrichen und sind in Verzweiflung.

Saturnus ist ein Mann und schreibt, wie alle Män= ner, den Frauen mit doppelter Kreide an, auch die Zeit!

Die Frauen altern früher, als die Männer, denn die Zeit tödtet die Blumen früher, als die Himbeerstauden. Aber die Männer sind undankbar, sie vergessen, daß die Frauen, wie die Natur, für die abgestreiften Blüten mit einer Frucht entschädigen.

Der Witz verspottet die Liebe, aber er ist oft genö= thigt, aus Amors Binde, die er zur Feldbinde machte, eine Wundbinde zu machen!

Wenn das Herz brennt, soll der Witz nicht im Kopfe herumarbeiten, denn wenn auf dem Herd Feuer ist, kann man den Rauchfang nicht kehren.

Ein Kuß, ein Witz, eine Wahrheit und eine Ohrfeige haben ähnlich verschiedene Schicksale. Ein Kuß und eine Wahrheit ist nur unter vier Augen köstlich, ein Witz und eine Ohrfeige hingegen haben nur unter vier Augen Werth.

Der gewaltsam Witzige zündet ein Haus an, um einen Erdapfel dabei zu kochen, der wahre Witzige zündet ein Bischen Spiritus an, und kann dabei den fettesten Ochsen braten!

Es war von jeher das Loos der wahrhaft witzigen und humoristischen Menschen, daß sie ein Heer von Nachahmern nach sich zogen, die alle mit schlechtem Witz über ihr Vorbild herziehen; wenn ein Läufer seine Fackel wegwirft, zünden hundert Gassenjungen ihr Stümpchen Licht daran an, und verfolgen ihn dann mit dem, was er weggeworfen hat! Eine außerordentliche Geringschätzung, meine freundlichen Hörer und Hörerinnen, affectiren unsere Gelehrten und Poeten gegen den Witz, sie sind, wie die vornehmen Köchinnen, die sagen: „Salzen kann sich Jeder sein Essen selbst!"

Die meisten Gelehrten haben den Geist zu Hause liegen im Ganzen, wie ein Stück Tuch; der Witz aber schneidet sich aus seinem Stücke Tuch einen Mantel für die Kälte, einen Gehrock für die Promenade, einen Frack für den Salon, und einen Kaput für den Herbst, und behält noch immer ein paar Ellen Geist, um dem Witz nachzuhelfen.

Weh aber der gesammten Menschheit, wenn es irgend einem Gelehrten arrivirt, daß ihm ein Witz entfährt:

Gefährlich ist's, den Leu zu wecken,
Verderblich ist der Strahl vom Blitz,
Jedoch das Schrecklichste der Schrecken
Ist ein Gelehrter mit einem Witz!

Er macht es dann mit diesem Witz wie die armen
Leute mit ihren Erdäpfeln! Am Montag machen sie daraus
Erdäpfelbrot, am Dinstag Erdäpfeltorte, am Mittwoch
Erdäpfelreis, am Donnerstag Erdäpfelschmarrn u. s. w.
Derselbe Witz kommt immer wieder zu Tisch! Der Witz ist
ein Schaum, und weil der Witz ein Schaum ist, so schlagen alle Menschen jetzt alle Gegenstände zu Schaum, allein
sie vergessen, daß aus dem sonnenübergoldeten Meerschaum
und nicht aus dem widerlichen Seifenschaum die Schönheit
emporstieg, und daß ein Mensch von Geschmack nur den
Champagnerschaum mitschlürft, den Bierschaum aber ab-
bläst.

Man wirft oft den witzigen Leuten vor, ihr Witz sei
ohne Nutzen und überladen, das heißt einen Blumen-
garten verwerfen, daß kein Pastinak in ihm wächst, und eine
Sommernacht schelten, daß man ihre Sterne nicht zählen
kann. Ein echter Schönheitskenner und ein wahrer Witz-
kenner weiß, daß die Schönheit der Frauen und die Schönheit der Witze dann erst am besten zu beurtheilen ist, wenn
viele beieinander sind.

Eine sehr sonderbare Forderung ist es, wenn man
vom Witz verlangt, er soll durchaus gutmüthig sein! Haben Sie schon ein witziges Lamm gesehen, oder ein pikantes
Schaf, oder einen humoristischen Hammel?

Es geht jetzt schon mit dem Witz und mit dem Humor,
wie es in Paris mit der Crispine und der Burnus ging,
weil schon jeder Dienstbote Witz und Humor trägt, so wird
bald gar kein Geschäft mit ihm zu machen sein. Der Platz

ist mit diesem Artikel vielfach überführt worden, es macht ein Jeder in diesem Artikel. Ich habe mich daher entschlossen, mein ganzes Waarenlager aufzuräumen. Ich habe noch einen kleinen Vorrath von Gedanken und Einfällen, den ich Ihnen jetzt anzubieten die Ehre habe! Großer Ausverkauf! Fort mit Schaden!

1.

Ein jeder Mensch ist einmal im Jahre ein Genie, leider aber verschlafen die meisten Menschen diesen Augenblick oft.

2.

Das Schicksal ist oft praktisch zu unserem Besten; wenn uns etwas übers Quer kommt, gibt es uns zu unserem Besten einen Puff in den Rücken.

3.

Seitdem Wasser ein Heilmittel ist, weiß ich, woher sich alle jungen Schriftsteller Doktor schreiben.

4.

Wenn unsere Mädchen im Schmerz um einen verlornen Geliebten in Thränen schwimmen, so ist dieser Schmerz ein Tuch, er geht im Wasser ganz ein!

5.

Der menschliche Geist ist wie eine Spinne, er hat nur einen Faden für den Weg, den er zurückgelegt hat, aber keinen vor sich.

6.

Was ist Hoffnung? Eine Vorrede zur Cultur des Faullenzens.

7.

Die menschliche Seele hat viel Domänen: Die Tugend ist ihr Majoratsgut, die Liebe ihr Frühlings- und Sommer-Palais, die Freundschaft ihr sans souci, und die Religion ihr Witwensitz.

8.

Es gibt viele Kinder, die ihrem Vater nicht gleichsehen; zum Beispiel das spanische Rohr ist der Vater der türkischen Justiz, die höllische Ungeduld des Mannes ist die Mutter der himmlischen Geduld der Frau, und das römische Recht ist zuweilen der Vater von manchem deutschen Unrecht.

9.

Wer von einem Menschen was haben will, muß nie sein Herz allein oder seinen Kopf allein in Anspruch nehmen, sondern immer seinen Geist und sein Gefühl, wie ein Bettler, der nichts bekommt, wenn er einen Alleingehenden anspricht, aber wenn er Zwei zusammen anbettelt, so schämt sich Einer vor dem Andern.

10.

Der Unglückliche hat ein Glück: er hat keinen Schmarotzer, die Natur selbst hat den Fingerzeig dazu gegeben: Die Cypresse hat keine Würmer.

11.

Die Ehe ist, nach Plato, ein Wiederfinden, das mag wahr sein, aber der redliche Finder wird selten belohnt.

12.

Jeder Schlaf ist eine kleine Terminabzahlung der großen Schuld des Todes.

13.

Die besten Jahre der Frauen sind die schlechtesten Jahre für ihre Männer; denn wie eine Frau in die besten Jahre kommt, kommt sie auch in die besten Kleider und in die besten Schneider.

14.

Der Mensch macht dem Himmel nur Gegenbesuche, das heißt, er denkt an ihn, wenn der Himmel ihn erst heimsucht; allein eine Visite de reconnaissance, eine Dank- und Erkenntniß-Visite, bekommt der Himmel selten.

15.

Man sagt, das Strandrecht habe aufgehört, es ist nicht wahr: Kaum strandet ein Wunsch, eine Hoffnung, so kommen Tausende ans Ufer, um aus diesem Schiffbruche für sich zu fischen.

16.

Viele Menschen sind besser, als ihr Ruf, und zwar blos darum, weil ihr Ruf noch schlechter ist, als sie.

17.

Auch der elendeste Mensch erfährt erst in der Todes-stunde, wie schön sein Leben ist, so wie der ärmste Mensch, wenn er zu Georgi oder Michaeli auszieht, doch noch immer reicher ist, als man Anfangs glaubte.

18.

Sollte man an Gott nicht glauben, weil man ihn nicht sieht? Der Blinde sieht auch die Sonne nicht, allein er fühlt ihre warmen Strahlen.

19.

Wollen Sie wissen, was ein verdorbener Frack, ein zersplissener und fleckenvoller Pelzrock für eine Empfindung

11*

haben, wenn sie ein ganzes Stück feines, englisches Tuch sehen? — Dieselbe Empfindung, die ein fertiger, großer Mensch beim Anblick eines Kindes hat. Er sieht, welch himmlischer Stoff in ihm verdorben worden ist! Die Kinderstuben, das sind die Tuchmagazine, die Gesellschaftsstuben sind theils Kleider-, theils Tröbler-Markt. Das Das Schicksal ist der Männerschneider, der Umgang ist der Frauenschneider; eine Frau wird das, was ihr Umgang aus ihr macht. Die Männer haben einen Schneider; die Frauen haben aber leider gewöhnlich fünf bis sechs Schneider auf Einmal!

20.

Das weibliche Herz ist ein Meer, tief, mit Perlen im Grunde und stürmisch. Der Sturm auf diesem Meere ist gefährlich, aber er hat sein Erhabenes, seinen süßen Schauer. Was aber entsetzlicher und unerträglicher auf diesem Meere ist, das ist — die Windstille.

21.

In dem Bau des Menschen bewohnt das Talent nur einen Stock, oder einen Flügel. Musiktalent wohnt im Ohr, Malertalent im Auge, Improvisationstalent im Gedächtniß u. s. w., nur das Genie bewohnt das ganze Haus.

22.

Die sogenannten spröden und kalten Frauenzimmer legen nur darum in ihrem Herzen eine Eisgrube an, damit sich dann ihre Liebhaber später desto länger erhalten und frisch bleiben.

23.

Die Liebe ist die Speiseröhre des Herzens, die Ehe die Luftröhre; es ist eine große Fatalität, wenn Einem etwas Unrechtes in die Luftröhre kommt.

24.

Wenn ich die Bücher lese, die jetzt geschrieben werden, erinnere ich mich immer daran, wie mir mein Jugendlehrer die Rechtschreibung beibrachte. „Wo ein Comma ist," sagte er, „ist der Verstand halb aus, und wo ein Punkt ist, ist der Verstand ganz aus."

25.

Ein fetter Gaul und ein fetter Dichter paradiren wohl, aber sie ziehen selten stark.

26.

Ein Häring, eine Gassen=Neuigkeit und ein Witz haben nur drei Respecttage, am vierten Tage sind sie schon anrüchig. Die Frauen haben auch drei Respecttage, das heißt drei Tage, an welchen sie ihren Männern Respect beweisen, an seinem Hochzeitstag, an seinem Geburtstag und endlich an seinem Sterbetag.

(Improvisirter Schluß.)

Wenn Sie, meine freundlichen Hörer und Hörerinnen, jetzt, am Ende der Vorlesung, die Bemerkung machen sollten, daß nur die Hälfte derselben gesunden Witz hatte, so werden Sie es natürlich finden, daß ich die andere Hälfte dem Spital widmete!

Wilde Meeres-Rosen.

Abendmeer.

Purpur-Rosen, flammenblätt'rig,
Feuerfüllig, funkensprühend,
Pflückt die blasse Hand des Abends
Von dem Himmel, dunkelglühend;

Streut sie auf das Beet des Meeres,
Wenn des Meeres Gluthverlangen
Schmachtet, seine Braut, die Sonne,
Liebedürstend zu empfangen;

Mit des Spätroths Rosabändern
Bindet sie die Flaumenkissen,
Die der weiße Schaum der Wellen
Aufgebaut in Dämmernissen!

Ziehet dann aus Nacht den Vorhang
Um das Bett in weiten Falten,
Daß kein sterblich Auge schaue,
Wie die Liebenden d'rin walten.

Doch der Mond, der eifersücht'ge,
Kommt mit seiner Blendlaterne,
Sucht die Sonne, ruhlos wandelnd,
Platz sich machend durch die Sterne;

Und ertappt sie früh am Morgen,
Steigend aus dem Bett des Meeres,
Und erblaßt, und schleicht verspottet
Durch das Reich des Sternenheeres!

Meeresgruß.

Wer je das große Aug' des Meers gesehen
    In seinem mildbewegten, blauen Scheine,
Wer je an seinem Strand, bei Westwinds Wehen,
    Im Schatten ruhte der Olivenhaine; —
Wer je mit off'ner Brust auf dem Verdecke
    An Schiffesrand erquickt sich überlehnte,
Wer je von dort sich in die große Strecke
    Der Wasserwüste glühend heiß sich sehnte; —
Wer je empor aus blauen Meereswogen
    Des Mondes Silberblume sah erblühen,
Wer je durch Meereswellen ist gezogen,
    Wenn ostwärts Hespers gold'ne Lichter blühen, —
Wer je auf einem Segler ist gestanden,
    Der pfeilschnell sich auf hohen Wellen wiegte,
Wenn auch die fernsten Küsten ihm entschwanden,
    Und nur ein liebend Herz sich an ihn schmiegte, —
Wer je gesehen, wie die Winde eilen,
    Die Wolken; wie ein Bett zusamm' zu rücken,
Auf dem die Sonne ruhend scheint zu weilen,
    Der Chanin gleich auf Elephantenrücken! —
Wer je die laue Fluth der Meereswellen
    Vom Bord ließ spielend durch die Finger rauschen,
Wer je in einer Sommernacht, der hellen,
    Den Schlaf der Wasserwüste konnt' belauschen; —
Wer je das Meer erwachen sah, das große,
    Wie es die Augen aufschlägt und sich strecket,
Und gold'ne Rosen pflückt vom Morgenschooße,
    Und sich die weiße Brust damit bedecket; —
Wer je das Meer geseh'n in seinem Schweigen,
    Stillbrütend in Columbischen Gedanken,
Wer's je gesehen, wenn zum wilden Reigen
    In Reih' und Glied sich stellen seine Flanken,

Wer je das Meer geseh'n, das eben flache,
    Aus seinem Schooß die Wasserberge treiben,
Und schäumend, wie ein speergetroff'ner Drache
    Zum Himmel seinen Schuppenpanzer sträuben, —
Wer je gehört die Wasserorgel pfeifen
    Aus allen ihren riesigen Registern,
Wer je gehört in Aeolsharfe greifen
    Den Boreas mit seinen Sturmgeschwistern,
Wer je das Meer geseh'n in seinen Reizen,
    Wer je das Meer geseh'n in seinen Schrecken,
Wird ewig nach dem Meere wieder geizen,
    Nach ihm die Sehnsuchtsarme ewig strecken;
Der sehnt sich nach dem Meere immer wieder,
    Wie man sich sehnt nach einem treuen Herzen,
In dessen Tiefen einst man legte nieder
    Des eig'nen Herzens Wünsche, Wonnen, Schmerzen!

Ich als Beobachter.

Badner Novellette.

Nicht nur der Dieb schleicht im Dunkeln, sondern auch
der Wächter.

„Im Dunkeln ist gut munkeln!" Was heißt munkeln?
Haben meine Leser oder meine liebenswürdigen Leserinnen
schon einmal gemunkelt?

Das Wort „munkeln" wartet noch auf seinen
Erklärer! Munkeln ist vor der Hand eine urbane Um-
schreibung von Liebesgezischel, Liebesgeflüster, Liebesgemur-
mel und Liebesgewinke, Liebeshandlangen und Liebesaus-
kundschaften. Munken heißt auch beobachten, ein „Munker"
ist auch ein Späher, ein Verräther. Also, im Dunkeln ist
gut munkeln, heißt auch: im Dunkeln ist gut beobachten.

Es war bei der letzten Palffy-Musik im Badner Park.
Da war ich ein „Munkler", das heißt ein Beobachter;
ich habe im Dunkeln mit mir allein gemunkelt.

Es gibt Menschen, die, wenn kein Mensch mehr mit
ihnen Karten spielt, entweder weil sie zu arm sind, oder
weil sie schlecht spielen, oder weil sie zanken, sich darauf
reduciren, zuzusehen, in die Karten zu schauen u. s. w.,
sie interessiren sich für das Spielglück Anderer, für die

wunderbaren Chancen der launigen Spielgöttin. So geht
es mir, seitdem Niemand mehr mit mir Liebe spielen will!
Ich habe auf das selbst lieben verzichtet, ich habe aus
dieser Noth eine Tugend und eine Schönheit gemacht, und
bin dafür ein passionirter Liebes=Zuseher! Mich inter=
essirt es ungemein, so von rückwärts den Liebesspielern in
die Karten zu sehen. Aber ich bin ein discreter Kerl, ich
sehe nicht in die Karten, um drein zu reden oder gar zu
verrathen, o nein, ich denke mir meinen Theil und schweige,
selbst wenn ich sehe, wie so ein ungeschickter Spieler die
ganze Partie verpatzt, ich sage nichts, ich denke mir blos:
„Du dummer Liebes=Kerl, wenn mir Gott Amor eine solche
Partnerin am grünen Tisch gegeben hätte, wo Coeur stets
Trumpf und das „Schweigen" der Gott der Glücklichen
ist, ich würde sicherer spielen und meine Partnerin müßte
mir bessere Farbe bekennen!"

Das denke ich blos, aber ich sage es nicht, woraus
meine lieben Leser wieder sehen können, daß der Mensch
nie zu alt ist, um Etwas zu lernen.

Also richtig, es war bei der letzten Palffy=Musik
im Badner Park.

Ich erinnere mich noch so gut, als ob's vor zwanzig
Jahren gewesen wäre.

Es war Mondschein, mein lieblicher Mondschein,
Cousin aller Dichter. Er schien so schön, er schien mich zu
suchen und zu fragen: wo steckst Du? Aber ich versteckte
mich wie Adam hinter den Bäumen, denn ich hatte was
Anderes zu thun, als in den Mond zu schauen.

Bei dem Orchester der Palffy=Kapelle links kann der Leser einen Baum bemerken. An diesem Baum kann der Leser an den Musik=Abenden zwei merkwürdige Dinge be=merken: oben eine Laterne und unten mich; also zwei Lichter, ein hängendes und ein sitzendes.

An diesem Baume, unter. dieser Laterne setzte ich meinen Strohsessel hin und mich auf denselben. Da be=gann schon der Cyklus von Fatalitäten, die mir das Schicksal für diesen Abend an den Kopf warf.

Ich setze voraus, der Leser weiß, was ein „Stroh=sessel" ist, dieses vierfüßige Thier, welches die Natur für das zweifüßige erschuf, rangirt in der Naturgeschichte zwi=schen Kameel, auf welchem man selbst an Abgründen sicher sitzt, und zwischen einer Speculation auf Actien, die auf ebener Erde unter Einem zusammenbricht.

Ich setzte mir an diesem Abend meinen Strohsessel an den Baum und mich drunter und drauf.

Da saß ich wie die Jungfrau von Orleans unter dem Druiden=Baum „und in des Baumes Schatten saß ich gern, die Heerde weidend, denn mich zog das Herz!" Ich grub mit dem Stock „Zeichen in den Sand", und

> „Eines Abends, als ich einen langen Abend
> Unter diesem Baum gesessen, und
> Dem Schlafe widerstand —"

da rutschte ich plötzlich in ein Loch! Mein Sessel rutschte mit den zwei Hinterbeinen in das Loch, welches um den Baum unten an der Erde gezogen war, und riß mich mit

in seinem Fall, ich saß oder lag plötzlich wie ein eingefalle=
nes Ausrufungszeichen!

Minister und Butterbröte, sagt Börne, fallen stets
auf die fette Seite, ein Schriftsteller fällt stets auf die
magere Seite, weil er keine fette Seite hat. Ich wollte mich
von meinem Falle schnell erheben, wie es großen Geistern
und schönen Sünderinnen vorzüglich erlaubt ist, faßte im
Fallen noch einen vor mir stehenden Stuhl, erwischte statt
der Lehne die darauf hingelegte Mantille einer Dame, zog
sie mit in meinen Fall, die Mantille nämlich, und lag nun
noch mit einer weiblichen Mantille bedeckt da!

Ich raffte mich empor, bemerkte zu meiner Freude,
daß nur noch wenig Menschen da waren, und stellte mich
neben meinen Strohsessel, welches stets sicherer ist, als sich
auf ihn setzen. Aber indem ich aufstand, stieß ich mit mei=
nem lebenslänglichen Ich an die Laterne, die ihr Proviso=
rium an dem Baum absolvirte; die Laterne, das Hangen
noch nicht gewohnt, gab dem äußern Anstoß nach, wurde
verrückt, verlosch, und goß ihr Oel auf meine beiden Schul=
tern herab! Ja, der Mensch weiß nicht, von was man
fett wird!

Die Lampe mußte wieder corrigirt werden und indes=
sen hatte sich der Schauplatz gefüllt. Ein alter Herr kam
mit einer jungen Dame, suchte einen Platz, sah meinen
Strohsessel, den Heuchler, der so unschuldig dastand, als
ob er nie ein Wesen verlockt hätte! Der alte Herr bot der
Dame den Sessel an, ich aber, ein guter Narr, sagte, indem
ich den alten Herrn ansah: „Meine Gnädige, er wackelt!“

Unterdessen war der Gegenstand meiner Beobachtung angekommen und saß inmitten des Meeres von Hauben, Hüten, Mützen u. s. w.

Das Geschäft meiner Beobachtung begann. Es war schwer, wenn auch dieser schöne, blonde Engelkopf leicht zu finden war, so war doch das Gewoge von den Damen= köpfen hin und her so stark, so unaufhörlich, daß es fast unmöglich war, die Blicke dieser Damen in ihrer Richtung zu verfolgen, wenn man nicht auf einer Anhöhe stand. Ich wollte also meinen Druiden=Baum verlassen, und mich als Observations=Corps unbemerkt auf einen höher gelegenen Punkt postiren. Ich wollte leise fortschleichen, trat bei dieser Gelegenheit einem Herrn, der seitwärts vom Orche= ster stand, unversehens auf den Fuß, welcher wahrscheinlich auf dem Zeigefinger einen jener kostbaren Solitäre trug, die unschätzbar sind; der Mann schrie jämmerlich auf und machte dabei den alten Witz: „Treten Sie auf Ihre eige= nen Füße!“ Ich sagte: „Entschuldigen Sie, ich glaubte, es wären die meinigen, sonst wär' ich stärker aufgetreten!“

Es war keine kleine Aufgabe, durch den Damen= Cordon ins Freie zu bringen. Ich suchte lange um den Punkt, wo ich mich mit einiger Artigkeit durchschlagen könnte, wählte endlich die Linie seitwärts vom Orchester, brach ein und durch und hörte nur hinter mir einige Schüsse mir nachkommen: „Das ist stark!“ — „Der hat's nöthig!“ u. s. w.

Ich hatte mich durch die Damen plötzlich durchgear= beitet, und hatte nur noch ein kleines Corps von Männern

durchzubrechen, die dichtgedrängt in der Seiten-Allee standen, und die „nächtliche Heerschau" über die weiblichen
Truppen im Lager hielten. Ich wand mich wie ein Aal
durch, wäre auch glücklich ohne weiteres Aufsehen durch-
gekommen; da will ich plötzlich seitwärts abschwenken, stoße
an einen herabhängenden Zweig, mein Hut fällt mir vom
Kopf herab auf die Schultern von zwei anderen Herren,
die sehen sich um, Alles sieht sich um; ich bitte um meinen
Hut und entferne mich wieder, um nach einem andern
Standpunkt zu sehen. So gewann ich endlich die Anhöhe
hinter dem Orchester, da steht gewöhnlich ein Häuflein Misch-
linge aller Classen, Männer, Weiber, Dienstboten u. s. w.
Ich mischte mich mitten unter sie, begünstigt von dem Dunkel der Bäume, und fand, daß man von da aus das Schlacht-
feld der Musik vortrefflich übersieht; ich fand auch sogleich,
mit Hilfe eines kleinen Tubus, den Gegenstand meiner
Beobachtung, verfolgte jede Richtung ihres Hauptes und
ihres Blickes, und hätte ganz gewiß auch den Punkt auf-
gefunden, wohin diese Blicke ihr Geschoß richteten, da rief
plötzlich ein kleiner Balg, eine Kinderstimme neben mir:
„Mutter! Mutter! Der Saphir steht auch da!" Sogleich
drehten sich die Köpfe alle nach mir um! Das ist der Fluch
der Berühmtheit!!! Ich hätte den kleinen Balg gleich
durchbalgen mögen! Es war an kein Bleiben mehr zu denken. Ich trat auch von da meinen Rückzug an, und der
Himmel gab mir einen kühnen und glücklichen Gedanken
ein! In der hölzernen Rotunde des Orchesters der Mittags-
Musik, da muß es herrlich observiren sein! Da ist Dunkel,

Deckung und ein hochgelegener Standpunkt. Ich kroch fast
auf allen Vieren dahin, gelangte in das Orchester, in wel=
chem zwar auch einige Individuen der Küche und des Vor=
zimmers campirten, wo ich aber unter einer Holzsäule eine
allerliebste Anstellung fand!

Ein superber Platz! Ich sah jeden Damenkopf einzeln,
und jeden Blick aller Damen nach vor= und rückwärts, nach
allen Seiten=Alleen; ich sah jeden Blick, der zurückgesendet
wurde, kurz, er war nicht mit Geld zu bezahlen. Ich lehnte
mich gebückt auf eines von den bastehenden Notenpulten,
und machte unbemerkt meine Beobachtung.

> Aber mit des Schicksals Mächten
> Ist kein zweiter Bund zu flechten,
> Und das Unglück schreitet schnell!

Die Damen und die Herren, die ich beobachtete, hatten
eben einen vierundzwanzigpfündigen Blick gewechselt, ich
drückte stärker auf das Pult, ich fühlte es unter mir zusam=
menbrechen, es krachte und knitterte; in der Furcht, durch
das Geräusch verrathen zu werden, wollte ich mich leise
nach rückwärts zurückziehen, verfehle im Rückzuge eine
Stufe, stolpere nach hinten über, will mich an die anderen
Pulte anklammern, reiße sie mit mir nieder, purzle auf
den Boden hin, und ein Dutzend Notenpulte mit Donner=
gepolter über mich hin! Alles geräth in Aufruhr, die zu=
nächststehenden Zuhörer richten alle die Köpfe nach dieser
Seite, ich aber bleibe am Boden liegen, ich hätte mich um
keinen Preis erhoben, sonst wäre ich gleich entdeckt worden.
Ein paar gutmüthige Mitbewohner des Orchesters wollten

mich aufrichten, ich aber bat sie, mich liegen zu lassen, und sagte: „Das wäre meine Unterhaltung." Das Alles aber hätte mir wahrscheinlich nichts genützt, die Aufmerksamkeit wäre auf diesen Punkt gerichtet geblieben, wenn nicht ein weiterer Zufall als Wetterableiter mich gerettet hätte.

Durch den Lärm nämlich, den die umstürzenden No= tenpulte erregten, wurden alle im Parke anwesenden musik= feindlichen Hunde rebellisch, und es fingen ein Dutzend Hunde an, von allen Seiten in Sopran, Tenor, Bariton und Falsett zu bellen, zu winseln und zu heulen;

„— und dieser Thiere Belligkeit rettete mich
von des Parkes verfolgenden Blicken!"

Während die Hunde an meiner Rettung arbeiteten, kroch ich auf dem Bauche aus dem Orchester bis in die finstere Allee am obern Ende des Parkes, dort richtete ich mich in die Höhe, säuberte mich vom Erdenstaube, umzingelte mich selbst, beschrieb einen Bogen, und komme von hinter dem rothen Kiosk die Seiten=Allee herauf, unbefangen und unverschämt, als ob ich nie in ein Loch gefallen, als ob ich nie eine Laterne entwurzelt, als ob ich nie einem Sterb= lichen auf die Hühneraugen getreten, als ob ich nie den Hut verloren, als ob ich nie von einem Balg als lebender Sa= phir erkannt worden wäre, als ob ich nie in meiner Auf= regung ein unschuldiges Notenpult erwürgt hätte, und als ob ich nie auf dem Bauch aus dem Orchester entflohen wäre!

Mit einem Antlitz, klar wie ein Satz von Nestroy, trat ich in den Kreis meiner bekannten Herren und Damen: „Hat die Musik schon lang begonnen?" — „Ist viel schöne

Welt da?" — „Die wievielte Piece ist das, mein Fräulein?" und solche unbefangene, geistreiche Fragen richtete ich an Alle. Hätte mir der Leser eine solche Verstellungskunst zugetraut?

Aber der Abend war mir sehr nützlich. Ich werde nie mehr „Beobachter" sein. Was gehen mich fremde Angelegenheiten an? Ein Jeder kehre vor seiner Herzensthür, und wenn man noch so oft da kehrt, es sammelt sich stets wieder etwas an, was wegzukehren ist!

Die Musik war zu Ende, Alles ging oder lief oder fuhr nach Hause. Nur ich und Luna wir blieben noch eine Zeitlang im Park.

Ich saß lange schweigend und sehnsüchtig sinnend da! Luna fragte mich endlich: „Lieber Saphir, an was, an wen denkst Du?"

Ich erwiederte: „Liebe Luna, an was und an wen denkst Du?"

„Das geht Dich nichts an."

„Also geht das, an wen ich denke, auch Dich nichts an."

Woraus der Leser ersehen kann, daß es auch ihn nichts angeht, an wen ich gedacht habe. Auch gut!

———

Das Liedlein von der Rose.

Von Allem, was die Erd' im süßen Triebe
    Für den erwachten Frühling aus dem Herzen treibt,
Ist nur die Ros' allein das Bild der Liebe;
    Und Amor mit des Liebespfeiles Spitze schreibt
Ihr auf die Blätter: „Mädchenblume, Schönheitsblume,
Empfindungsblume, bleibst der Lieb' zum Eigenthume!"

Und wißt Ihr von der Blume ohne Mängel,
    Die wie ein kleiner Blätter=Colibri
Sich wiegt und flattert auf dem Blumenstengel,
    Woher sie ward, und wo sie ward und wie?
Und wie entstand die Mädchenblume, Liebesblume,
Empfindungsblume, die der Lieb' zum Eigenthume? —

Als aus des Meeres silberhellem Schaum
    Die junge Liebesgöttin ward gewoben,
Und aus der Wellen zartem Silbersaum
    In einer Muschel in das Land gehoben,
Da rang sie aus das lange, gold'ne Haar,
    An dem des Meeres Silbertropfen hingen.
Und in die Muschel fiel ein Tropfen sternenklar,
    Ward Perle da zur Zier von allen Dingen;
Ein Tropfen aber fiel auf's Ufer schon,
    Wo sie den Fuß zuerst gesetzt in's Grüne;
In diesen Tropfen fiel vom Himmelsthron
    Der erste Strahl aus Eos' gold'ner Bühne.

Und wo der grüne Strand mit heißem Kuß
    Den Silbertropfen durstig hat getrunken,
Trieb aus dem Boden auf in vollem Schuß
    Die weiße Ros', gestickt mit Silberfunken;

Und weiß· und schlank des Stengels zarter Bau,
  Als hätt' ihn Cypris selber zeichnen wollen;
Die Blätterkrone trägt er d'rauf zur Schau,
  Wie zarte Brust von Seufzern angeschwollen;
Und als nun Venus sieht die Ros' mit Lust,
  Im weißen Glanze rein emporgeschossen,
Wie Silberspang' an frischer Erdenbrust,
  Aus Meer und Erdenkuß und Licht entsprossen,
Da sprach sie: „Mädchenblume, Lichtesblume,
Empfindungsblume, bleib' dem Herz zum Eigenthume!"

Und wie die weiße Rose selbst, so ruht ·
  Der Gleichmuth Farb' ihr auf den weißen Wangen,
Sie kennt noch „Liebe" nicht, die Herzensgluth
  War noch im Antlitz ihr nicht aufgegangen;
Da tritt entgegen ihr von Waldes Rand
  Der erste Jüngling, den sie je gesehen,
Sie hebt den Blick, und fühlt ihn fest gebannt,
  Sie hebt den Fuß und kann nicht fürder gehen,
Sie hebt die Hand, doch wirken kann sie nicht,
  Sie regt den Mund, doch kann sie nimmer sprechen,
Da senkt zur Rose sie ihr Angesicht,
  Aus dem der Liebe erste Flammen brechen,
Und wie ihr glühend Angesicht die Ros' berührt,
  Die nur mit Weiß bedacht die Blumengötter,
Ihr weißes Hermelin zum Scharlach wird,
  Der Wangen Gluth schlägt sich in ihre Blätter,
Und wie die Göttin selbst, von Gluth erfüllt,
  Das Antlitz wieder hebt vom Kelchesschooße,
Da stand in Blut der Liebe eingehüllt
  Erröthend da die — erste rothe Rose!
Sie neigt sich ihr und ihm dem Winke gleich,
  Sie ladet stumm ihn ein zum Herzergusse,

12*

Und wie er nahet, bücken beide sich zugleich
  Zur Ros', und finden sich im ersten Kusse,
Und Amor sprach: „Die Mädchenblume, Herzensblume,
  Empfindungsblume, bleib' der Lieb' zum Eigenthume!"

Und also ward die Rose eingeweiht
  Vom Liebesgott zum Wappenbild der Liebe,
Er gab aus grünen Blättern ihr ein Kleid,
  Daß sie im Werden keusch verhüllt noch bliebe;
Und daß sie Waffe habe, Schild und Wehr,
  Wenn sie ein lecker Ritter je beleidigt,
Pflanzt er viel spitze Dörnlein um sie her,
  Mit welchen sie die Blätterkron' vertheidigt;
Den Busen füllt er ihr mit würz'gem Hauch,
  Auf daß ihr Seufzen mag als Duft erscheinen,
Mit Thau begießet er die Rose auch,
  Denn Rose muß nicht lachen nur, auch weinen,
Und ewig blühend bleib' der Rose Blatt,
  Wie es dem Schooß der Knospe sich entwunden,
Ihr Wangenroth werd' niemals blaß und matt,
  Sie bleib' von steter Jugendgluth entzunden.

Doch eines Tags irrt Venus durch die Flur,
  Sie sucht den Jüngling auf, der lange weilet,
Der Argwohn führt sie leicht auf seine Spur,
  Sie sieht — daß er sein Herz getheilet —
Und plötzlich fühlt sie jene Höllenpein,
  Und jene Bitterniß und jene Qualen,
Die Eifersucht in Herz und Mark und Bein
  Der Menschen gießt aus vollen Schalen;
Ihr Auge bricht, ihr Angesicht wird fahl,
  Sie theilt, betäubt von ihrem Schmerzensloose,
Die Eifersucht der Rose mit, die allzumal
  Verwandelt ward zur — ersten gelben Rose!

Und als die Liebe, ungeliebt, allein,
    Mit sich allein durch Feld und Fluren schreitet,
Als sie nur Thränen hat zum Labewein,
    Und wilder Schmerz in Wildniß sie begleitet,
Da suchet sie an Zaun und Hecken nur
    Das Röslein auf, das niemals dornenlose,
Und ätzt es durch der bittern Thränen Spur,
    Und so entstand die erste — wilde Rose!

Und weil der Mensch die erste Lieb' und Treu'
    Im Angesicht der Rose hat gebrochen,
D'rum fühlt die Rose selber tiefe Reu',
    Daß seiner Liebe sie das Wort gesprochen!
Sie senkt das Haupt mit einem leisen „Ach!“
    Sie schrumpft zusamm', dem Blatt gleich der Mimose,
So, als der erste Mann die Treue brach,
    Entstand aus Scham die — erste welke Rose!
Und selbst die todte Ros', und selbst die todte Liebe,
    Sie werden sorgsam eingelegt in's Herzensbuch,
Damit doch rosenroth Erinn'rung bliebe,
    Wenn man, im Herzen blätternd, einst sie such';
Selbst welke Rosen sind noch Liebsvasallen,
    Und sterbend spricht es nach der Liebe Wort,
Ein Rosenblatt, das seiner Kron' entfallen,
    Man schickt es als ein Liebesbriefchen fort:
Denn jedem Herz, dem in Lieb' und Sehnen
    Die Sprache fehlt, zu sagen, was es litt,
Gibt Amor nur ein Rosenblatt und Thränen,
    Und sagt: „Du Herz, Du stummes, sprich damit!“
Und wenn man preßt die Rosen, die vergangen,
    Und wenn gepreßt sich fühlt ein liebend Herz,
Wird man von Beiden edles Naß erlangen,
    Dort duftend Oel, hier Thränen für den Schmerz!

Und weil die Rose also sich bewährte,
　　Und also theilt des Herzens Sympathie,
Wird sie des Menschen treuester Gefährte,
　　Die sich in Schmerz und Lust ihm selbst verlieh,
Weil sie bei ihm schon war beim Fest der Wiege,
　　Weil sie mit ihm auch geht zur Taufe am Altar,
Und weil sie mit ihm siegt die ersten Siege,
　　Die er erringt im Feld der Liebsgefahr,
Und weil sie mit ihm geht zum Hochzeitsfeste,
　　Beim frohen Lied und lauten Becherklang,
Und mit ihm ist, wenn seine Ueberreste
　　Man senkt in's Grab bei dumpfem Grabgesang.
Und dennoch fallen auch die Blätter ab,
　　Die Rosen lieben doch uns Menschen alle!
D'rum steigen sie als Geister aus dem Grab,
　　Wenn's kalt und finster wird in ihrer Halle,
Und kommen Nachts an's Fenster, schau'n herein,
　　Und möchten gern bei Menschen sein und bleiben,
Und klammern ihre weißen Aermchen fein
　　Voll Sehnsucht an die hellen Fensterscheiben;
Doch kommt der Tag, da endet auch ihr Glück,
　　Sie müssen fort, da nützt kein innig Sehnen,
Am Fensterglas bleibt ihre Spur zurück,
　　Sie sind zerflossen da in Thränen!
Und weil dem Menschen immerdar gewogen
　　Die Rose bleibt, ob weiß, ob gelb, ob roth,
Weil sie zu ihm mit Sehnsucht kommt gezogen,
　　In Lust und Leid, ja selbst im bittern Tod,
D'rum ist sie Lebensblume, Todtenblume,
Empfindungsblume, die der Lieb' zum Eigenthume!

Bademantel-Gedanken in verschiedenen Wärmegraden.

Ueber den Einfluß des Badelebens auf die Cultur der Menschen, das heißt auf die Hautcultur.

Humoristische Vorlesung.

Es gibt keinen glänzendern Beweis dafür, „daß Mann und Weib ein Leib ist," als das Badeleben überhaupt, meine freundlichen Hörer und Hörerinnen; denn kaum ist zum Beispiel die Frau acht Tage in Baden, so spürt der Mann in Wien schon eine Erleichterung!

Während sich die Frau in Baden zerstreut, kann sich der Mann in Wien sammeln, und was der Mann in Wien sammelt, kann die Frau in Baden zerstreuen!

Das Badner Heilwasser, meine freundlichen Hörer und Hörerinnen, übt vorzüglich einen großen Reiz auf die Haut, deshalb geht vielleicht manche reizlose Haut hieher, in der Meinung, sie wird hier einen neuen Reiz bekommen; die Kraft aber, welche das Bad auf die aufsaugenden Ge= fäße ausübt, erstreckt sich wieder von der Frau auf den Mann, denn ihr Aufenthalt in einem Badeorte saugt oft seine Silber= und Goldgefäße in der Stadt auf!

Ueber die Entstehung der warmen Quellen überhaupt, meine freundlichen Hörer und Hörerinnen, sind die Natur= forscher noch nicht einig.

Die Naturforscher sagen, die warmen Quellen ent=
stehen durch einen Proceß, entweder durch einen vulkanischen
Proceß, oder durch einen Lebensproceß der Erde, wodurch
die Metalle zersetzt werden. Ja, es geht in der Erde wie
auf der Erde, so ein Proceß macht Alles zu Wasser, in=
dem alle Metalle dabei zer= und versetzt werden! Also
die Erde hat auch einen Proceß?

Nun so ist bewiesen, daß sie große Hilfsquellen haben
muß, sonst wären sie längst zu Grunde gegangen.

Dieser Proceß der Erde ist der einzige Proceß, aus
dem ein Glück für die Menschheit entsteht, und hier hat
endlich einmal ein Doktor der Rechte den Doktoren der Me=
dicin eine wahre unerschöpfliche Quelle geöffnet!

Man vergesse ja nicht, wenn man badet oder trinkt,
dabei zu denken, daß diese Tropfen große Thränen sind,
welche die Erde über ihren ewigen Proceß vergießt!

Und wie oft im Leben, meine freundlichen Hörer und
Hörerinnen, badet sich der Mensch nicht in den Thränen
der Andern?

Wie manche Thräne, die als Balsam aus dem Auge
eines Menschen quillt, schleift sich der Neben=Mensch nicht
um zum wasserhellen Demant an seinem Ringfinger? Wie
manche Zähre, welche die Schicksalspresse aus der geknickten
Rose eines Lebens preßt, tropft nicht als Balsam und Thau
in die volle Knospe eines andern Lebens?

Wie mancher Dornenkranz, an dem noch die Blut=
tropfen eines zerritzten Menschenherzens hängen, flicht nicht
der Mensch als Festkranz um sein glückliches Haupt? Das

ist ja eben das Schmerzliche im Leben, daß selten unser Lebenswagen dahinrollt, ohne daß an seiner Deichsel neben unserem Freudenpferd das Trauerroß unseres Nächsten mit= ziehen muß, daß selten eine Freudensaat für uns aufgeht, die nicht unter dem Dünger von fremdem Schmerz und Leid emporschoß, und daß selten ein milder Regen unsere Her= zensflur erquickt, der nicht aus dem zerrissenen Himmel eines andern Herzens kommt! — So stürzen auch nur aus der zerrissenen Brust der Erde die Quellen hervor, welche uns Heil und Segen spenden.

Ein jedes Studium, meine freundlichen Hörer und Hörerinnen, erfordert seine Quellen, und das Studium der Menschenkenntniß hat keine bessern Quellen, als eben alle Gesundheits=, Bade= und Trink=Quellen!

Nach dem Bade öffnen sich nicht nur die Haut=Poren, sondern auch die Herzensporen, der Mensch im Bademantel ist wahrer, als der Mensch im vollen Anzuge, und besonders die Frauenzimmer, je mehr sie fremden Flitter anziehen, desto mehr ziehen sie von ihrem eigenen schönen „Ich“ aus; sie sind wie ein Magnet, je mehr sie anziehen, desto schwächer wird ihre innere Kraft; deshalb suche man die Frauenzim= mer nie zu rühren oder zu versöhnen, wenn sie in Gala sind: die Frauenzimmer und die Ungewitter sind im Anzuge am fürchterlichsten!

Wenn die Frauen aufs Land gehen, nehmen sie von der Stadt nichts mit, als Alles — das heißt Schneider, Schuster, Marchandemodes, und lassen gar nichts zurück, als Nichts, das heißt ihre Wirthschaft und ihren Mann.

Die Wiener Ehen sind, wie die Krebse, am besten in den Monaten Mai, Juni, Juli, August, da gehen die Frauen aufs Land, und die Männer genießen in der Stadt den allgemeinen Landfrieden. Die Wiener Frauen sind im Sommer wie echter Malaga, sie werden nicht eher gut, als bis sie die Linie passirt haben! —

Indessen, wie sieht's mit dem Land= und Badeleben der Männer aus?

Wie kommt's, daß unsere Männer nie trockener sind, als im Bade? Daß sie nie weniger Leben haben, als im Land= leben, und daß sich jeder von ihnen nie mehr langweilt, als wenn sie gerade zusammenkommen, um sich zu unterhalten?

Unsere Männer glauben, wenn sie in einem Badeorte herumlaufen, in einem leinenen quadrirten Kittel wie eine schottische Ballade, so haben sie Alles gethan, was die Menschheit für den Glanz eines Badeortes thun kann; aber es gibt schönere Talente, als einen gewürfelten Drillrock, und liebenswürdigere Eigenschaften, als grüne Pantoffel!

Es ist in einem Badeorte nicht genug, daß man sich warm hält, man muß auch die Gesellschaft warm halten, und es reicht nicht hin, alle Tage im Park von zwölf bis Ein Uhr hin und wieder zu gehen, sich dann auf eine Bank bescheiden selbst in Schatten zu setzen, denn so ist die Conversation durch die Bank dahin!

Wenn die Menschen die Natur besingen, so glauben sie, sie müssen in den Naturzustand zurückkehren, und werden Naturmenschen, das heißt Menschen, zu denen man eine gesunde Natur braucht.

Die Natur, ~~meine freundlichen Hörer und Hörerin=~~ ~~nen,~~ ist ein Gebäude mit drei Stockwerken und einem Boden=
zimmer oder Aussicht, nämlich: Wasser, Erde, Luft
und Himmel!

Der gütige Hausherr hat dem Menschen die Erde,
die bel étage zur Wohnung angewiesen, und diese Wohnung
ist unten mit einem geheimen Gemache versehen, man nennt's:
das Grab. Da geht der Einwohner zur Ruh, wenn er oben
lang genug gewohnt hat, aber dieses geheime Gemach hat
auch einen Ausgang, und dieser führt wieder auf die Aus=
sicht — in den Himmel; und der Hausherr verlangt keinen
andern Zins, als daß man eine friedliche Partei sei und
gute Nachbarschaft halte — aber der sündige Mensch denkt
nicht eher ans Bodenzimmer, als bis ihm das Wasser bis
an den Hals geht, und er Blicke, Wünsche und Gebete als
Rettungsleiter anlegt, um hinaufzuklettern! Und der Haus=
herr ist kein Hausherr vom Graben, er steigert seine Partei
nicht, wenn irgend ein Haus abgerissen wird, und er kün=
digt nur alle siebzig Jahre einmal auf, da kommt der
Hausmeister Tod mit seinen zwei gerichtlichen Zeugen:
„Doktor und Apotheker," und sagt: „Es ist Ziehzeit!"
und der Mensch steigt von der bel étage in den Keller
hinab, und da hat er wieder sein Interimsquartier, bis der
Hausherr ihn hinauf nimmt zu sich ins Bodenzimmer: in
den Himmel!

In einem Badeorte aber ist der Mensch in allen
Stockwerken der Natur heimisch, ein wahres Amphibium;
einen halben Tag lebt er im Wasser, und einen halben

Tag in der Luft, im Park ist er auf der Erde, und beim Essen ist er in seinem Himmel!

Viele unserer jungen Badeherren, meine freundlichen Hörer und Hörerinnen, sind wie die Badekessel, sie geben nicht eher einen Ton von sich, bis sie voll von Wasser sind, und man ihnen einheizt, daß sie kochen. Wie sie sich dem schönen Geschlechte nähern, und umgehen sollen, lernen sie weder im Frauenbad, noch im Dunstbad, und sprechen sie Eine an, so glaubt sie gewiß, er kommt aus dem Tropfbad! —

Anstatt den Umgang mit dem schönen Geschlecht praktiziren sie den Herumgang um das schöne Geschlecht!

Ueberhaupt sind die Wirkungen der Schwefelbäder auf Liebe, Geselligkeit, Umgang, Geist und Grazie sehr verschieden.

Zu einem Liebesgeständniß ist ein Schwefelbad wie vorgeschrieben, denn es macht bei dem galanten Ritter: erst Angstgefühl, dann Brustbeklemmung, dann geht's in einen Schwindel aus, und verweilt man zu lange, überfällt Einen ein kleiner Schauer. Gewiß wirken die Bäder nicht blos auf Milz und Leber, sondern auch auf Herz und Hirn! Warum soll der Schwefel blos eine Leberverhärtung curiren, und nicht auch eine Herzverhärtung? —

Es ist sonderbar, meine freundlichen Hörer und Hörerinnen, daß die Natur es mit den unedlen Leidenschaften besser gemeint hat, als mit den edlen; der Sitz des Hasses, des Zornes, der Galle ist groß und bequem in Milz und

Leber, und wie klein ist das Herz, der Sitz der Liebe und
der Großmuth? Wenn die Leber verdorben ist, zeigt es die
Natur gütig durch Leberflecken an, aber wenn das Herz
noch so sehr verdorben ist, kommen keine Herzflecken hervor! — Das Herz, meine freundlichen Hörer und Hörerinnen, hat zwei Kammern. Die Frauenzimmer haben eine
zur Garderobe und die andere zur Kaffeestube gemacht.
Die Männer machen aus der einen ein Spielzimmer und
aus der andern ein Rauchzimmer. Zum Glück nehmen die
Herzkrankheiten unserer Männer einen ganz andern Verlauf,
als ihre Leberkrankheiten. Die Leberkrankheiten endigen
meistens mit Wassersucht, die Herzkrankheiten mit Wein-
sucht! Es geht den kranken Herzen unserer Männer, wie
es einem meiner Bekannten mit seiner kranken Leber ging.
Dieser litt nämlich lange an der Leber, er consultirte alle
Aerzte vergebens, endlich reiste er nach Berlin zu einem
berühmten Arzte, der untersuchte ihn, und rief endlich
erstaunt aus: „Es ist unerhört! Sie haben gar keine Leber!"
Man kann sich den Schrecken meines Freundes denken, der
wegen plötzlichen Mangels an Leber ganz trostlos war.
Nachdem ihn auch dieser Arzt lange erfolglos behandelte,
reiste er nach Heidelberg zu einem renommirten Professor
der Medicin, dieser untersuchte ihn noch strenger und länger,
und rief endlich noch erstaunter aus: „Es ist unerhört! Sie
haben zwei Lebern!" So sind die Herzkrankheiten unserer
Männer, entweder weil sie gar keines, oder weil sie
mehrere haben. Wenn unsere Männer ihr Herz verschenken,
so machen sie es, wie die guten Wirthe, wenn sie Einem

eine Flasche Wein verehren, das leere Herz bitten sie sich
wieder zurück aus! Der Mann schneidet gleich aus dem
Sterbekleide einer alten Liebschaft schon Windeln für eine
neuzugebärende Liebschaft. Die Frauen hingegen lieben
blos einmal aus Spaß, und einmal aus Ernst. Das erste
Mal messen sie ihr Herz blos, um zu sehen, wieviel
hineingeht, und dann füllen sie es aus mit dem rechten
Inhalt.

Das weibliche Herz liegt leider da, wie ein Ein=
schreibbuch auf dem Brocken= oder Schneeberg. Wie wenig
Männer zeichnen da etwas Erhabenes ein, und kommt auch
einmal Jemand, der einen Göttergedanken in ein solches
Herz einschreibt, so schreibt gleich auf der Rückseite Jemand
eine Gemeinheit, einen rohen Scherz u. s. w., und da bleibt
dem armen weiblichen Herzen nichts übrig, als das ganze
Blatt mitsammt dem göttlichen Gedanken herauszureißen!

Die Wirkung des Schwefelbades auf die Kokettir=
Organe ist erstaunlich!

Ich habe Frauenzimmer gekannt, die mit völliger
Lähmung der Augenlieder hieherkamen, ich glaubte, ihre
Augen hätten Eisenbahnactien, so niedergeschlagen
waren sie immer, sie hatten von der Augensprache so wenig
gewußt, als ob sie ihre Muttersprache wäre.

Also, sie kokettirte so ganz und gar nicht, daß sie
ihre Blicke beim Kopf nahm, und zu Boden schlug. Nach
den ersten acht Tagen gingen die Blicke schon im Park
herum, ohne Krücken, und nach abermals acht Tagen
hatten sie mit dem linken Aug' alle Männer umzingelt,

mit dem rechten sie zu Gefangenen gemacht, und noch mit
einem dritten Aug', welches ich früher gar nicht gesehen
habe, sie auf Ehrenwort entlassen, daß sie keiner andern
Fahne dienen wollen. Ich habe mich erkundigt, was bei
ihnen so gewirkt hätte, und man sagte mir, sie haben aus
dem Ursprung geschöpft!

Was die Bäder und die Quellen auf den Geist für
Wirkung machen, werde ich die Ehre haben, Ihnen, meine
freundlichen Hörer und Hörerinnen, gleich zu beweisen,
indem ich Ihnen meine verschiedenen Bademantel-Gedanken
mittheile, wie sie mir in verschiedenen Bädern nach dem
Wärmegrad einfielen, Sie werden schon vorlieb nehmen,
es sind wahre Fischgedanken, wie sie eben aus dem
Wasser kommen. Geschwind, sonst werden sie trocken.

Kühle Gedanken im Leopoldbad.
Temperatur: 26 Grad.

1.

Niemand hat einen schlechteren Bedienten, als wer
sein eigener Herr ist.

2.

Welches ist die häuslichste Person der Stadt Wien? —
Der Geldmangel, man bemerkt ihn nie an einem öffentlichen Orte, aber stets und überall zu Hause.

3.

Nicht jeder Mensch kann ein Schriftsteller sein, aber
jeder Schriftsteller könnte ein Mensch sein.

4.

Was nennt man jetzt die „goldene Mittel=
straße"? — Die Straße, die zu goldenen Mitteln führt.

5.

Für die Industrie geschieht Alles, nichts für die
Moral, Alles für den Handel, nichts für den Wandel.
Darum sind die Handelsartikel zu Glaubensartikeln gewor=
den, und die Glaubensartikel zu Handelsartikeln.

6.

Vor Zeiten, da waren noch gute Zeiten, da gingen
sechzig auf ein Schock, dreißig auf ein Mandel, zwölf auf
ein Dutzend und zwei auf ein Ehepaar!

Laue Gedanken im Antonibad.
Temperatur: 27 Grad.

1.

Nie ist das Urtheil der Menschen weniger werth
gewesen, als seit Erfindung des Papiergeldes, denn sie
urtheilen Alle nach dem Schein.

2.

Menschen und Kornähren sind gleich, je leerer der
Kopf, desto leichter und tiefer bücken sie sich.

3.

Was ist für ein Unterschied zwischen einem Cour=
macher und einem Verliebten? — Der Courmacher hat
immer reine, der Verliebte hat immer schmutzige Wäsche.

4.

Diogenes trug nicht nur eine Laterne, mit welcher
er Menschen suchte, sondern für den Fall, daß er Menschen
finden sollte, trug er auch einen — Knittel!

Gedanken im Frauenbad.
Temperatur: 26 Grad.

1.

Die Frauenzimmer wissen einen gescheidten Menschen nicht eher zu schätzen, bis sie einen — dummen Kerl geheirathet haben.

2.

Was ist der Unterschied zwischen einem Frauenzimmer und einem brennenden Licht? — Ein brennendes Licht brennt für den, von dem es geputzt wird, ein Frauenzimmer hingegen wird oft von diesem geputzt und brennt für einen Andern.

3.

Es gibt eine Classe Frauenzimmer, die machen's mit ihren Kleidern, wie gewisse Engros-Händler mit ihrem Waarenlager: wenn die Liebhaber nicht kommen, fangen sie an — auszuschneiden!

4.

Die Schönheit einer Frau und die Schönheit eines Witzes wird nur erkannt, wenn viele beisammen sind.

5.

Im Allgemeinen sind die Frauen ganz andere Männer, als die Männer, und die Männer ganz tüchtigere Weiber, als die Weiber!

6.

Jede Frau ist ein Buch, noch so schön und noch so gut, hinterdrein doch immer ein — kleines Fehlerverzeichniß.

Armselige Gedanken im Bettlerbad.

1.

Die Großmuth ist eine liederliche Person, wenn man ihr keine Schranken setzt, geht sie durch!

2.

Geld und Credit! Zwei rare Sachen! Geld braucht man am meisten, wenn man's nicht hat, und Credit hat man am meisten, wenn man ihn nicht braucht!

3.

Eine der elendesten Redensarten des Menschen ist, wenn er sagt: „Dieser Mensch verdient kein Mitleid!" Mitleid und verdienen! Mitleid muß man schenken, nur Taglohn muß verdient werden.

4.

Die Menschen weinen viel über das Unglück anderer Menschen, aber nur im Theater, ihre Augen sind wie die Feuerspritzen: wenn sie probirt werden, gehen sie Alle gut, wenn's aber wirklich brennt, geben sie oft keinen Tropfen her!

Stunden-Bad-Gedanken, zu denen man allein sein muß.
Temperatur: 29 Grad.

1.

Um Menschen kennen zu lernen, muß man mit ihnen umgehen; um sie zu lieben, muß man ihnen Gutes thun; aber um sie achten zu können, muß man sie — meiden.

2.

Die Menschen beurtheilen den Menschen lieberlicher, als ein Theaterstück, bei einem Theaterstück warten sie wenigstens sein Ende ab, bevor sie aburtheilen, bei einem Menschen aber nicht.

3.

Es ist ein großes Glück, daß die Lüge noch nicht ganz ausgestorben ist, sonst wüßte die Welt gar nicht mehr, was — Wahrheit ist.

4.

Der Geist des Publikums wird satt vom Hunger des — Dichters, der Hunger des Dichters wird hingegen nicht satt vom — Geist des Publikums.

Ursprung-Gedanken mit Karlsbader Salz.

1.

Warum fallen den Männern die Haare früher aus, wie den Frauen? — Weil sie sich den Kopf mehr kratzen müssen.

2.

Es gibt Leute, die alle geistreichen und ausgezeichneten Menschen hassen; sie sind wie die Lämmergeier, sie fallen ihre Beute nur dann wüthend an, wenn sie sich erheben und hoch fliegen!

3.

Die Dummheit ist eine solidere Eigenschaft, als die Klugheit, der Geist leidet an Altersschwäche, aber ein dummer Kerl nimmt im Alter an Dummheit immer zu.

4.

Die Frauenzimmer sind und gleichen allen Getränken: Sie sind wie der Kaffee: am Tage machen sie Kopfweh und am Abend echauffiren sie! Sie sind wie Bier: wenn sie einmal in der Jugend nicht einschlagen, so ist Malz und Hopfen verloren; sie sind wie der Wein: sie berauschen, und nachher kommt der Katzenjammer; und sie sind wie das Wasser: die Stillen sind betrüglich, die Lauten sind störend, die Tiefen sind gefährlich, und nur bei den Seichten kann man bis auf den Grund schauen! Die Männer sind wie Kaffee, aber die meisten sind eine Melange, und am unleidlichsten sind sie, wenn sie Grundsätze haben wollen!

Der Auswanderer.

Ein Grab liegt da im dunklen Haine,
    Und auf dem Grabe kniet ein Mann;
An seiner Seit' das Kind, das kleine,
    Das sieht betrübt den Grabstein an.
Den Mann verzehrt ein tiefer Kummer,
    Weil Gattin und geliebtes Kind
An einem Tag zum ew'gen Schlummer
    Hier in das Grab gegangen sind.
Er weint und betet, und spricht leise
    In's Grab hinab sein Abschiedswort;
Er schickt sich an zur weiten Reise,
    Es treibt ihn fort von diesem Ort;
Er spricht: „Leb' wohl, mein Weib, mein treues,
    Mein süßes Kind, mein Herz, leb' wohl!
Ich suche mir ein Land, ein neues,
    Am fernen, fernen Meerespol;
Mein lebend Kind führ' ich von hinnen,
    Ich will's erzieh'n im besser'n Land,
Will bess're Zukunft ihm gewinnen,
    Vom Joche frei und Sclavenband!
Lebt wohl darum, ihr theuren Todten,
    Den Todten ist die Erde leicht,
Doch schwerer wird sie Dem geboten,
    Der auf ihr in dem Joche keucht!" —

Dann wandert er hinweg entschlossen,
　　Sein Kind führt er an seiner Hand,
Und singt verstimmt, und singt verdrossen,
　　Zurück vom fernen Meeresstrand:
— „Mich treibt es fort von meinem Volke,
　　Mein Vaterland ist mir vergällt,
Es liegt wie eine Opferwolke
　　Vor mir die neue, zweite Welt.
Aus Deutschlands düstern Waldesräumen,
　　Wo Alles, Alles mich betrog,
Mein Hoffen, Wünschen und mein Träumen,
　　Die Sehnsucht mich zur Meerfahrt zog.
Leb' wohl, du deutsche Erde,
　　Leb', deutscher Boden, du denn wohl,
Der Himmel sprech' ein neues „Werde",
　　Für mich an einem neuen Pol!
Leb' wohl, du schönstes Land der Länder,
　　Lebt Ströme wohl, wo deutsch man spricht,
Rhein, Elbe, Donau, gold'ne Bänder,
　　Die um den Leib ein Gott dir flicht;
Leb' wohl, du Land der Nixen, Elfen,
　　Des Rübezahl, der Lore-Lei,
Und könnten Märchen dir nur helfen,
　　So wärst du groß und stark und frei! —
Leb' wohl, du Land der Herzenstreue,
　　Du schöne, blonde, deutsche Frau,
Du Auge, voll von Himmelsbläue,
　　Du Auge, voll von Himmelsthau!
Leb' wohl, du deutsche Liederwelle,
　　Die sich mit Veilchen sanft bespricht,
Du gleichst so ganz der Wiesenquelle,
　　Die murmeln kann, doch rauschen nicht!

Leb' wohl, du deutsche Eichenkrone,
    Galläpfelvoller Eichenast!
Du wirst dem deutschen Geist zum Lohne,
    Weil du nicht Frucht, nicht Blüte hast!
Leb' wohl, du Land, so traumbefangen,
    Vom Schlummer glücklich angeglüht,
Ich küße scheidend dir die Wange,
    Küß' scheidend dir das Augenlied!
Leb' wohl! Es ändert sich die Scene!
    Mein Schicksal ruft, zu Meer! zu Meer!
Es pocht das Herz, es fällt die Thräne,
    Die Welle streckt die Arme her!
Das Schiff liegt da, ein Sarg aus Bretern,
    Für Jeden, der von hinnen fährt,
Ich steig' hinein, nach Sturm und Wettern
    Verlass' ich scheidend diese Erd',
Uns Beide tragen dunkle Wogen
    Zur Ruhestätt' durch Meeresfeld,
Und dort steig' aus des Sarges Bogen
    Ich aus in einer bess'ren Welt!" —
Das Schiff zieht fort mit weißen Schwingen,
    Der Sänger in die Wellen sieht,
Delphine tauchen auf und singen
    Dem Schiffenden ein Heimatslied:
„Die Heimat ist, wo and're Herzen
    Mit uns'rem Herzen Eins gemacht,
Mit uns gefühlt bei uns'ren Schmerzen,
    Mit uns geweint, mit uns gelacht,
Mit uns geklagt dieselbe Klage,
    Mit uns gesungen selbes Lied,
Gebetet in derselben Sprache
    Und an demselben Grab gekniet!

Die Heimat wird nicht da geboten,
   Wo unser Jugendleben lag,
Heimat ist, wo man seine Todten
   Besucht am Allerseelen-Tag!" —
So klang das Lied, der Sänger lauschte,
   Im Arme sein geliebtes Kind,
Das Meer ging hoch, die Welle rauschte,
   Zum Sturme ward der günst'ge Wind,
Und in den unermess'nen Tiefen
   Erwachen Kräfte, wunderbar,
Und alle Schrecken, die da schliefen,
   Und alle Geister der Gefahr!

     Erst Geflüster
     Hohl und düster
     In den Wogen;
     Dann kommt's lauter
     Und vertrauter
     Angezogen.

Kleine Wellen, grüne Zwerge,
Werden Riesen, werden Berge,
Schreiten auf der Wasserhaide
Geistergleich im weißen Kleide.
Schleppend rauscht ihr Silbermantel,
Und die Windsbraut, die Tarantel,
Nicht im Zaume mehr zu halten,
Stürzt mit wüthenden Gewalten
Aus des Mantels weißen Falten,
Um das Schiff im Nu,
Sonder Rast und Ruh',
Bei der Wimpel Haare zu ergreifen,
In dem wilden Tanz zu schleifen, —

Und des Meeres Riesenorgel pfeifen
Wild und grell ihr Lied dazu!
Und der Tag verhüllt sich Aug' und Brauen
Mit der dunklen Wolkenhand,
Aufgethürmte Wellen bauen
Sich den Weg zum Wolkenrand,
Doch zurück in's Meeres Becken,
Um mit ihren tausend Schrecken
An das morsche Schiff zu lecken,
Schleudert sie des Blitzes Brand!
Dieses treibt, ein Spiel der Wellen,
    Treibt auf Wogen wild herum,
Mast und Segelbaum zerschellen,
    Und der Steuermann steht stumm,
Und das Kind in seinen Armen
    Hält der Sänger dicht und fest,
Und das Kind will nicht erwarmen,
    Starr ist es und ganz durchnäßt,
Und es weint und bebt und zittert,
    Ist sich seiner kaum bewußt, —
Wie es stürmet und gewittert,
Wie der Blitz den Mast zersplittert,
    Schmiegt sich's an des Vaters Brust;
Seine gold'nen Löckchen tropfen
    Auf des Vaters bitt'res Herz,
In dem kleinen Herzchen klopfen
    Furcht und Angst und Heimweh = Schmerz.
„Mutter, Mutter!“ flüstert's leise,
    „Möchte meine Mutter seh'n!
Bin schon müd' von weiter Reise,
    Möchte zu der Mutter geh'n!“

Und die bleichen Lippen lallen
   Einmal noch: „Lieb' Mutter du!"
Und die kleinen Augen fallen
   Ihm alsdann auf ewig zu! — —
Und der Sturm ist verflogen,
   Und das Meer ist wieder blau,
Golden steigt der Regenbogen
   Durch des Himmels prächt'gen Bau;
Und die Schiffer zieh'n von hinnen,
   Betend laut ein Dankgebet,
Doch in Schweigen und in Sinnen
   Schmerzerstarrt der Sänger steht.
Hält im Arm die kleine Leiche,
   Die hinab soll in das Meer, —
Aus dem dunklen Wasserreiche
   Singen die Delphine her:
„Die Heimat wird nicht da geboten,
   Wo unser Jugendleben lag,
Heimat ist, wo man seine Todten
   Besucht am Allerseelen-Tag!"
Und das Kind, nach wenig Stunden
   Nimmt man's von des Vaters Seit',
Auf ein Bret wird es gebunden,
   Und der Stein ist schon bereit!
Nicht ein Grab wird ihm gegraben
   Im geweihten Erdenschooß,
Nicht ein Kreuzchen soll es haben,
   Nicht den kleinsten Kranz aus Moos;
Schlafen soll es ganz alleine
   Auf des Meeres ödem Grund,
Elternauge auch nicht weine
   Auf sein Grab zur frommen Stund'.

— Glücklich sind noch die zu nennen,
    Und ihr Schmerz ist wohlgemuth,
Die den Ort, die Stelle kennen,
    Wo ihr Kind im Tode ruht!
Denn sie können zu ihm ziehen,
    Noch so fern am Wanderstab,
Können weinend, betend knien,
    An dem liebgeword'nen Grab;
Können eine Blume brechen,
    Als ob das Kind sie begehr',
Können mit dem Kinde sprechen,
    Gleich als ob's am Leben wär';
Können beten, können klagen
    An der kleinen Lebensgrott',
Können sich's zum Troste sagen:
    „Allhier ruht mein Kind in Gott!"
Diesen Trost sollt' er nicht haben,
    Unser Sänger, schmerzdurchtränkt,
Denn sein Kind wird nicht begraben,
    Denn sein Kind wird blos versenkt!
Schmerzgebeugt, vom Gram zerrissen,
    Starr am Bord der Sänger hält,
Sieht schmerzerfüllt die Segel hissen,
    Sieht schmerzerfüllt die neue Welt!
„Die neue Welt!" ihm engt's den Odem,
    Die neue Welt, sein Hoffnungsland,
Mit Schauer tritt er auf den Boden,
    Erglüht in schönem Sonnenbrand;
Er wandert fort vom lauten Strande,
Er wandert in dem langersehnten Lande,
    Und alle Wünsche nimmt er mit!

Er zieht nach Süden, zieht nach Norden,
    Er sucht sein Völker-Ideal! —
Da stößt er bald auf Sclavenhorden,
    Die Füße wund, die Scheitel kahl,
Am langen Seil gekoppelt ihre Leiber,
    Verkauft um eine Handvoll Geld,
Gehetzt vom wilden Troß der Treiber,
    Im Sonnenbrand ohn' Dach und Zelt!
Dann setzt in jene Zuckermühlen
    Er seinen Schritt, bestürzt und stumm,
Ein Heer von schwarzen Menschen wühlen
    Gespenstern gleich die Kessel um;
Die Peitsche herrscht auch hier nicht minder,
    Man jagt sie peitschend in die Fluth,
Mit rothem Blut der schwarzen Kinder
    Gewinnt man weißen Zuckerhut!
Und fort treibt's ihn mit wilden Blicken,
    Er geht, wo freie Stämme sind,
Er sieht den Schatz des Land's, Fabriken,
    Mit Pferden eingespannt das Kind!
Da treibt der Habsucht wilde Hyder
    Die Kinder an so Tag und Nacht,
Wie Spul und Rad sind ihre Glieder
    In's Triebwerk peinlich angebracht! —
Dann sucht er heim die reichen Städte,
    Wo hoch zu Thron der Mammon sitzt,
Wo man regiert die gold'nen Drähte
    Der freien Puppe, schöngeschnitzt;
Und Allem, dem er wollt' entrinnen,
    Begegnet er hier wieder neu,
Denn von den Giebeln, von den Zinnen
    Spricht hier der Egoismus frei!

Und Zwietracht, Haber und Parteiung
   Im Leben auch in Kirch' und Staat,
Zerwürfniß hier und dort Parteiung,
   Und nur die Selbstsucht sitzt im Rath!
Und jener Stolz herrscht hier unsäglich,
   Der widerlichste Stolz der Welt,
Der Stolz so hohl, schal, unerträglich,
   Der leerste Stolz — der Stolz auf Geld!
Da flieht der Sänger fort vom Lande,
   Im Herzen bitterlich zerfleischt,
Er kehrt zurück zum deutschen Lande,
   Von neuer Welt gar sehr getäuscht!
Er sagt sich selbst mit süßem Schrecken,
   Mit wehmuthsvoller Schauerlust:
„Willst du die beff're Welt entdecken,
   So such' sie in der eig'nen Brust;
Du siehst sie nicht, du mußt sie ahnen,
   Sei wie Columbus überzeugt,
Dann find'st du schon die sich'ren Bahnen,
   Daß sie vor dir in's Leben steigt!"
Es treibt ihn fort vom Inselvolke,
   Die neue Welt ist ihm vergällt,
Er sieht wie eine Opferwolke
   Vor sich die deutsche alte Welt.
Die Küste naht, ein süßer Schauer
   Durchrieselt sein erstarrt Gemüth,
Der Heimatshimmel ist ja blauer,
   Die Heimatsrose schöner blüht,
Der Heimatsboden ist viel weicher,
   Das Heimatsleid thut minder weh,
Die Heimatsarmuth ist doch reicher,
   Als Reichthum über fernem See! —

Und die Delphine wieder scherzen,
    Singend um das Schiff ganz sacht:
„Die Heimat ist, wo and're Herzen
    Mit uns geweint, mit uns gelacht,
Die Heimat wird nicht da geboten,
    Wo unser Jugendleben lag,
Sie ist, wo man die theuren Todten
    Besucht am Allerseelen-Tag!“

Konditorei des Jokus.

1.

Oeffentlicher Verkauf kritischer Phrasen.

Jedes Handwerk hat seinen goldenen Boden; warum nicht auch die Kritik, da sie doch schon einmal zum Handwerk geworden ist? Vielleicht hat aber unsere Kritik deshalb keinen goldenen Boden, weil sie bodenlos ist.

Jedes andere ehrliche Handwerk will gelernt sein, man wird nach und nach Lehrbub, Wandergeselle, Meister; nur das kritische Handwerk wird nicht gelernt, da fallen Bube und Meister zusammen.

Warum müßte nur ein Recensent nicht wandern und fechten? In jedem Orte müßte eine Recensenten=Herberge sein für wandernde junge Kritiker. Wenn die Recensenten fechten gingen, so würden sie ihre Meinung wenigstens ver=fechten und ausfechten lernen, und sich nicht selbst von tausend Teufeleien anfechten lassen.

Das kritische Handwerk braucht nicht gelernt zu werden, man lernt vom Zusehen, man sieht zu, wie's die Andern machen und macht es nach. Man schafft sich das Geräthe an, das Handwerkszeug, die Farben und die Patronen, und man ist ein Recensent auf eigener Faust. Es gibt verschiedene Arbeiten, in denen kein neuer

Ausbruck erfunden wird; der Bergbau behält seinen „Schwaben — einfahren — Grubenlicht — Glückauf! — Teufe" u. s. w. Die Schifffahrt hat ihr „Bugsiren — Beilegen — Kielholen — Ankerlichten" u. s. w. — und die Kritik hat ihre stehenden, unwandelnden Ausbrücke: „Wacker! — Platzaus füllen — glänzender Erfolg — ergötzliche Darstellung — leistete Erfreuliches" — und dann die ewigen, überall angebrachten Verzierungen und Arabesken: „übertraf sich selbst! — in sich gerundete Darstellung — entwickelte glühendes Feuer — entwickelte erhabenen Schwung — entwickelte eine Rundung der Idee" und das ganze Heer der namenlosen „Entwicklungen", in die sich der Kritiker so gerne verwickelt.

Unlängst starb in einer kleinen deutschen Provinzstadt ein großer deutscher Kritiker, der einen ganzen Apparat von solchen Farbentaschen und Patronen, und einen ganzen Pack aufgehäufter Phrasen zum beliebigen Gebrauch für plötzliche Recensenten und unvorhergesehene Kritiker hinterließ.

Die Witwe des wackern Verblichenen, der jetzt „seinen Platz ausfüllt", bietet folgende einzelne Sätze und Ausbrücke um den beigefügten Preis an kauflustige kritische Anfänger und Auslasser gegen gleich bare Bezahlung an. „Das Publikum verließ zufrieden das Haus" 30 kr.

Das ist sehr billig. Man muß nur den Doppelsinn recht auffassen; wenn ein Publikum das Haus verläßt, ist es immer zufrieden.

„Beurkundete ein Eindringen in seine
Rolle" . . . . 1 fl. 12 kr.

Die Urkunde vertheuert das Ding ein wenig.

„Führte seinen Part mit angemessener Ruhe
bis ans Ende durch" . . 2 fl. und eine Flasche Bier.

Der Part will aparte honorirt sein.

„Das künstlerische Streben dieses aufschwin-
genden Talentes verdient anerkennende Er-
munterung" . . . . 3 fl. 36 kr.

Bitte aber, auch diesen schönen Maccaroni-Satz zu
betrachten. Eine wahre Freude!

„Die Auffassung des schwierigen Charakters
wurde von dem durchdringenden Geiste bis
ans Ende glücklich gelöst" —

Ist käuflich nicht an sich zu bringen und blos gegen
zehn geliehene Gulden als ein Pfand bei dem betreffen-
den Künstler zu versetzen.

„Eine anmuthige Erscheinung" . . . . . . 15 kr.

„Kraft, Feuer, Gluth, Sicherheit, Delikatesse,
Schmelz, Begeisterung und Liebreiz vereinen
sich im Vortrage dieser geistvollen Künst-
lerin zu einem durchaus ganz vollkommenen
Ganzen" — 25 fl. baar, ein kleines Geschenk und zwei
Mahlzeiten mit Champagner non moussé.

Ich bin überzeugt, daß das Alles für obige schöne,
runde, wattirte und gestopfte Phrase nicht zu viel ist.

„Errang den Doppel-Lorbeer des Trauerspiels
und Lustspiels" —

Ueber diesen lieblichen Satz muß man sich mit Demjenigen, dem er beigebracht werden soll, auf Privatweg vergleichen. — Der Satz ist unbezahlbar.
„Der Roscius unserer Zeit". . . . . . 6 Dukaten.
u. s. w. u. s. w.

Wer drei dieser Phrasen zusammen ersteht, bekommt darauf eine Handvoll von: „Verwendbarkeit" — „wacker" — „genügende Anforderung" — „vielseitig gebildet" — „erregte Theilnahme" — „effectuirte glücklich" — „führte glücklich zu Ende" — „Beweise von Theilnahme" ꝛc. ꝛc.

2.

Kritische Analekten.

Warum soll das kritische Auge nicht eben so gut auf die Ysopblättchen und Milbenprodukte der Schöngeistigkeit, als auf ihre Pisangblätter und Mammouthsknochen gerichtet sein? Steckt nicht zuweilen in einem winzigen Fingerhute ein besserer Kopf, und wenn es auch nur ein Nagelkopf wäre, als in großen Plüsch=, Sturm= und Filzhüten? Wie kärglich ist noch der Acker der Kritik bebaut! Brach liegen schöne Felder, und fette Gründe sind nicht urbar gemacht! zum Beispiel die Kritik der Stammbücher! Welch ein Fund bietet sich dem menschlichen Geiste nicht in ihnen dar! welch ein Schatz von Schlafrockgedanken und Cravatengefühlen! welche niederträchtige Zärtlichkeit bei der erhabensten Hirnlosigkeit! welche infame Originalität bei der

hinreißendsten Unwissenheit! welche zerschmetternde Orthogra-
phie bei der correctesten Albernheit! diese Fülle der Leerheit
bei diesem systematischen Nichts! diese bescheidene Unver-
schämtheit bei dieser blödesten Zudringlichkeit! diese Ent-
haltsamkeit des Witzes bei diesem Ueberflusse an gänzlichem
Mangel!

Dann die Neujahrs=, Namens= und Geburts-
tags=Billete! Welche Ausbeute! wie naiv und mystisch!
wie kurz und unbändig! Dann die Weihnachtskuchen=
Chrestomathie! die Bauernkalender=Phraseologie!
sodann die Blumenlese auf den Wachsfiguren unter
Sturzgläsern, die alle einen Versegürtel haben! und zuletzt
endlich die Bonbons=Literatur und die Konditorei=
Devisen! Welch süßer Kern steckt für den Forscher unter
dieser poetischen Fülle! diese Einfalt bei dieser Vielfältig-
keit! dieser auffallende Witz bei dieser Hinfälligkeit der Gelegenheit! diese üppige Fülle des Reimes bei dieser wollüsti-
gen Leere des Sinnes! diese orientalische Gluth des Aus-
drucks bei diesem grönländischen Frost des Eindrucks! diese
Schnelligkeit der Ueberraschung bei dieser Langweiligkeit der
Vorbereitung! diese Einbildungskraft des Beschauens bei
dieser Bildlosigkeit der Bilder! Doch genug! mir war der
Ruhm vorbehalten, den ersten Fingerzeig zu dieser Gattung
der Kritik gegeben zu haben, und ich beginne dieses süße
Recensirgeschäft bei unsern Bonbons.

Ein Bratspieß, an welchem vier Herzen stecken,
    mit der Unterschrift: „Sie brennen und bra-
    ten alle für Dich.“

Kann man sich deutlicher und heißer ausdrücken? Ist dieser Styl nicht viel klarer, als unsere Journal=Gedichte? Ein Herz, das am Bratspieße steckt! zärtliche Herzen, für die der sentimentale Spieß ein Braten ist! Bis jetzt glaubte man, ein Herz müsse blos für den Gegenstand seiner Liebe brennen, aber nein, es muß auch braten für die Geliebte, und so ist sie doch sicher, daß sie kein rohes Herz bekommt!

> Zwei Augen und ein Mund mit einem Schlosse, und die Unterschrift: „Sieh' und hör' die ärgsten Possen, doch Dein Mund sei stets verschlossen!"

Das ist erstens eine stumme Klage gegen die Vorsehung, daß wir zwei Augen, um uns zu verlieben, und nur einen Mund zum Küssen und zum Geständniß haben. Die Unterschrift hat gewiß ein Vorstadt=Dichter für einen Vorstadt=Recensenten ausgesetzt, und der Konditor bezieht es auf die Liebe.

> Eine Rose und eine Lilie, mit der Devise: „Nur die Rose und Lielie sei stets deine Dielie!"

Ich wette, das ist irgend ein Operntext, vielleicht aus der „Euryanthe", und als Operntext ist er köstlich. Zu was auch einen bessern, man versteht unsere Sängerinnen doch ohnehin nicht!

> Ein Gewölk, woraus ein Blasebalg=Amor herunterhängt, mit den Worten: „In Deinen Schooß er fällt, weil's ihm so gefällt."

Welch ein armer, reicher Reim! Aber wie groß ist die Satyre! Wenn Amor jetzt unsere Art zu lieben sieht, so muß er aus den Wolken fallen!

Dito ein ziegelfarbiger Amor auf einem Stecken= pferde: „Ein Mädchen, das mir Geld be= schert, ist mein liebstes Steckenpferd!"

Welch ein offenherziger Amor! das ist der alte Amor nicht mehr, sondern ein ganz moderner! Unsern Jünglin= gen, wenn sie auch sonst für gar keine Wissenschaft Sinn haben, muß man es doch lassen, daß sie große Numismati= ker oder Münzenliebhaber sind; sie sehen immer mit einem Auge auf das Gesicht der Braut, und mit dem andern auf das Münzengesicht.

Ein Mädchen, das einem Schafe einen grünen Kranz aufsetzt, mit den Worten: „Willst Du schön und reizend sein, so bewahre Deine Tu= gend!"

Wahrhaftig, so etwas läßt sich nur ein completes Schaf sagen! Es ist gewiß ein Myrthenkranz, denn die Mädchen schenken diesen am liebsten an einen Schafskopf! Aber wie soll ein Schaf die Tugend bewahren? Die Tu= gend eines Schafes ist, daß es geschoren wird; also meint die Schöne: „Geliebter, bewahre Deine Tugend, und laß Dich in Deiner Dummheit brav von mir scheren!"

Ein noch reiferes Feld bieten die „Traumbüchlein" dar, zum Beispiel das „Augsburgische Traumbuch" nebst „Auslegung und beigesetzten Nummern", mit dem Motto: „Das Glück ist immer kugelrund." Im Vorworte heißt es: „Träume sind Bewegungen des Gemüthes und des Leibes, welche von innerlichen Feuchtigkeiten entstehen; je mehr die eine oder die andere überflüßig ist, redigirt sie den andern Theil!"

Das A beginnt folgendermaßen:

„Affe, Glück in der Liebe."

Das ist sehr sinnig!

B.

„Blind sein, ist Unglück."

Eine anerkannte Wahrheit!

„Bücher lesen, ist Traurigkeit."

Ach ja! leider gar zu oft!

C.

„Comödie spielen, ist üble Nachrede."

Das sind die Recensenten, die nach der Comödie übel reden.

D.

„Dinte brauchen, ist Mühseligkeit."

Jeder Schriftsteller seufzt hier sein: O ja!

F.

„Flöhe fangen
„Frau nehmen } zeigt auf Unruh', ist Zänkerei."

Ein vertrackter Traumbuchdichter! Diese zwei F sind wirklich Unruhe aus dem ff!

G.

„Gans sehen, ist Ehre."

O, wie oft sagt man zu einer Gans: „Es freut mich, die Ehre zu haben," u. s. w.

H.

„Hunde, kleine, die bellen, große Freude."

Es gibt auch gar keine größere Freude, als sich von kleinen Hunden angebellt zu sehen.

L.

„Lumpen, sind heimliche Feinde."

Gewiß, denn heimliche Feinde sind Lumpen.

N.

„Narren sehen, ist Freude."

Aristipp hat also doch Recht, das Leben ist voller Freude! Wie Wenige gibt es, die sagen können: „Der Mensch ist zur Freude nicht gemacht!"

P.

„Perlen, bedeuten Thränen."

Aha, Fräulein Galotti, bin ich Ihnen auf die Spur gekommen? Zuweilen bedeuten umgekehrt die Thränen der Frau, daß sie Perlen will.

„Pfeifen, bedeutet Trübsal."

Ist das wahr, ihr Lokalpossen=Fabrikanten?

R.

„Räuber sind gute Freunde."

Wie tief! denn sind es nicht oft unsere guten Freunde, die unsere Ehrenräuber sind?

S.

„Stehlen, bedeutet Gewinnst mit geringer Mühe."

Wie fein herauscalculirt! zum Beispiel ein Dichter=lein stiehlt ein Stück und verkauft's unter seinem Namen an die Bühne, so ist das ein Verdienst mit geringer Mühe.

T.

„Taub sein, zeigt gute Ehre an."

In so fern gewiß, als der Mann nichts anhört und
die Frau Niemanden erhört.

W.

„Wahrsagen ist Unglück."

Das heißt: Wahrheit sagen.

Z.

„Zeche bezahlen, ist Verdruß."

O gewiß! das fühlt Niemand mehr, als der Satyri-
ker. Die ganze Welt ergötzt sich an seiner Tafel; doch
muß er zu seinem Verdruß die Zeche bezahlen.

Der Priester und der Graf.

Der Graf von Poitiers, der Jägersmann,
Zieht täglich hinaus auf die Jagd,
Die Doggen trieb er b'rauf und b'ran,
Und sprengt hinaus, bevor es noch tagt.
Am Sonntag selbst, mit lautem Hörnerklang
Ritt er der Kirche vorbei, dem Dorf entlang,
Und als die Glocke ertönt zum Morgengebet,
Der Priester des Ortes in der Kirchthür' steht,
Und als der Graf heransprengt, auf wildem Roß,
Und hinter ihm hersaust der Jäger Troß,
Der fromme Mann mit mildem Angesicht
Also zum Grafen, dem wilden Jäger, spricht:
„Dich ladet der Herr in sein offenes Haus,
Geh' an dem Sonntag nicht auf Waidwerk aus.
Der Herr, er ruft, er ladet Dich ein,
Tritt zum Gebet in's Heiligthum ein!"
Da lacht der Graf und ruft: „Hopp, hopp!"
Und jagt vorbei im wilden Galop,
Er letzt sich mehr an Hörnerklang,
Als an Gebet und Meß' und Orgelsang!
Doch nicht ermüdet des Priesters Geduld;
Am nächsten Sonntag steht der Priester wieder da,
Und spricht, als er den Grafen vorbeiziehen sah:
„Dich ruft der Herr in Gnade und Huld,
Vergeben ist Dir von letzthin die Schuld,
Dich ladet der Herr in sein offenes Haus,
Geh' an dem Sonntag nicht auf Waidwerk aus!"

Da lacht der Graf und wirft den Kopf empor,
„Laß' ab von mir, Du beschwerlicher Thor!
Mich reizt nicht Glocken- und nicht Orgelschall,
Mich reizt der Rüden Gebell und der Peitschen Knall!"
Der Priester bekrenzt sich und schaut zum Himmel hinauf,
Doch gibt der fromme Mann den Grafen nicht auf,
Und wiederum steht er an der Kirchenthür',
Und wartet auf den Grafen mit Wehmuth schier.
Und das Glöcklein tönt, welches die fromme Gemein'
Ruft in die Kirche zur Andacht hinein,
Zum Gotteshaus, zur heiligen Stell'!
Da tönt's d'rein von Jagdhörnern hell,
Der Graf ist's, der von wilder Lust entbrannt,
Den Wurfspieß wiegt in mächtiger Hand,
Und als er vorbeikommt auf bäumendem Thier,
Da ruft der Priester wiederum von der Kirchenthür':
„Dich ladet der Herr in sein offenes Haus,
Geh' nicht am Sonntag auf Waidwerk aus!
Ich lade im Namen des Herrn Dich ein,
Du sollst an seinem Tische willkommen ihm sein!"
Der Graf jedoch lacht laut und trotzt ihn an:
„Laß' das nur gut sein, Du heiliger Mann!
Der Wald da draußen, das ist mein Tisch,
Mit grünem Tuch und Wildbret frisch,
So komm' Du mit mir, ich lade Dich ein,
Du sollst mir im Walde d'raus willkommen sein!"
Und spricht's, und höhnt's, und spornt das Roß,
Und saust fort mit seinem Jägergeschoß.
Der Diener Gottes seufzt und also zu sich selber spricht:
„Der Herr verläßt, die ihn verlassen, nicht,
Und kommt der Frevler nicht zum Kirchenaufenthalt,
So sucht er selbst ihn auf in Wüst' und Wald!"

D'rauf eilt' er zum Altar, und nimmt mit frommer Hand
Das Allerheiligste herunter von der Wand,
Und schreitet still und betend aus dem Kirchlein fort,
Und schreitet still und betend durch den Ort,
Und schreitet still und betend durch Au und Flur
In' Wald hinaus nach des wilden Grafen Spur.
Und wie er immer betend schreitet, und blickt empor,
Da schlägt ein heller Hilfruf an sein Ohr,
Der fromme Mann erschrickt, doch zagt er nicht,
Er schreitet vorwärts, indem ein Gebet er spricht,
Und wiederum schlägt ein jammernd Hilfgeschrei
Heraus aus tiefem Wald; und ohne Furcht und Scheu
Verdoppelt der Priester Gebet und Schritt,
Und als er in das tiefste Dickicht tritt,
Da liegt der Graf am Boden, unbewehrt,
Zwei Mörder schwingen über ihn das Räuberschwert.
Der Graf windet sich und ruft mit Angstgeschrei:
„Mein Gott, mein Heiland steh' mir bei!"
Da tritt der Priester plötzlich aus dem dichten Wald:
„Im Namen des Drei=Einen! sag' ich, Mörder! Halt!"
Und streckt weit vor sich hin die heilige Monstranz,
Die wunderbar erglüht im lichten Sonnenglanz.
Und als der fromme Mann so vor ihnen stand,
Das Venerabile in hocherhab'ner Hand,
Da faßt's die Mörder an, sie steh'n erstarrt,
Sie fühlen in der Brust des Höchsten Gegenwart,
Sie sinken in den Staub und fangen zu beten an,
Und strecken ihre Hand zum frommen Gottesmann,
Und bieten selber sich, in tiefer Sündenreu',
Der Gnade und dem Recht der frommen Clerisei.
Den Grafen aber hat es mächtig übermannt,
Er stürzt auf die Knie und küßt des Priesters Hand,

Benetzt mit Thränen sie und senkt sein Haupt zur Erd',
Doch sprechen kann er nicht, sein Herz ist ihm beschwert.
Der heilige Mann legt ihm die Hand auf's Haupt:
„Mein Sohn, so glaube jetzt, wenn Du nicht längst geglaubt,
Der Herr, er lud Dich ein, Du kamest zum Herrn nicht,
So kam der Herr zu Dir und sucht Dein Gesicht,
Und sieht Dich wieder an mit mildem Vaterblick,
Und spricht wie vor zu Dir: „Ich lad' Dich ein, komm' mit
                                          mir zurück,
Geh' fürbaß ferner nicht an Deines Heilands Haus,
Du schüttest fürder erst Dein Herz darinnen aus!"
Der Priester schweigt und kehrt zurück mit mildem Angesicht,
Der wilde Graf fehlt ferner in der Kirche nicht!

Elephanten - Aphorismen, oder: Praktisch - theoretische Kunst, in drei Stunden ein Elephant zu werden.

Ein Handbüchlein für angehende Elephanten aus allen Ständen.

Einleitung.

> „Sie haben Augen und sehen nicht,
> Sie haben Ohren und hören nicht!"

Das Elephantenthum überhaupt.

Ein jeder Mensch, und wenn auch nicht jeder Mensch, doch gewiß jede Verliebte und jeder Verliebte wird wissen, was ein „Elephant" ist. Ich meine nicht jenen vierfüßigen Elephanten, dessen Heimat das südliche Asien oder Afrika ist, ich meine jenen Elephanten, der in allen Gegenden einheimisch ist, wo Herzen an und für einander schlagen, wo Rendezvous blühen, und wo die zu überlistenden Männer, Väter, Tanten, Mütter, Bräutigame und Gouvernanten wachsen, ungefähr also die Gegend von Hütteldorf bis Otaheiti und von Robaun bis Pernambuco.

Es liegt in der menschlichen Natur, daß sie sich mittheilt, und in der Natur des Nils und der Verliebten, daß sie sich gerne ergießen! Zu einem liebenden Paar gehört ein Elephant männlicher Seits, und eine Elephantin weiblicher Seite.

Ein „Elephant" ist ein Wesen, das in der französischen Comödie „Confident" oder „Confidente", im deutschen Lustspiel „Vertrauter" oder „Vertraute", und im gemeinen Styl die „Klepperpost" genannt wird. Im Augenblick, da der Mensch anfängt zu lieben, befällt ihn eine Sehnsucht nach einem Elephanten.

> „Da faßt ein namenloses Sehnen
> Des Jünglings Herz, er irrt allein,
> Aus seinen Augen brechen Thränen,
> Ein Elephant nur lindert seine Pein!"

Man hat schon Beispiele von „hoffnungsloser Liebe", o ja, besonders wo der Liebende kein Geld hat, allein man hat noch kein Beispiel einer „elephantenlosen Liebe"! Noch nie gab es einen Liebenden, eine Liebende, welchen nicht die wohlthätige Natur ihren Elephanten beschied! Ohne Elephanten keine Liebe, ohne Liebe keinen Elephanten!

In die Brust des Elephanten legen die Liebenden ihre stillsten Wünsche, ihre allerersten Seufzer nieder. Bevor der Gegenstand noch ahnt, daß er ein Gegenstand ist, oder ein Gegenstand wird, oder ein Gegenstand sein könnte, haben die Liebenden schon ihre Gefühle für den Gegenstand an dem mitfühlenden Busen des Elephanten ausgehaucht!

Warum man die Vertrauten, Rendezvous=Garden, Brief=Uebermittler, Schildwacht=Posten der Liebe „Elephanten" nennt? Warum? Wahrscheinlich weil zu der Liebe selbst eine Engelsgeduld gehört, der Vertraute aber von Liebenden zu sein, dazu gehört eine Elephanten=Natur! Man muß eine solche Ausdauer und solche Geduld haben, wie ein Elephant, man muß so klug sein,

wie ein Elephant, man muß eine solche Alles riechende Nase
haben, wie ein Elephant, und man muß sich so zu allen
Kunststückchen abrichten lassen können, wie ein Elephant!

Früher hat man auf diese Elephanten auch, wie auf
den wirklichen, ganze Thürme bauen können; jetzt aber,
bei dem Raffinismus unserer Zeit, wo die Civilisation
ihre Moralgrundsätze bis auf die Elephanten ausdehnt,
würde es nicht rathsam sein, zu viel auf diese Elephanten zu bauen, denn man hat Beispiele von
Nachspielen, wo der Elephant die Vertrautschaft
nur als Vorspiel seiner eigenen Amourschaft spielte.
Ein „treuer Elephant" ist also das, was ein weißer
Elephant ist, den man in Siam als eine Gottheit verehrt!

„Wer einen treuen Elephanten errungen, mische seinen Jubel ein!"

„Ein treuer Elephant ist das halbe Glück der Liebe!
Gebt mir einen treuen und klugen Elephanten, und ich
erob're jedes mir bezeichnete Herz!"

Was sind alle Sinnbilder der Liebe gegen das eines
Elephanten. Venus mag nur ihre Tauben ausspannen, und
Amor seinen gezähmten Löwen pensioniren. „Ein Ele-
phant!" Voila la devise de l'amour!

Zum Glück liegt in jeder menschlichen Brust eine
Art Hinneigung zum Elephantenthum; man kann sagen,
jeder Mensch trägt in seinem Busen einen kleinen Elephanten,
der nach außen strebt, und gerne in Activität gesetzt wird.

Es gibt „bewußte Elephanten" und „unbe-
wußte Elephanten", das heißt solche, die es wissen,

daß sie Elephanten machen, und Andere, die es nicht ahnen, daß sie zu dieser Rolle auserkoren sind, das nennt man „ein Elephant malgré lui même" oder „die Tschapperl-Elephanten". So gibt es Elephanten mit und ohne Sattel, das heißt Elephanten, die gegenseitig wiederum sich selbst lieben, zum Beispiel der Elephant des Liebenden und die Elephantin der Geliebten lieben sich auch, und die zwei Paare machen abwechselnd die Liebenden und die Elephanten, das ist der reciproke Elephantismus, und rangirt wieder in eine andere Gattung.

Man sieht, daß die Lehre von den Elephanten sehr ausgezweigt und vielfach schattirt ist, und daß sie eine große, praktische und theoretische Gewandtheit und Erfahrung bedarf.

Wir werden die Lehre

„des gewandten Elephantismus"

als nothwendiges Supplement zu „Ovid's Kunst zu lieben" in einzelnen Bruchstücken mittheilen, und uns, so wie wir hoffen, ein wesentliches Verdienst um die liebende Menschheit erwerben.

Um aber dieses Werk so vollständig und so gemeinnützig zu machen, als möglich, werden wir auch Beiträge und Andeutungen, die uns von der Hand oder von dem Fuß achtbarer und erfahrener Elephanten und Elephantinnen zukommen, gerne annehmen und zum allgemeinen Besten benützen.

––––––

Woher kommt die Benennung „Elephant" für einen Vertrauten und Helfer in der Liebe, und warum heißt das Begünstigen und Rendezvous-Veranstalten der Liebe u. s. w. „einen Elephanten machen"?

Liebe ist Diebstahl, man stiehlt ein Herz, und auch bei diesem Diebstahl gibt's gewöhnlich einen „Stehler" und einen „Hehler", und auch da ist oft der Hehler ärger, als der Stehler.

Woher kommt die Bezeichnung „Elephant" für einen Vertrauten, Rendezvous-Verschaffer, Begleiter und Begünstiger zweier Liebenden?

Nicht in der Mythe, nicht in der Geschichte finden wir den Quell dieser Benennung, nur ein arabisches Mär-chen gibt uns davon Kunde.

Schach Nadir Pitzon liebte Sherezade, nicht jene der „tausend und eine Nacht", sondern eine dito eine. Sie liebte ihn wieder, denn er war ein Schach und die Schache wer-den stets geliebt, vom Volke in genere, und von den She-rezaden in specie. Allein man kann einen großen Schach lieben und nebenbei noch einen Andern lieben. Dieses ist ein Recht aller Sherezaden, sie mögen nun Sherezade oder Zenobia, oder Marie oder Katherl heißen. Unsere Sherezade liebte den Khulu Khan, Sohn Husseins, den meine Leser schwerlich persönlich gekannt haben, der aber gewiß werth war, neben einem Schach geliebt zu werden.

Wenn man einen Schach liebt, ist das „Auslieben"
mit einem Andern nicht so leicht, wie das „Austanzen"
mit einem Andern, wenn man auch auf einen ganzen Walzer
engagirt ist!

Jeder Liebende ist eifersüchtig, auch ein Schach, und
wenn ein Liebender in der Stadt Wien eifersüchtig ist, und
sich aus Verzweiflung und Rache in das Wasserglacis
stürzt, wo er auch untergeht, wenn er nicht gut schwimmt,
so ist diese Eifersucht ein wahrer Kindermeth gegen den
Schierlingstrank der Eifersucht bei einem Schach! Wenn
Schach Nadir Pitzon eifersüchtig war, so hatte er die Ge-
wohnheit, einen Mastixbaum anzuzünden und den Gegenstand seiner Rache an den Mastixbaum festzubinden. Es ist ein
Glück, daß im Wiener Prater die Mastixbäume so selten sind!

Ich weiß nicht, ob meine Leser je schon das Gefühl
empfunden haben, auf einem Mastixbaum zu einer „Car-
bonade à la Jalousie" angerichtet zu werden; allein nach
Allem, was man sich davon denken kann, muß es ein unan-
genehmes Gefühl sein!

Khulu Khan, Sohn Husseins, war auch kein Liebhaber von angezündeten Mastixbäumen, und also sehr vor-
sichtig, wenn er Sherezade besuchte, damit Seine Hoheit,
der Schach, nichts erfahre. Zu diesem Behufe hatte er einen
Vertrauten, dieser war Hormisdad geheißen und war Auf-
seher der Elephanten des Schachs.

Schach Nadir hatte mehrere Leidenschaften, und da
hatte er Recht; wenn wir, lieber Leser, Schache oder
Schäche wären, wir hätten auch mehrere Leidenschaften,

denn ich kenne Menschen, die keine Schache oder Schäche sind, und die auch mehrere Leidenschaften haben; wenn also Menschen, die nicht Schache oder Schäche sind, mehrere Leidenschaften haben, warum sollen wirkliche Schache oder Schäche nicht mehrere Leidenschaften haben?!

Also Schach Nadir hatte unter andern Leidenschaften zwei vorzügliche Leidenschaften: „Frauenzimmer" und „Elephanten". Wir, lieber Leser, unsrer Seits, wir können zwar leicht begreifen, wie man ein leidenschaftlicher Liebhaber von „Elephanten" sein kann, allein, wie man ein leidenschaftlicher Liebhaber von „Frauenzimmern" sein kann, das ist uns freilich unbegreiflich, und wir würden, wenn wir Schache oder Schäche wären, gewiß einer solchen, unserm Klima und unserm Finanzensystem so zuwiderlaufenden Leidenschaft nicht Raum geben! Allein, das ist ja eben der Unterschied zwischen uns lieben Lesern und einem Schach!

Also so unbegreiflich es ist, wir müssen's für wahr halten, er liebte nicht nur „Elephanten", sondern auch „Frauenzimmer"! Er hatte sie in seinem Harem eingeschlossen, nicht die Elephanten, aber die Frauenzimmer, und hatte mehrere Wächter zu beiden. Er vertrieb sich die Zeit bald im Harem bei Scherezade, und bald bei den Elephanten, unter denen er auch einen Favorit-Elephanten hatte, Babekan geheißen, Großzahn des Hauses Miß Baba et Compagnie.

Die Favorit-Sultanin und der Favorit-Elephant theilten sich in Schach Nadir's Zärtlichkeit.

15*

Obschon wir, lieber Leser, nie Elephanten gewesen sind, so können wir uns doch die beneidenswerthe Lage bieser Günstlinge denken! Er hatte Wärter, welche ihm mit Dattelpalmen Luft zuwehten, andere, die ihm Sesan und Safransaft verabreichten, andere, die ihm den Rüssel mit Sennesstauden und Galbanum umwickelten, und wieder andere, welche ihm vor dem Schlafengehen einige Nummern der Brockhaus'schen „Blätter für literarische Unterhaltung" vorlasen!

Nur jene Stunden, welche Schach Nadir bei Babekan zubrachte und hörte, wie man dem Elephanten die Brockhaus'schen „Blätter für literarische Unterhaltung" vorlas, worauf gewöhnlich der Elephant ein großes Gebrüll anfing, — so brückt sich nämlich das gutdeutsche „Gähnen" in der oberelephantlichen Sprache aus — dann sagte Schach Nadir:

„Kojor ferid Nadon Eddir bum bam!"

welches auf sächsisch so viel heißt, als: „Den Redacteur bieser Blätter möchte ich unter meinen Elephanten haben!" — Nur diese Zeit allein war die Schäferstunde Khulu Khan's mit Sherezade, und immer, wenn Schach Nadir den Günstling Babekan besuchte, schrieb Hormisdab an Khulu Khan:

„Heute ist Elephant! Die Liebe ruft!"

und während Schach Nadir sich an Babekans Gegenwart labte, erlustrirte sich Khulu Khan im Gulistan des Schachs an Sherezade's Seite.

Die Geschichte sagt nicht, mit was sich Khulu Khan und Sherezade die Zeit vertrieben, während der Schach

beim Elephanten war, und deshalb kann ich es meinen lie=
ben Lesern auch nicht wieder erzählen, was ich doch so gerne
gethan hätte, denn historische Wahrheit ist die erste
Pflicht eines Geschichtschreibers. Jedoch bleibt es uns, liebe
Leser, unbenommen, Muthmaßungen darüber anzustellen.
Ich, meinerseits, glaube ganz gewiß, daß Khulu Khan ihr
„Wenzel's Mann von Welt," oder „Dingler's
Polytechnisches Journal für Industrie, Mecha=
nik u. s. w." vorgelesen hat. Indessen, wenn der liebe Leser
andere und gegründetere Muthmaßungen über die Wesen=
heit ihrer beiderseitigen Unterhaltungen haben sollte, so bin
ich gern bereit, mich eines Bessern belehren zu lassen.

Für uns, in diesem Augenblicke, ist es hinreichend,
zu wissen, daß Sherezade und Khulu Khan nur dann zu=
sammen kamen, wenn Schach Nadir beim Elephanten war.
Man kann sich denken, welche inbrünstige Gebete für Babe=
lans langes Leben alle Tage von den Liebenden zu den Göt=
tern emporgeschickt wurden! Allein, „die Jahre der Men=
schen sind siebzig, und wenn's hoch kommt, achtzig!" Pa=
troklus mußte sterben, und Jerusalem ist zerstört worden,
und der „Telegraph" hat zu erscheinen aufgehört, und
ein „Elephant" sollte ewig leben?

An einem schönen Morgen, an welchem die ersten
Strahlen der Sonne vom Gebirg Ararat in den majestäti=
schen Tigris hinunterfloßen, und ihr langes Haar in dem=
selben badeten — („Schön gesagt! nicht wahr? Wenn auch
nicht geographisch richtig, allein doch poetisch! Ich bin ein
ganzer Kerl! Wer Anderer untersteht sich noch, das lange

Haar der Sonnenstrahlen von dem nördlichen Ararat
in dem östlichen Tigris baden zu lassen? Ich thu's! Omne
licet — !") — Also an einem schönen Morgen, dem ein
Abend folgen sollte, an dem der Schach und der Elephant und Khulu Khan mit Sherezade zusammen kommen
sollten, fand Hormisdad den Elephanten auf dem
Sterbebette! Hormisdad ließ Schach's Leib-Homöopa-
then kommen, und dieser verordnete dem hohen Kranken,
daß man einen kleinen Zwirnfaden auf einer Seite mit einem
kleinen Blättchen einer Sennesstaude magnetisire, diesen
Faden dann in einem hunderteimerigen Kübel von Krapp-
wasser wasche, und dann einen Tropfen dieses Wassers auf
ein glühendes Eisen gieße, ein kleines Mohnkorn über den
sich daraus entwickelnden Dampf halte, und dann den Elephanten an dieses Mohnkorn in einer Entfernung von zwei
englischen Meilen riechen lasse. Allein, mag es sein, daß die
Vorschrift nicht pünktlich befolgt wurde, oder daß das Mohnkorn zu groß war, das Mittel half nicht! Vergebens be-
mühte sich der Leib-Homöopath, dem Elephanten begreiflich
zu machen, dieses Mittel müsse helfen; der Elephant
that's nicht! Ich weiß nicht, ob meine lieben Leser schon
in der angenehmen Lage gewesen sind, einem Elephanten u. s. w. etwas durch Vernunftgründe beibringen zu müssen? Es ist nicht die leichteste Arbeit!

Lieber Leser, wenn Du es durchaus nicht auf Brot
brauchst, so lasse es Dir ja nicht einfallen, einem Elephanten u. s. w. etwas von Seite der Vernunft vorzustellen, es
ist eine undankbare Mühe! So war es auch mit unserm

Elephanten! Vergebens suchte der Leib=Homöopath ihm zu
beweisen, er müsse von diesem Mittel genesen, vergebens
zeigte er dem Elephanten die Stelle in Hahnemann's:
„Fragmenta de viribus medicamentorum positivis, sive
in sano corpore humano observatis,“
wo es bewiesen ist, daß die Krankheit so lange warten muß,
bis das Mittel hilft, bei Lebensstrafe; es nützte nichts!
Was fragt ein Elephant nach den Gesetzen eines „sano corpore humano?“ und noch dazu ein Elephant, welcher ein
Günstling ist, und noch dazu der Günstling eines
Schach's!

Vergebens sehnte sich der Elephant nach allopathischen
vier Zentnern Heu und zwei Zentnern Tragant, um sie
nach seinen Ansichten ab usu in morbis zu bearbeiten! In=
dessen, da wir, liebe Leser, nicht zum Consilium gerufen
worden sind, so ist es uns gleichgiltig, ob der Elephant mit
Hilfe der Allopathie oder mit Hilfe der Homöopathie seinen
Geist aufgab, uns ist es genug, daß er seinen Geist aufgab,
was man auch „sterben“ oder „hinwerden“ nennt, je
nachdem der Gegenstand des Gestorbenwerdens in seinen
Lebzeiten rangirte. Babekan lag kalt da, maustodt, so todt,
als das Kapital des Witzes bei rohen Menschen.

Wenn ein Elephant todt ist, was ist er? — rathe
lieber Leser!

Ein todter Elephant!

Bravo! der Geist macht ungeheure Fortschritte! also
aus einem Elephanten, welcher stirbt, wird ein todter Ele=
phant! Allein ein todter Elephant kann einen lebenden

Schach nicht unterhalten, und heute, grade heute, heute muß
der Elephant leben, denn Khulu Khan muß zu Sherezade,
um seine Vorlesungen fortzusetzen.

Verzweiflung herrschte allgemein! Hormisdab war
in Verzweiflung, Sherezade war in Verzweiflung und Khulu
Khan war in Verzweiflung! Blos der Elephant war der
einzige ruhige Mann bei dem ganzen Vorfall, und das blos,
weil er todt war. Der Tod ist ein wahres calmirendes Mittel bei Menschen, Völkern, Recensenten und Elephanten!

Khulu Khan war in Verzweiflung. Nicht wahr, lieber Leser, das gönnen wir ihm! wer so viel liebt, muß dann
und wann verzweifeln. Die Verzweiflung ist das Salz der
Liebe, es erhält sie.

In der Verzweiflung schrieb Khulu Khan an Hormisdab einen Brief voll Verzweiflung.

Die Liebenden schreiben nie besser, als wenn sie verzweifeln, und sie verzweifeln nie besser, als wenn sie
schreiben! Die Verzweiflung ist die allegorische Madame
Jaffé mit der amerikanischen Schreibmethode, sie lernt in
einer Minute schreiben!

Lieber Leser, waren Sie schon einmal in Verzweiflung
aus Liebe? Wie? Nur keine falsche Scham! Also Sie wissen, wie die Verzweiflung schreibt! Zum Verzweifeln! Ich
habe einmal in meiner Verzweiflung einen solchen langen
Brief an meine Geliebte geschrieben, daß ich während seiner
Verfassung ein ganzes Poulard, einen Erdäpfelsalat, und
eine kleine Flasche Champagner zu mir nehmen mußte, um
die Verzweiflung auszuhalten!

Also einen solchen Brief schrieb Khulu Khan an Hormisdad. Hormisdad war ein Freund in der Noth! er unternahm alles Mögliche, um das Rendezvous zwischen Khulu Khan und Sherezade an demselben Abend noch möglich zu machen. Er schrieb an Khulu Khan:

„Euch zu Liebe wage ich das Aeußerste! der Schach weiß noch nichts von dem Tode des Elephanten, er wird also heute Abend kommen, und ich werde an der Stelle Babekans den Elephanten machen! Dieses aus Freundschaft für Dich. Bon jour!"

Wie sich nun Hormisdad aus der Affaire zog, wie er es anstellte, als „Elephant" zu erscheinen und diese Rolle täuschend fortzuspielen, weiß ich nicht, es geht uns auch gar nichts an. Schach Nadir wurde glücklich getäuscht; man sagt, er war nicht der erste und nicht der letzte Schach, der getäuscht wurde, das sind politische Dinge, und gehen uns wieder nichts an. So viel ist gewiß, daß, so oft nun Sherezade mit Khulu Khan zusammen kommen wollte, schrieb sie an Hormisdad:

„Heute machen Sie den „Elephanten"!"
Und so oft Hormisdad „einen Elephanten" machte, so oft las Khulu Khan seiner Sherezade

„Wenzel's Mann von Welt"
vor.

Wie lange Hormisdad den Elephanten machte u. s. w., das gehört wieder nicht hieher. Es ist genug, zu wissen, daß von dieser Begebenheit her, jede Person, welche ein Liebesverhältniß begünstigt, bei den Zusammenkünften

Schildwacht steht, u. s. w. ein „Elephant" heißt, und ein paar Liebende zusammen bringen, „einen Elephanten machen" heißt.

Woher ich die Geschichte weiß, die fast Niemand weiß? das ist ein Redactions = Geheimniß. Da aber die lieben Leser Alles wissen müssen, so gestehe ich, daß eine meiner Pränumerantinnen auf den „Humoristen", deren ich in Persien, namentlich aber unter den „Seldschuken" und „Ghaznawiden" eine schwere Menge habe, mir sie neulich mitgetheilt hat.

Hieraus ersieht der Leser, wie weitverbreitet mein Journal ist, und kann nicht umhin, auch zu pränumeriren! denn er wird doch nicht weniger gebildet sein wollen, als ein „Seldschuk" und ein „Ghaznawid"!

Wie muß ein „Elephant" beschaffen sein, und welche Geistes= und Gemüths=Eigenschaften muß ein „Elephant comme il faut" besitzen?

Eine gute Wahl bei den „Elephanten" ist die halbe Parthie der Liebe vor!

Aber wie soll man seinen Elephanten wählen? Viel Elephanten sind berufen, wenige sind auserwählt!

Das weibliche Geschlecht im Allgemeinen neigt sich entschieden zum Elephantismus hin! Fast jedes Frauenzimmer, welches so viele Sommer = Sprossen auf der Jahres = Leiter des Lebens erstiegen hat, als nöthig sind,

um lieb=bar und heiraths=bar zu sein, ist im Durchschnitt
ein Amphibion, halb Liebende, halb Elephant. Ein
jedes Frauenzimmer hat etwas zu vertrauen und läßt
sich etwas vertrauen. Sie führen diese doppelte Buch=
halterei bis zu ihrem ältesten und allgemeinen jüngsten Tag
fort. Man kann versichert sein, bei jedem Frauenzimmer
einen willigen Elephanten zu finden, wenn anders der
Liebende ihr selbst nicht gar zu sehr gefällt, oder wenn
anders die Liebende nicht gar zu schön im Verhältniß zu
ihr selbst, oder wenn wiederum anders die Liebende nicht
etwa die Aufmerksamkeit ihres eigenen Anbeters auf
sich zieht.

Die Frauenzimmer gönnen sich gegenseitig Alles,
mit Ausnahme von schönen Kleidern, schönen Juwelen,
schönen Equipagen, schönen Sommergärten, schönen
Männern und schönen Kindern.

Die erste Liebe ist fast immer eine unglückliche,
die erste Elephantie nicht minder: Wer zum ersten
Male einen Elephanten macht, dem spielt das Schicksal
oft grausam mit, und nicht selten ist eine schlecht ange=
wandte Elephantie Ursache an dem tragischen Ausgang der
Liebe! Erfahrung ist die Mutter der Weisheit und die
Großmutter des gediegenen Elephantismus! Elephanten,
die noch kein Pulver gerochen haben, sind nicht sehr zu
empfehlen. Zu einem „Elephanten comme il faut"
ist durchaus nicht weniger nöthig, als ungefähr Folgendes:

1) Der Elephant muß schon in sechs eigenen
Liebeshändeln gefochten haben.

2) Der Elephant muß eine wachsame Mutter, zwei lauernde Brüder, vier Alles beschnüffelnde Tanten, sechs Alles aufschnappende Nachbarinnen und fünf kläffende Pintscher zu hintergehen und zum Schweigen zu bringen wissen.

3) Der Elephant muß ein Billet=doux in Gegenwart von einem Bräutigam und von zehn naseweisen Quadrilltänzern an seine Adresse bringen, ohne daß Jemand etwas bemerkt.

4) Der Elephant muß ein Roßgedächtniß haben, um all den Unsinn und all den heiligen Wahnsinn zu merken und wiederzugeben, den sich die beiden Gegenstände gegenseitig mittheilen lassen.

5) Der Elephant muß so klug sein, um genug dumm zu scheinen, daß er die läppischen Streitigkeiten und Schmollgeschichten alle für so wichtig hielte, als ob es sich um eine Abdications=Acte eines Kaiserthrons oder um die Angelegenheit des Orients handelte.

6) Der Elephant muß eine Viehnatur im Zufußgehen haben, denn man hat keine Idee, was man mit Liebenden auf und ab, und waldaus und waldein, und straßauf und straßab, und fensterhin und fensterher rennen muß!!

7) Ein Elephant muß auf Hunger und Durst verzichten, auf alle Aussicht, zu einer geregelten Zeit zu essen, er muß immer Schiffszwieback mit sich führen, um bei gelegener Zeit seinen Hunger zu stillen.

8) Ein Elephant muß wasserdicht sein, Regengüsse und Thränengüsse müssen an seiner Wachsleinwand=Natur, ohne zu schaden, vorübergehen.

9) Ein Elephant muß zu jeder Zeit schlafen können, und von dieser Kunst alsogleich Gebrauch machen, wenn die Liebenden beisammen sind. Ein Elephant muß also wachsam und schlaffam sein!

10) Ein Elephant darf kein Nachtwandler sein, denn da der Mondschein eine große Rolle bei den Liebenden spielt, so wäre es traurig, wenn bei einem Rendezvous im Mondschein der Elephant plötzlich anfinge, auf die Wand hinauf zu klettern, obwohl ein Liebhaber in der Hand besser ist, als ein Elephant auf dem Dach!

11) Ein Elephant muß noch immer in den Jahren sein, in denen er hoffen kann, der Gegenstand, dem er einen Elephanten macht, kann ihm bei Gelegenheit einen Gegen= Elephanten machen.

12) Ein Elephant darf weder blind noch kurzsichtig sein, muß sehr gut hören und sogar ein Witter= Gefühl haben, kurz, er muß etwas von der Natur des Vorsteh= und Spürhundes haben, und einen nahenden Verrath schon von hundert Schritt weit wittern.

Wer einen solchen Elephanten gefunden, ist ein Glück= lichliebender!

Wenn ein Mann einen weiblichen Elephanten hat, dann darf er ein Bißchen stark auftragen, sein Elephant verzeiht das! Er darf zum Beispiel im Uebermaße seiner Empfindung die Elephantin an sein Herz drücken und ausrufen: „Ach, meine Theure!“ Die Elephantin weiß dann, daß er eigentlich seinen Gegenstand ans Herz drückt, und sie nur eigentlich als Modell ans Herz gedrückt wird.

Solche Irrungen der Phantasie wissen erfahrene Elephantinnen mit Duldung zu ertragen.

Wenn ein Frauenzimmer einen männlichen Elephanten hat, so darf der Elephant gewöhnlich darauf rechnen,
daß sie im Enthusiasmus der Liebe, wenn sie von dem Geliebten zum Elephanten spricht, diesem die Hand drückt, das
Haupt auf seine Schultern lehnt, und mitunter einen Blick
auf den Elephanten ruhen läßt, der von Rechtswegen aus-
schließliches Eigenthum des Geliebten ist. So ein
Blick, den man auf Jemandem ruhen läßt, ruht gewöhnlich nicht, und der Elephant ist in solchen Fällen nicht
verpflichtet, dem Geliebten von diesem in Ruhestand ver-
setzten Blick etwas wieder zu sagen.

Ueberhaupt, was an Vergeßlichkeiten, kleinen Irrungen, an Händedrücken, Blicken, mitunter auch an gegensei-
tigen Brustbeklemmungen u. s. w. für die Elephanten
nebenbei abfällt, sind Accidenzien, und gehören in der Liebe
und in dem Elephantismus zu den nicht befugten, aber
tolerirten Unerlaubtheiten. Tolerirt heißt in dem Ele-
phanten-Codex: „Etwas zugeben, was man nicht
weiß, und was man nicht ändern kann!"

———————

Die spanische Wand.

Der „Elephant", meine holden Leserinnen, ist aber
nicht das einzige Exemplar in der Raritäten-Kammer der
Liebe und der Galanterie. Der „Elephant" ist an und

für sich ein harmloses Thier, er ist ein honnetes Thier, ein lieb= und ehrsames Thier. Wer in seinem Leben hat nicht schon einmal einen „Elephanten" gemacht, das heißt, welches Herz hat nicht schon die Liebe Anderer begünstigt, das Abenteuer eines Freundes, die Absichten einer Freundin befördert? Wer, der nur einigermaßen in der Gesellschaft lebt, hat nicht schon hie und da einen Bruder beschäftigt, um seiner Schwester Gelegenheit zu geben, ihren Geliebten zu sehen? Welches empfindsame Herz hat nicht schon einer Mutter ein Bischen den Hof gemacht, damit sie ihr Töch= terlein nicht so genau beobachte, wenn dieser Freund ihr seine Seufzer mündlich commentirt?

Kurz, Keiner von uns schämt sich, ein „Elephant" gewesen zu sein, noch zu sein, oder bei vorkommender Gele= genheit ein „Elephant" zu werden.

Ein „Elephant" muß Geist haben, muß liebens= würdig genug sein, um im Nothfall auch ein holdes Frauenzimmer so zu beschäftigen, daß sie Auge und Ohr nur für ihn und nicht für ihre Schwester, Freundin, Cou= sine oder sonstige Begleiterinnen habe; ein „Elephant" muß schlau sein, verschlagen, muß vor Allem: „présence d'esprit" haben, um bei allen Kreuz= und Querstrichen des Schicksals und des boshaft=witzigen Zufalls gleich bereit zu sein, diesem Schicksal ein Paroli zu bringen, und den Zufall mit einem Einfall außer Concept bringen. Kurz, ein „Elephant" erfordert diplomatischen Geist! Ein guter Elephant" ist die halbe Liebschaft! Gebt mir einen tüch= tigen Elephanten, und ich erobere das unüberwindlichste

Herz=Comorn; gebt mir einen klaſſiſchen Elephanten, und
ich nehme es mit acht Brüdern, mit neun Gouvernanten,
mit zehn Couſinen und mit einem Duzend Freundinnen auf,
wenn ſie auch mit Argus=Augen und mit Briareus=Armen
den Gegenſtand meiner Wünſche überwachen!

> Wem der große Wurf gelungen,
> Eines Freundes Freund zu ſein,
> Treuen Elephant errungen,
> Miſche ſeinen Jubel ein!

Aber es paſſirt oft im Leben, daß der „Elephant"
ſeinen Rüſſel zu tief in unſere Angelegenheit miſcht, ſeinen
Zahn auf unſern Gegenſtand ſelbſt richtet, und aus einem
Elephanten ein Fuchs wird! Das iſt das Gräßlichſte,
was in der Praxis vorkommen kann!

> Wohlthätig iſt der Elephant,
> Wenn der Freund bewährt ihn fand,
> Denn jedes ſüße Rendezvous
> Genießt man nur durch ihn in Ruh'!
> Doch furchtbar wird der Elephant,
> Wenn er agirt für eig'ne Hand!
> Wehe, wenn er losgelaſſen,
> Liebe ſelbſt im Buſen fand,
> Und wenn wir ihn allein gelaſſen,
> Nur für ſich ſelbſten ſchürt den Brand,
> Denn die Elephanten praſſen
> Oft gar zu gerne Zuckerland! —

Aber ganz anders iſt's mit der „ſpaniſchen Wand"!
Einen Elephanten macht man mit Bewußtſein, aus freiem
Willen, aus Güte, aus Freundſchaft, aus Privatvergnü=
gen; man ſpielt keine traurige, keine lächerliche Rolle dabei!

Aber eine „spanische Wand" machen, das ist albern, das ist lächerlich!

Und Sie wissen vielleicht noch nicht, was eine „spanische Wand" in dem Fremdwörterbuch der Liebe und Galanterie bedeutet?

Sie haben noch keine „spanische Wand" gemacht, keine „spanische Wand" gebraucht? Preisen Sie sich glücklich, und möge Sie Gott Amor und Gott Hymen, diese zwei Schildwachen, die sich immer nur ablösen, aber nie zusammen ihren Herzensposten beziehen — mögen Sie diese beiden Götter dafür bewahren, je eine „spanische Wand" zu werden!

Sehen Sie hier eine junge, hübsche Frau, ihr Mann hat einen Freund, dieser Freund ist Hausfreund in der ausgedehntesten Bedeutung dieses Wortes! Er liebt Alles, was sein Freund liebt, er möchte nichts, als das, was sein Freund möchte; er ist sein Haus-Freund, Tisch-Freund, Spiel-Freund, Spazier-Freund u. s. w., kurz, er ist der Schatten des Mannes, und dieser Schatten fällt in schwarzen Umrissen auf die Frau, und dies Schattenspiel braucht Dunkelheit, und man möchte gerne die Blicke und die Nachforschungen des Mannes ablenken, dann, dann, ja dann schafft man sich eine „spanische Wand" an, das heißt, die Frau thut, als ob dieser oder jener Mann sie interessire. Der Freund macht den Mann aufmerksam, daß Dieser oder Jener seiner Frau nicht gleichgiltig zu sein scheint. Der Mann richtet nun seine ganze Aufmerksamkeit auf Diesen oder Jenen, er bittet den Freund, seine Frau und Diesen oder

Jenen zu beobachten. Dieser Dieser oder jener Jener wird nun mit kleinen Agacerien bei der Nase herumgeführt, er glaubt der Begünstigte zu sein, allein er ist nur die — „spanische Wand", hinter welcher das Schattenspiel desto unbemerkter vor sich gehen kann.

Alle Wände haben Ohren, nur eine solche „spanische Wand" hat keine Ohren; sie sieht, sie hört nicht, was hinter ihr geschieht, sie ist nur mit sich beschäftigt!

Eine solche „spanische Wand" ist ein tragi-komisches Wesen! Diese „spanische Wand" seufzt, damit ein Anderer nicht seufze, sie träumt, damit ein Anderer ihre Träume auslege, sie hofft, und ein Anderer frißt ihre Hoffnungen realisirt auf! Diese „spanische Wand" zittert, damit ein Anderer fest auftrete, und eine solche „spanische Wand" bekommt oft noch ein Duell, damit der Andere auf dem Platze bleibe!

Furchtbar muß die Empfindung sein, wenn so eine „spanische Wand" erwacht und einsieht, daß sie nichts war, als eine — „spanische Wand"! Es muß ein demüthigendes, niederschmetterndes Gefühl sein, da, wo man geschmachtet, geseufzt, gehofft und verzweifelt hat, nichts als eine „spanische Wand" gewesen zu sein! Und wenn man vielleicht gar Gedichte gemacht hat an einen Gegenstand, Elegien, Sonette, Canzonen u. s. w., oder man ist ein Sänger, Musiker, und hat Nächte lang unter ihrem Fenster gespielt, gesungen, und weiß immer, daß man nichts war, als eine — „spanische Wand"! Horribile dictu!

Und wer weiß, meine holden Leserinnen, wer von uns beim Lesen dieser Zeilen lächelt und — und —

„Man kann lächeln, und lächeln, und immer lächeln, und doch eine „spanische Wand" sein!"

Wer weiß, wie viele lebende Seufzerbälge unter uns herumwandeln, träumend, sehnend, hoffend, dichtend, die Brust gefüllt mit süßen Erwartungen, und sie sind im Grunde nichts, als — „spanische Wände"!

In allen Gattungen der Liebe und der Galanterie gibt's „spanische Wände"! Kein Rang, kein Stand schützt davor, es gibt nur Eines, was uns sichert, keine „spanische Wand" zu sein, und das ist — die Häßlichkeit! Probatum est! Kein Ehemann, kein Geliebter, keine Ehefrau und keine Geliebte wird auf den Gedanken kommen, den Argwohn des Eifersüchtigen von dem wahren Gegenstand dadurch abzulenken, ihn glauben zu machen, daß ein häßlicher Gegenstand der Begünstigte sein könnte!

Es lebe die Häßlichkeit! Sie bewahrt uns vor der Schmach, eine — „spanische Wand" zu sein.

———————

Die alten Zeiger.

Des Menschen Geist und Kraft wird täglich reicher,
Die Wissenschaft hat keine Gränzen mehr,
Und zinsbar macht er seinem großen Speicher
Die Luft, das Feuer, die Erde und das Meer.
In electrischen Funken, Raumdurchstreicher,
Schickt er Gedanken in den Weltverkehr;
Vom Dampf begehrt er Weg durch Fels und Wildniß,
Und von dem Lichtstrahl fordert er sein Bildniß.

Ergründet hat er die geheimsten Kräfte,
Zur Rechenschaft gezogen die Natur,
Belauscht hat er der Pflanzen Urgeschäfte,
Dem Licht folgt er auf seiner Strahlenspur;
Er weiß, wie Blatt und Blüte mischt die Säfte,
Und wann am Himmel aufgeht der Arctur,
Erkannt hat er der Sterne Gang und Säumniß,
Jedoch sein eigen Herz bleibt ihm Geheimniß.

Des Baches Fluth belebt er mit Undine,
Den Hain bevölkert er mit Elf' und Fee,
Die holde Sage schenkt er der Ruine,
Orakel knüpft er an das Blatt vom Klee,
Aus Wirklichkeit und Dichtung, wie die Biene,
Saugt schwärmend er des Wissens Panacee;
Jedoch sein Trunk aus jeder Wissensquelle
Wird Honig nicht in seiner Herzenszelle.

Des Menschen Wissen treibt ihn zur Verneinung,
Zum Zweifel, der nimmermehr im Busen ruht,
Erkenntniß wird zum heißen Kampf der Meinung,
Ein Schwert und ein sich selbst verwundend Gut,

Für Stoff und Wesen gilt ihm die Erscheinung,
Phantome haben für ihn Fleisch und Blut,
Sein Grübeln soll des Glaubens Lichtstrahl spalten,
Und spaltet nur in ihm sein eig'nes Walten.

Dann sagt der Mensch: „Die Zeit ist abgelaufen,
Die Stunden-Uhr zeigt nicht mit Sicherheit,
Verschüttet unter neuen Stundenhaufen
Ist jetzt das Zifferblatt der alten Zeit,
Auf! laßt uns neue Uhrenschlüssel kaufen,
Wie es das neue Räderwerk gebeut!
Laßt neue Glocken auf die Thürme tragen,
Die neuen Stunden mächtig anzuschlagen!"

Jedoch soll eine Glocke wahr verkünden,
Die wahre Zeit auch zu der rechten Stund',
Muß unbewegt von Euch sie sich befinden,
Vom innern Rädergang gelöst ihr Mund,
Geschwungen nicht von Sturm und Wirbelwinden,
Und nicht vom Strang gezerrt geb' sie sich kund,
Nicht Zeit und Stund' die Glocke niederzittert,
Wird von dem Erdbeben sie allein erschüttert.

D'rum schaut empor zum Himmelsdom, dem blauen,
Dort hängt die Pendeluhr der wahren Zeit,
Lazurnblau ist das Zifferblatt zu schauen,
Als Ziffer steh'n die Stern' in Herrlichkeit,
Der Schlüssel dieser Sternuhr heißt „Vertrauen",
Und ihre Feder heißt „die Ewigkeit",
Und um dies Zifferblatt wie Lichtesreiger
Geh'n Sonn' und Mond, die gold'nen — alten Zeiger!!

Und diese Uhr, zu hoch für Menschenzwerge,
Sie wird vom Erdenstaub verdorben nicht,
Sie spannt ihr blau Gehäus aus über Berge,
An Strahlen hängt herab ihr Uhrgewicht;

Einst sprengt ihr Schlag Marmor=Grab und Särge,
Zur Stunde, die da rufet in's Gericht,
Beleuchtet nächtlich wird die Uhr im Dunkeln,
An der die alten Zeiger trostreich funkeln.

Der Zeiger „Mond" macht um die Uhr die Runde,
Zum Sternbild „Jungfrau" rücket er heran,
Und zeigt des Herzens erste schönste Stunde,
Die Himmelsstunde „Liebe" zeigt er an;
Herunter von der saphirenen Rotunde
Ertönt ein süßes Sphärenlied sodann,
Und wie aus einer Spieluhr, zart und leise,
Herniedertönt das Lied von Liebesweise:

> „Eins" ist die Liebe,
> Gegenlieb' „Zwei",
> Auf daß sie stets bliebe,
> Kommt auch die „Treu'",
> Dann waren's der Triebe
> Zusammen schon „drei",
> Doch lang' nicht regierte
> Das Kleeblatt allein,
> Es stellte als „Vierte"
> Sich „Eifersucht" ein.
> Die Drei dann hatten
> Den Frieden mehr nicht,
> Denn Liebe sucht Schatten
> Und Eifersucht Licht;
> Die Lieb' spielt Verstecken,
> Die Eifersucht jagt,
> Die Lieb' ist voll Schrecken,
> Die Eifersucht wagt;
> Die Liebe liebt Necken,
> Die Eifersucht nagt!

Die Liebe lebt eben
Vom Zwiespalte fast,
Das Schönste im Leben
Wird nur durch Contrast:
Die Wolke weint, die Sonne lacht,
Und Regenbogen ist gemacht;
Das Herze lacht, das Auge weint,
Und Freudenthrän' erscheint;
Die Unschuld spricht, die Lippe schweigt,
Und das Erröthen wird erzeugt;
Ein Feuerstrahl, ein Wasserstrahl,
Und Demant wird so wie Opal!
Was ist der Liebe Paradies?
Ein Bischen Bitter, ein Bischen Süß,
Ein Bischen Lust, ein Bischen Leid,
Ein Bischen Fried', ein Bischen Streit,
Ein Bischen bejaht, ein Bischen verneint,
Ein Bischen gelacht, ein Bischen geweint,
Ein Bischen Hitz', ein Bischen Frost,
Ein Bischen Wermuth, ein Bischen Most,
Ein Bischen Zank, ein Bischen Ruh',
Ein Bischen Sie, ein Bischen Du,
Ein Bischen Jen's, ein Bischen Dies,
Ein Bischen Bitter, ein Bischen Süß,
Das ist der Liebe Paradies! —

Und an der Uhr vom Sternenchor
Rückt schnell des Mondes Zeiger vor,
Am Sternbild „Zwilling" zeiget er auf „Zwei",
Die Stund' der Freundschaft kommt herbei.
Was ist der Mensch, der einsam ist,
Der Auster gleich, nach Sturmes Frist,
Die an dem Strand die Fluth vergißt?

Was ist die Blum', die einsam nickt,
Wenn Menschenhand sie niemals pflückt?
Was ist die Lerch', die einsam singt,
Wenn Menschenohr ihr Lied nicht trinkt?
Was ist die Thrän', die sich nur fließt,
Die nicht ein Menschenleid versüßt?
Was ist der Stern, der einsam zieht,
Wenn Menschenaug' nicht zu ihm sieht?
Was ist des Demants Glanz und Pracht,
Wenn er bei Menschenfest' nicht zu uns lacht?
Ein einsam Herz in Lust und Schmerz,
Ist immer nur ein halbes Herz;
Zwei Herzen nur in Leid und Scherz,
Die bilden erst ein ganzes Herz! —

Und wenn der gold'ne Zeiger ungehemmt
An's Sternbild „der Schütze" kömmt,
Die Stund' des Krieg's geschlagen hat;
Und „Mars" mit gold'nem Degenblatt,
Als Feldherr, tritt aus blauem Zelt,
Und ruft die Krieger in das Feld!
Denn auch der Krieg, zur rechten Zeit und Frist,
Ein Himmelszeichen dorten oben ist.
Nicht auf des Silbers weißem Strahl
Zog Geist und Wissen über Berg und Thal,
Auch Gold nicht trug von Pol zu Pol
Des Glaubens heiliges Symbol.
Das Eisen nur, so g'ring gestellt,
Ist Gut und Blut und Mark der Welt.
Das Eisen nur, der schlichte Mann,
Ist alles Segens erster Ahn,
Das Eisen nur, das Gold begehrt
Vom Gnom, gekocht am finst'ren Herd,

Nur Eisen, durch Magnet bewährt,
Dem Blitzstrahl seine Wege lehrt.
Das Eisen öffnet nur das Herz der Erd',
Das für ein Körnlein dankbar zehn beschert,
Das Eisen prüft des Mannes Werth —
Das Eisen d'rum sei hoch verehrt,
In Fried' und Krieg als Pflug und Schwert!

Der Krieg ist der Sitz
Der keimenden Saat,
Der Krieg ist der Blitz,
Der Krieg ist die That.
Wie süß ist die Lust,
Wenn Brust an Brust,
Und d'rauf und d'ran,
Und Mann an Mann,
Und Muth an Muth,
Und Blut an Blut,
Und Schwert an Schwert
Die Kraft bewährt!

Dann, wenn der Sturm hat ausgewittert,
Des Krieges Donner nicht mehr kracht,
Vom Trommelschlag die Luft nicht zittert,
Der Dampf sich hebt vom Feld der Schlacht,
Wenn aus der Wolke, strahlvergittert,
Die Friedenssonne wieder lacht,
Wenn das Unrecht liegt zersplittert,
Und wenn gesiegt das Recht mit Macht,
Der Hader, der die Zeit verbittert,
Durch Sieg zur Eintracht wird gebracht,
Wenn ausgekämpft der blut'ge Kriegerstrauß
Für Vaterland und Recht, Altar und Haus,
Dann, wenn das Schwert, der durst'ge Zecher,
Hat ausgeleert den rothen Becher,

Soll man den Becher credenzen,
Und den Soldat, der ihn geleert,
Dann soll man ihm bekränzen
Den Helm, den Schild und das Schwert!

Dann ist der Kranz zu reichen
Dem, der verspritzt sein Blut,
Der für uns über Leichen
Geschritten ist mit Muth.
Aus Lorbeer schlingt, aus Eichen
Den Kranz um seinen Hut,
Den Kranz, der ohne Gleichen,
Den Kranz, dem alle weichen,
Den Kranz als Sondergut,
Den Kranz, den tausend Jahre
Für Helden man gepflückt,
Den Kranz, der die Cäsare
Von jeher hat entzückt,
Den Kranz, mit dem die Bahre
Des Helden man noch schmückt,
Den Kranz der alten Götter,
Den Kranz der Lorbeerblätter! —

Der Zeiger „Mond" in stiller Ferne
Kommt nun zum Sternenbild, die „Leier",
Die schöne Stunde zeigt sie an,
In welcher auf der Erde hie
Das Menschenherz ist aufgethan
Dem Götterklang der „Poesie"!

Die „Leier" ihre Saite spannt
Vom Himmel über Meer und Land,
Der Leier Griff gediegen Gold,
Die Saiten sind aus Licht gerollt,
Der Himmel ist das Notenblatt,
Ein jeder Stern sein Kreuzchen hat.

Und Engel gehen still herum,
Und wenden still die Blätter um,
Und von der „Leier“ niederklingt
In lieblichsüßer Melodie
Was uns für Sträußchen bringt
Das Blumenmädchen „Poesie“:

„Ein Blümchen von der Halde,
Das sich allein nur blüht,
Ein Zweig aus dunklem Walde,
Durch den ein Rauschen zieht.
Ein Tropfen aus der Quelle,
Aus der die Thräne fließt,
Ein Ton aus der Kapelle,
Wo Andacht sich ergießt.
Ein Klang der Philomele
Aus grünem Blätterbach,
Ein Hauch der Mädchenseele
Beim ersten Liebesach!
Die Inbrunst von dem Flehen
Der Mutter für das Kind,
Die Thräne, ungesehen,
Die in den Sand verrinnt.
Das Licht der Frühlingstage,
Den Traum der Sommernacht,
Die Antwort auf die Frage:
„Wozu das Herz gemacht?“
Das Alles dann in Tönen,
Gemischt zur Harmonie,
Das Leben zu verschönen
In tönender Magie,
Und tröstend zu versöhnen
Das Dorten und das Hie,
Des Herzens Wann und Wie! —
Das ist das Sträußchen „Poesie“! —

Und wenn die Leier ruht und schweigt,
Der „Mond" ein and'res Sternbild zeigt,
Den „Becher" oben, goldenblank,
Gefüllt mit klarem Aethertrank.
Der „Becher" zeigt den „Frohsinn" an,
Ruft herab dem Menschen dann:
Zur „frohen Stunde" stoßet an!
So lang' hier dieser „Becher" kreist,
Ist er für Euch gefüllt mit Lebensgeist,
So lange dieser „Becher" nicht versank,
So lang' schenkt Gott Euch ein den Gnadentrank! —
Und nach dem „Becher", lichtgefüllt,
Zeigt Euch der „Mond" ein and'res Bild,
Er zeigt das Sternenbild: „den Schwan",
Die letzte Stunde zeigt er an,
Es tönt hernieder Schwanensang,
Aus Lebensfluth ein Todesklang.
Er singt herab von seiner Höh':
Der schönen Erde sagt: Ade!
Der Geist streift ab sein Lichtgefieder,
Das er dem Staube läßt als Staubtribut,
Als „Schwan" schifft er zu seiner Heimat wieder,
Zum klaren See der ew'gen Himmelsfluth,
Und seinen Schwanensang singt er hernieder,
Zum Staub, wo seine weiße Hülle ruht,
Die Erde hört des Todes Mahnungslieder
Und schaut zur Sternenuhr dann wehgemuth,
Und auf Unsterblichkeit sieht er mit Schweigen
Die alten Zeiger: „Mond" und „Sonne" zeigen!

Freipassirende humoristische Lamm-Gedanken und Schaf-Aphorismen,
in diätetischen Portionen.

1.

Sprachkenntniß und Menschenkenntniß.

Sprachkenntniß und Menschenkenntniß sind die zwei Post-pferde durch das Leben, sowohl für Lustfahrer, als für Ge-schäftsreisende.

Sprachen und Menschen haben viel Aehnliches. Die todten Sprachen und die todten Menschen werden höher geschätzt, als die lebenden Sprachen und die lebenden Men-schen; und von den Sprachen wie von den Menschen ist es vollkommen wahr: „Wem die Todten gleichgiltig werden, dem werden es am Ende die Lebendigen auch!"

Der Mensch lernt oft fremde Sprachen mit Eifer kennen, und seine eigene nicht; der Mensch studirt auch oft fremde Menschen mit Eifer, doch seinen innern, eigenen Menschen sucht er selten oder nie kennen zu lernen! —

Je mehr Sprachen man kennen lernt, desto mehr Lust bekommt man, noch mehr Sprachen kennen zu lernen; je mehr Menschen aber man kennen lernt, desto weniger Lust bekommt man, noch mehr Menschen kennen zu lernen.

Gott hat dem Menschen die Sprache gegeben, damit er schweige; Gott hat dem Menschen das Schweigen gegeben, daß er damit rede!

Wie zur Sprachenkenntniß eine Sprachlehre, so braucht man zur Menschenkenntniß eine Menschenlehre, eine Menschen=Grammatik. Die Menschen=Grammatik besteht, wie jede andere Grammatik, in zwei Hälften. Zuerst kommen die Männer, die liefern die trockenen Regeln, wie die Menschheit construirt sein müßte oder sollte, aber sie liefern kein Beispiel dazu; dann kommen die Frauen als zweite, praktische Hälfte der Grammatik, sie liefern die auserlesensten Beispiele und Muster der Menschheit.

Es gibt Haupt= und Neben=Sprachen, so gibt es auch Haupt= und Neben=Menschen. Die Haupt=Menschen haben wie die Haupt=Sprachen ihre eigene Entstehung, sie verdanken Alles sich selbst, entstehen aus sich selbst; die Neben=Menschen verdanken wie die Neben=Sprachen ihre Existenz blos Andern, sie leiten ihre Wesenheit von fremden Menschen ab. Man könnte jene auch Ur=Menschen, diese abgeleitete Menschen nennen.

Wer den Zusammenhang der Menschen und ihre Kunde ergründen will, muß, wie bei der Ergründung der Sprachkunde, dieses durch die Vocale, durch die für sich und allein klingenden Selbstlaute der Menschheit thun, und nicht durch die Menschen=Consonanten oder Mitlauter, die für sich allein weder kurz noch lang, weder scharf noch schwer klingen, und blos durch andere Menschen be= und ge=stimmt werden.

Wie unterscheiden sich die Männer von den Frauen in der Sprache?

Die Männer, wenn sie sprechen, sind sie wie Rei= sende, die blos ankommen, aber nicht reisen wollen; sie haben das Ziel der Reise im Auge, nicht den Weg, sie geben daher auf den Weg nicht Acht. Die Frauen hin= gegen, wenn sie sprechen, sind wie Reisende, die blos rei= sen und nie ankommen wollen, das Ziel ist ihnen gleich= giltig, der Weg: das Sprechen ist der Zweck; sie ver= längern gerne den Weg, machen Umwege, sind beständig auf der Reise und nie am Ende der Fahrt!

Wenn ich einen Mann reden höre, so will ich es ihm sogleich abhören, ob er ledig oder verheirathet ist. Ein lediger Mann spricht in einem Zuge fort, er sieht sich während der Rede nicht um. Wenn ein verheiratheter Mann lange spricht, so sieht sich jeder Satz verwundert und ängstlich um, ob ihm die Frau noch nicht in die Rede gefallen ist.

Der Mann betrachtet die Conversation wie einen Frachtwagen, er beladet sie so sehr mit schweren Din= gen, daß sie sich nur langsam fortbewegt. Die Frauen be= trachten die Conversation wie einen Luftballon, je weni= ger Gewicht sie mitnehmen, desto leichter geht's in die Höhe. Je höher sie sich verfliegen, desto mehr Ballast werfen sie aus!

2.

Dichter=Natur und Natur=Dichter.

Was heißt ein Natur=Mensch? Gibt es einen Menschen ohne Natur? Einen Unnatur=Menschen? Leider ja!

Aber was heißt ein Natur=Dichter? Kann es einen Dichter ohne Natur geben? Die Natur kann sehr wohl ohne Dichter bestehen, aber kein Dichter ohne Natur!

Die Naturgeschichte der Natur=Dichter ist ganz einfach: weil sie in der Jugend nichts gelernt haben, und also natürlich im Alter nichts wissen, so werden sie wiederum natürlich Natur=Dichter!

Zu unsern Natur=Dichtern gehört eine gesunde Natur!

Ein Natur=Dichter ist eine auf den Kopf gefallene Dichter=Natur!

Eine Dichter=Natur schöpft ihre Dichtungen aus der Natur, ein Natur=Dichter schöpft seine Natur aus Dichtungen! Eine Dichter=Natur ist ein Wesen, wo die Natur hinter dem Dichter bleibt, ein Natur=Dichter ist ein Wesen, wo der Dichter hinter der Natur bleibt.

———

Blumentod.

Dem Orientalischen nachgebildet.

Wer da will mit Klang der Saiten
    Rühren vieler Menschen Herz,
Singe nicht von Fröhlichkeiten,
    Singe nur von Leid und Schmerz!
Denn es gibt gar viele Herzen,
    Die mit Freude unbekannt,
Keines gibt es, das nicht Schmerzen,
    Das nicht Leiden schon empfand!
Singet man von Freudenthränen,
    Wird uns Mancher nicht versteh'n,
Singet man von Schmerzensthränen,
    Die hat Jedermann geseh'n!
Glück und Lust sind blos nur Gäste
    An dem langen Lebensmahl,
Rothe Tage, die als Feste
    Im Kalender steh'n zumal;
Leid und Schmerz sind Tischgenossen,
    Finden täglich sich da ein,
Thränen, die dem Schmerz geflossen,
    Wässern stets den Lebenswein!
Kränze, die des Lebens Boten,
    Sie vergeh'n am Hauch der Zeit,
Dornenkranz und Kranz der Todten
    Dauern für die Ewigkeit! —

M. G. Saphir's Schriften. VII. Bd.   17

Laßt an Euer Herz d'rum kommen
   Einen Sang vom Todtenkranz,
Den die Muse abgenommen
   Einem Haupt im Frühlingsglanz.

In dem kleinen, stillen Zimmer
   Saß ein Mädchen ganz allein,
Bei dem blassen Strahlenschimmer
   Von des Zwielichts Dämmerschein.
Eine kleine, rothe Rose
   Glänzt wie ein Rubin im Haar,
Gold'ne Locken fielen lose
   Um das Antlitz, süß und klar.
Vor dem Sopha, auf dem Tische
   Steht ein Strauß, ganz frisch gepflückt,
Steht der duft'ge, reiche, frische,
   Den der Theure ihr geschickt. —

Allen Wesen, allen Reichen,
   Jedem Fühlen, noch so zart,
Gab der Schöpfer Sprach' und Zeichen,
   Ausdruck, Wort, nach eig'ner Art!
In den Wolken spricht der Himmel,
   Wenn sein Zorn im Blitz wird laut,
Und er spricht im Sterngewimmel,
   Wenn versöhnt er niederschaut;
Und die Erde spricht in Fluthen,
   Die ihr brechen aus der Brust,
Und das Feuer spricht in Gluthen
   Und in Flammenschrift mit Lust,

Und die Luft, sie spricht in Wettern,
    Und in Donners Allgewalt,
Und der Zephyr spricht in Blättern,
    Und der Sturm, er spricht im Wald!
Und der Berg. er spricht in Flammen,
    Und das Wasser spricht im Bach,
Und die Wellen all' zusammen
    Plaudern, was die Quelle sprach.
Und der Stein, er spricht mit Funken,
    Und mit Blitzen spricht der Stahl,
Und die Wolke, sonnetrunken,
    Spricht mit siebenfachem Strahl;
Unschuld spricht im Roth der Wangen,
    Im Erbleichen spricht die Schuld,
Und mit Zittern sprechen Bangen,
    Furcht, Entsetzen, Ungeduld!
Glaube spricht mit Händefalten,
    Demuth mit gebeugtem Knie,
Lieb' allein und Liebewalten,
    Liebe fand sich Sprache nie!
Nicht im Reich der hohen Lüfte,
    Nicht im tiefen Meeresschooß,
Nicht im Reich der Erdengrüfte,
    Nicht im Reich von Baum und Moos,
Nicht in Edelsteines Reichen,
    Nicht in Süd und nicht in Nord,
Fand die Liebe Bild und Zeichen,
    Das sie senden könnt' als Wort!
Bis der Himmel aus der Ferne
    Auf die Erde sich gesenkt,
Bis ein Kuß der lichten Sterne
    Hat die Erd' mit Lieb' getränkt;

17*

Wo nun unter'm Sternenkuſſe
  Schamroth unſ're Erde ward,
Sproßten ſchnell, im Farbenguſſe,
  Roſen, Blumen, enggeſchart!
Als die Blumen dann am Morgen
  Aufgewacht zur Tagesluſt,
Stand ein Sternlein halb verborgen
  In der Blumen off'nen Bruſt;
In den zarten Blumenblättern
  Sich der Liebe Schrift ergießt,
Die in ihren Farbenlettern
  Nur das Aug' der Liebe liest!
Und Geſchlecht und Farb' und Zeile,
  Blume, Stengel, Kelch und Dold',
Stehen nur als R e d e t h e i l e
  In der ſtummen Liebe Sold!
Nichts gab Gott der Liebe offen,
  Als des Herzens kleinen Raum,
Und für jeden Tag ein Hoffen,
  Und für jede Nacht den Traum,
Und die Thräne zu den Schmerzen,
  Und die Blum' zum Freudenſchritt,
Sprach darauf zum Liebesherzen:
  „D a s nimm hin und ſprich damit!" —
— Und von Thränen reich begoſſen
  Stand der Strauß von Blumen da,
Den das Mädchen, gramumfloſſen,
  Als ein Abſchiedszeichen ſah!
Denn kein Strahl der Hoffnung gläuzte
  Ihrer dunklen Liebesnacht,
Nur den Grampokal credenzte
  Ihr des Schickſals bitt're Macht!

Ewig muß sie bald vermissen,
    Was ihr ewig theuer war,
Folgen soll sie, herzzerrissen,
    Einem Andern zum Altar!
Und die letzte Blumengabe
    Aus der theuren, theuren Hand,
Stiller Liebe einz'ge Gabe,
    Stiller Liebe einzig Pfand,
Netzet sie mit heißen Thränen,
    Alle Blätter sind schon naß,
Küßet sie mit heißem Sehnen,
    Küßt sie ohne Unterlaß!
Und vom Schmerze hingerissen,
    Sinkt sie still und gramverletzt
Auf des Sopha's Seidenkissen,
    Das mit Thränen sie benetzt,
Und aus ihrem Herzensgrunde
    Ringt ein Beten sich empor:
„Komm', o Tod, zu dieser Stunde,
    Schließ' mir auf Dein schwarzes Thor,
Weil' nicht an des Glückes Schwelle,
    Geh' am Freudenhaupt vorbei,
Kehr' nicht ein bei Kerzenhelle,
    Weile nicht beim Festglanzschein,
Löse nicht das Kind vom Herzen
    Seiner Mutter, die's gebar,
Wirf die Sense voller Schmerzen
    Nicht in ein beglücktes Paar!
Küß' erbleichend nicht die Lippe,
    Die das Glück erst roth geküßt,
Lange nicht mit Deiner Hippe
    Hin, wo Lebensfreud' noch ist! —

Dort erscheine, wo entlaubet
   Steht des Lebens gold'ner Baum,
Wo der Gram den Schlaf beraubet,
   Und die Qual beraubt den Traum!
Dort erscheine, wo das Hoffen
   In Verzweiflung sich verkehrt,
Wo am Wurzelleben offen
   Jammer und Vernichtung zehrt;
Mir erscheine, mir verkünde,
   Daß der Herr mich rufet ab,
Daß ich nicht durch Frevelsünde
   Selbst mich rette in das Grab;
Mir erschein', Du Gramverscheucher,
   Mir erscheine Du recht bald,
Mir erschein', Du Friedensreicher,
   Doch in freundlicher Gestalt!" —

So verklingend, schlafumfangen,
   Und den Blick emporgelenkt,
Hat auf Aug' und Purpurwangen
   Sich der Schlaf herabgesenkt;
Tageslicht war schon verkommen,
   Dunkel hüllt das Zimmer ein,
Nur das Mondlicht, mild erglommen,
   Füllt den Raum mit mattem Schein;
Bange Stille liegt im Dunkeln,
   Ringsherum kein Lebenslaut,
Da — im Strauße — welch' ein Funkeln,
   In den Blumen wird es laut;
Erst ein Flüstern in den Zweigen, —
   Dann ein Rauschen wunderbar, —
Dann ein Beben, dann ein Neigen,
   In der Blumen bunten Schar, —

Plötzlich aus des Straußes Fächer
    Ringt's wie Wolken sich heraus,
Und aus jedem Blumenbecher
    Steigen ihre Geister aus!
Angethan mit Duftgewändern,
    Nebelschleier zum Talar,
Blumenstaub zu Gürtelbändern,
    Und als Kron' den Thau im Haar.
Aus der Rose, weiß von Blättern,
    Steigt ein Mädchen wunderzart,
Das vor liebeheißen Wettern
    Sich das Herzblatt rein bewahrt.
Aus der Rose, roth und blühend,
    Ringet sich ein üppig Weib,
Wünsche, Träume flattern glühend
    Um den schlanken Götterleib.
Aus dem Kelch der stolzen „Aster"
    Steigt ein Bildniß, rein und mild,
Gegen jedes Erdenlaster
    Führt es seinen Sonnenschild!
Aus des „Ritterspornes" Mitte
    Tritt ein Krieger voller Muth,
Und er trägt, nach alter Sitte,
    Liebesschleifen auf dem Hut.
Aus dem Kelch der „Immortelle"
    Springt der reichste Göttersohn,
Seiner Zither, goldenhelle,
    Neigt sich mild die „Kaiserkron'!"
Von dem Zweig des „span'schen Flieder",
    Tanzt in seinem Sammtbaret
Ein Hidalgo stolz hernieder,
    Schlägt dazu sein Castagnett!

Aus des „Veilchens“ blauem Kleide
  Huscht ein goldgelocktes Kind,
Bringt ein Röslein von der Haide
  Demuthsreich als Angebind.
Aus dem „Maaslieb“, zartverschlossen,
  Steigt der blinde Gott heraus,
Leidensmaß, ganz voll gegossen,
  Gießt er über Liebe aus!
Aus der „Todtenblume“ Becher
  Schwebt der blasse Freund zuletzt,
Der dem durst'gen Lebenszecher
  Letzten Trunk an Lippen setzt! —
Und die Geister hauchen, wehen,
  Schweben her, nach Geistersinn,
Wie sie sich im Kreise drehen,
  Singen sie zur Schläferin:
„Holdes Mädchen, süße Rose,
  Schöne Schwester, gute Nacht!
Schlafe ein im Erdenschooße,
  Und im Himmel sei erwacht!
Holdes Mädchen, süße Schwester,
  Schöne Blume, gute Nacht,
Nie ward einer Blume fester
  Todesschlaf noch zugebracht!
Blasse Blume, Rose, süße,
  Bleiche Schwester, gute Nacht!
Viele Grüße, Herzensgrüße
  Von dem Fernen, habe Acht!
Weiße Rose, thränbethaute,
  Gramesschwester, gute Nacht!
In dem Traume sei der Traute
  Dir noch selig zugedacht.

Holde Blume, farbenreiche,
　　Schmerzgebroch'ne, gute Nacht!
Schwestern aus dem Blumenreiche
　　Halten bei Dir Todtenwacht!
Süßes Mädchen, Blumenleben,
　　Holde Schwester, gute Nacht!
Blumentod ward Dir gegeben,
　　Blumenduft hat ihn gebracht!" —

Und der Morgenstrahl bricht helle
　　In das Zimmer schon herein,
Und die Geister schlüpfen schnelle
　　In den Blumenkelch hinein;
Als das Licht zum Tag gestaltet,
　　Hell darauf in's Zimmer sah,
Lag, die Hände sanft gefaltet,
　　Todtenblaß das Mädchen da;
Und die Augen, die einst klaren,
　　Waren noch von Thränen naß,
Und die Rose in den Haaren,
　　Wie sie selber, welk und blaß;
Und ein Lächeln, das voll Mildniß
　　Selbst den stillen Mund noch ziert,
Zeigt, welch' ein geliebtes Bildniß
　　Ihr der Tod hat zugeführt! —

Weil nur Liebe war ihr Leben,
　　Und ihr Tod nur „Blumenduft",
Werde ihr ein Grab gegeben
　　In der Dichtkunst gold'nen Gruft.

Und ihr Sarg, er wird getragen
　　Von der Horen holdem Chor,
Auf den schwarzbehängten Wagen
　　Heben Musen sie empor;
Und in dem Cypressenhaine
　　Graben ihre Zelle sie,
Und auf ihrem Leichensteine
　　Steht von Hand der Poesie:
„Lieb' und Rose, früh begraben,
　　Hört, was Euer Engel spricht:
Einen Frühling sollt Ihr haben,
　　Aber Herbst und Winter nicht!"

Konditorei des Jokus.

1.

Der Schneeberg=Fresser.

Wenn der Mensch nichts zu versäumen hat, so kann er mit der Eisenbahn fahren! Zum Beispiel von Wiener=Neustadt nach Wien. So fuhr ich denn auch an einem schönen Sonntage.

An einem Sonntage sollte man auf unsern Fahrten eigene Waggons haben: „Für Betrunkene."

Es ist ausgemacht, daß Betrunkene, sie mögen bezahlen wie viel sie wollen, stets zur letzten Classe gehören, ja, auch aus der letzten Classe sollten sie ausgeschlossen sein, und ein eigener Stall für ihre Beförderung eingerichtet sein!

Und mit den „Bierhallen" und mit den „Bier=Salons" nimmt die edle Leidenschaft der Trunkenheit sehr über Hand! Und nun ein Bier=Rausch! Ein Betrunkener ist blos ein Thier, aber ein Thier ist noch zuweilen erträglich: allein ein vom Bier Betrunkener ist ein betrunkenes Thier!

Man fahre am Sonntag Abends zum Beispiel von Liesing mit der Eisenbahn weg, und man wird mit Schaudern sehen, was aus dem Menschen wird, wenn Gerste und Hopfen den Verstand und die Sprache überwältigen, und die beiden Vorzüge, welche der Mensch vor

dem Thiere voraus hat, zur Thüre hinauswerfen, und ganz
allein Meister vom Meisterwerke der Schöpfung bleiben!!

Allein das war's nicht, worauf ich kommen will. Neben
mir im Wagen, erste Classe, saß ein Mann, der kam vom
Schneeberg.

Es sind schon viele Menschen vom Schneeberg gekommen, allein dieser brachte den Schneeberg mit! Er war
durch und durch Schneeberg, er sprach von nichts, als vom
Schneeberg, er dachte an nichts, als an den Schneeberg!

„Ich komme vom Schneeberg!“ sagte er zu mir.
„So?“ war meine ganze Antwort.

Er: „Waren Sie schon einmal auf dem Schneeberg?“
Ich: „O ja.“
Er: „Wann denn?“
Ich: „Nun, ich war einmal auf einem Berg, als
Schnee auf ihm war, und das ist doch ein Schneeberg.“

Er sah mich verächtlich an, und ich glaubte schon
befreit zu sein, allein nach einigen Secunden drehte er sich
um und fragte mich: „Sehen Sie ihn?“ — „Wen denn?“
— „Nun, den Schneeberg!“ — und dabei zeigte er mir
den Schneeberg, der im Abendschimmer, so recht um mich
zu ärgern, ganz deutlich und klar da lag.

Und nun lehnte er sich zum Fenster hinaus, zog ein
mächtiges Perspectiv heraus und sagte: „Nein, der Schneeberg ist doch heute herrlich!“

Auch kam es mir vor, als schürzte er sich die Nase
wie einen Aermel in die Höhe, um den Schneeberg ein-
zuathmen.

„Ich war zweimal auf dem Schneeberg," fuhr er wieder zu mir fort, „aber ich geh' im nächsten Jahr wieder auf den Schneeberg!"

Ich nickte freundlich mit dem Kopf, und er fuhr selig fort: „Sie, Sie sollen einmal auf den Schneeberg, das wär' was für Ihre Phantasie!" Ich lächelte wieder. „Ja, auf dem Schneeberg, da muß Einem die Poesie kommen!" sagte er, und rückte mehr an mich an, ich glaubte schon, es riße sich eine Lawine los und stürzte auf mich herab. Mich fröstelte. „Sehen Sie," sagte er, und zog ein Papier aus der Tasche, „ich bin kein Poet." Ich lächelte wieder, als wollte ich sagen: „Ja, das sehe ich," und er fuhr wieder fort: „ich bin, auf Ehre, kein Poet, nein, nein, wahrhaftig nicht, aber auf dem Schneeberg bin ich ein Stück davon geworden!" — „Ein Stück Poet, oder ein Stück Schneeberg!" lächelte ich in mich hinein, und der Schneebergs-Enthusiast fuhr fort, indem er ein Papier entfaltete, „auf der höchsten Spitze vom Schneeberg hab' ich das gedichtet, und ich bin eigentlich gar kein Dichter, nein, nein, das ist nicht nur gesagt, ich bin kein Dichter, ich hab' mich nicht drauf verlegt, meine Geschäfte leiden's nicht, und ich bin auch kein so ein Narr, um einer sein zu wollen, aber auf'm Schneeberg bin ich einer geworden! Hören Sie, und sagen Sie mir Ihre Meinung."

Ich fühlte einen ganzen Gletscher auf der Brust, und sprach mit jener Bescheidenheit, die jedem großen Genie eigen ist, und die ich mir im Umgange mit Bühnenkünstlern eigen machte: „O ich bitte, mein Urtheil ist unbedeutend!"

Der Schneeberg=Mann aber saß schon wie ein Gnome auf meiner Brust, und las:

„Gedanken auf dem Schneeberg *).

(Als ich den Schneeberg zum zweiten Mal bestieg, dichtete ich oben auf dem Schneeberg folgende Gefühle, die mich schon damals überraschten, als ich den Schneeberg zum ersten Mal bestieg.

O Schneeberg, Schneeberg, da stehst Du wie ein Berg
von Schnee,

Rings herum nur Schnee, und Schnee auch allemal,
Wie ein weißer Berg schaust Du in die Höh',
Und doch ist unter Dir nur Thal!
Ich kam voll Gluth aus meiner Erdenhitze,
Mich fraß der Staub vor wenig Stunden auf,
Du Schneeberg kühlst mein Haupt, wenn ich auch irdisch
schwitze,

Dein Eis kühlt seiner Bäche Lauf!

O Schneeberg, Schneeberg, ich komm' zum zweiten Male,
— Heut' Nacht war ich in Reichenau,
Du hebst den Schnee zum blauen Sonnenstrahle,
Dein Schnee dünkt mir wie ein Bad so lau!
Und auf des Schneebergs Spitze oben,
Denk' ich mit Hitz' an Albertine doch,
Den Schneeberg werd' ich ewig heiß doch loben,
Und Albertine heißer lieben noch!"

Er schwieg und sah mich forschend an, ich sagte nichts als: „St! St!" — und that, als ob ich nachdachte; er sah

---

*) Wörtlich getreu!

mich erwartungsvoll an, ich schüttelte das Haupt lange,
sah zum Himmel empor, und sagte endlich: „Ich dachte
eben darüber nach, wie es kommt, daß der Mensch manch=
mal solche Momente der reinsten Begeisterung hat! und es
macht mich traurig, wenn ich denke, daß nur der Eindruck
den Dichter macht! Was meinen Sie, wenn ich es ver=
suchte, den Schneeberg zu besteigen?“

Er sprang entzückt in die Höhe: „Ach, vielleicht
morgen?“ — „Nein, leider ist es mir morgen noch nicht
möglich!“ — „Also übermorgen?“ — „Ach, auch da
nicht!“ — „Die nächste Woche?“ — „Kann sein!“

Der Schneeberg=Mann drückte mir die Hand: „Mit
Ihnen geh’ ich noch einmal auf den Schneeberg! Gewiß,
ich freu’ mich, zu sehen, was der Schneeberg aus Ihrem
Talente Alles machen wird, denn sehen Sie, der Schnee=
berg hat einen eigenen Charakter, der Schneeberg ist nicht
wie andere Berge, der Schneeberg —“

Hier pfiff es gellend, der Train hielt an, wir mußten
aussteigen; er gab mir eine Karte, und rief mir nach: „Wir
reden noch wegen des Schneeberges!“

2.

Der Lassingfall, oder: Die kleine Portion Romantik.

Wie schön ist die Welt — auf den Globen; wie ange= nehm ist das Reisen — in der Stube; wie herrlich ist das Gebirge — im Reisewagen, und wie belohnend ist eine Aussicht — aus einem Eckfenster!

Was braucht der Mensch jetzt zu reisen, um die Welt zu sehen? Die Welt kommt jetzt zu ihm! Ihr wollt Bajaderen, Beduinen? Um fünfzehn Kreuzer Entrée könnt Ihr sie sehen. Gelüstet's Euch nach Türken, nach Griechen u. s. w.? Sie werden jetzt bei uns zu Türken und Griechen erzogen. Wollt Ihr Kameele, Leoparden, Lamas? Polito, Van Aken u. s. w., sie bringen sie Euch um zwei Gulden in die Soirée. Wollt Ihr einen Elephantenfang sehen? Im Colosseum für sechs Kreuzer. Das schöne Pe= tersburg? Aus Holz, zum Sprechen, für zehn Kreuzer. Gelüstet Euch nach der Cachucha? Scholz tanzt sie zum Küssen. Nach steierischen Nationaltänzen? Spanische Tän= zer tanzen sie Euch um vier Groschen.

Kurz, für Geld kommt Euch die ganze, liebe, kleine und große Welt in Euer Zimmer, um fünf Groschen könnt Ihr Sonnenaufgänge haben zu jeder Tagszeit, und um dreißig Kreuzer läßt man Euch den Vesuv Feuer speien, bis Ihr Mitleid mit ihm habt!

Allein die Berge, die Berge! Nein, die Berge, die kommen nicht ins Zimmer, das heißt, die wahren Berge, von denen herab man nie etwas sieht, nein, die sind wie eingewurzelt, die kommen nicht in die Stadt! Und wer durchaus Berge sehen will, der muß hinaus

> In's feindliche Leben,
> Muß Trinkgelder geben,
> Muß rutschen und klettern,
> In Sturm und Wettern,
> Muß hungern und fasten,
> Muß keuchen ohn' Rasten,
> Bis oben am Ziele,
> Am Fuß eine Schwiele,
> Entzückt er gestehe,
> Daß — gar nichts er sähe!

Und nun gar die „Wasserfälle"! die Wasserfälle! Diese Buschklepper und Strauchdiebe der Romantik! Die sich seitwärts am Wege immer verstecken, lauern, den Reisenden verlocken, und wenn er hinkommt, gar nicht zu finden sind!! Wenn so ein Wasserfall ein honneter, ehrlicher Kerl wär', was braucht' er sich zu verstecken? Warum läßt sich so ein Wasserfall nicht wie jeder redliche Mensch frank und frei auf der offenen Landstraße sehen? Warum immer in einem Hohlwege, in einem Schlupfwinkel?

Mich erwischen sie nicht mehr, die dummen Wasserfälle, diese Land=Tröpfe, die in den „Hand= und Reisebüchern" sich sehr „breit" machen, und dann schmal wie die blaue Seide aus dem grünen Jungfernkranz über ein Hügelchen herunterrieseln! Unsere Reisebeschreiber alle, wenn sie recht durstig sind, saugen sie so einen Wasserfall rein von den Brüsten der Natur weg!

Alle sagen sie: „wenn der Reisende Zeit hat, mache er noch einen Abstecher dahin oder dorthin, es ist be=lohnend!"

Wenn der Reisende Zeit hat! Wer keine Zeit hat, reist nicht! Dann macht man richtig seinen Abstecher dahin oder dorthin, und ist richtig wie abgestochen! Auch be=lohnend ist es, für den Führer!

Lieber Leser, wenn Du reisest, so bitte ich Dich, nur keinen „kleinen Abstecher"! Die kleinen Abstecher sind für Reisende, welche die Reise beschreiben wollen, die stechen bei diesen kleinen Abstechern immer noch ein kleines Honorar ab, das ist belohnend! Aber wer zu seinem Vergnügen, das heißt zu seiner Strapaze, ins Gebirge reist, der mache nur keinen „kleinen Abstecher"! Die großen Abstecher stechen Einen schon genug, es bedarf gar keiner kleinen mehr!

Willst Du aber durchaus bei Deiner Gebirgsreise einen „kleinen Abstecher" machen, so rathe ich Dir, lieber Leser, mach' einen kleinen Abstecher nach Wien, das ist sehr belohnend!

Also, nach dem Schneeberg! Nach dem Schneeberg!

Ja, nach dem Schneeberg ist es sehr angenehm, aber bei dem Schneeberg und auf dem Schneeberg, da rath' ich dem Leser, einen „kleinen Abstecher" nach Wien zu machen.

Du weißt gar nicht, lieber Leser, was ich für ein großer Dichter bin, das heißt, welche Phantasie ich habe! Wenn ich bei Dehne Eis esse, sehe ich im Geiste alle Glet=scher, die Jungfrau, das Schreckhorn, die Alpen u. s. w.!

Wenn ich im Casino Champagner trinke, spaziere ich im Geiste in den gesegneten Hügeln der Champagne umher. Wenn ich eine Pomeranze esse, so ergehe ich mich in den Orangenwäldern von Ischia und Capri; wenn ich Schweizerkäse esse, sehe ich die Schweiz plastisch vor mir, mit allen Mimilis und Lieslis, und allen naiven Lustspielkühen der dramatischen Schweiz; wenn ich einen „Schmarrn" esse, so esse ich ganz Steiermark und die ganze deutsche Journalistik in effigie mit; und wenn ich eine Schale Crême au sucre genieße, so bilde ich mir ein, ich sitze auf dem Schneeberg.

Lieber Leser, willst Du Dir das mit mir einbilden? Nichts leichter, als das!

> „Reich' mir die Hand, mein Leben,
> Komm' auf den Schneeberg mit mir!"

Ach, da sind wir! Eine schöne Höhe! aber höllisch kalt! „Aber ich sehe ja gar nichts?" — „Das thut nichts, wir kommen drei Wochen nacheinander, einmal wird's doch hell sein!" — „Ach, jetzt ist's endlich hell!" — „Ach!" — „Himmlisch!" — „Warum klappern Ihnen denn die Zähne, ist das himmlisch?" — „Ach, die Aussicht!" — „Was sehen Sie denn?" — „Kommen Sie einmal her. Sehen Sie dort?" — „Dort? wo?" — „Nun ja dort, wo so eine Art von blauem Streif —" — „Ja, richtig, ich sehe eine Art von einer Art von Streif, was ist das?" — „Das ist der Montblanc!" — „Der Montblanc? da zweifle ich doch." — „Sie zweifeln, ich seh' ihn genau,

18*

und rechts geht eben ein Salami=Mann hinauf und ver=
liert eine lange Salami." — „Ach, wie herrlich!" —
„Sehen Sie dort so eine Art von Gebüsch?" — „Eine
Art Gebüsch? wo?" — „Dort, rechts, eigentlich links,
aber gegen rechts, so inzwischen." — „Ja, ja, ich sehe,
was ist das?" — „Das sind die französischen Staats=
waldungen!" — „Irren Sie sich vielleicht nicht?" — „Ich?
ich sehe jeden Baum! Dort sitzen auf einer weißen Buche
sechs Kieferraupen, und berathschlagen sich, ob sie die
Waldung als Kriegssteuer hergeben sollen!" — „O, zum
Entzücken!" — „Sehen Sie dort tief unten, so eine Art
von Punkt, weißlich, eigentlich bläulich, aber so gewiß
röthlich, sehen Sie?" — „Ja, ich sehe da einen Punkt,
wo eine Art von Punkt ist — was ist das?" — „Das ist
der finnische Meerbusen." — „Ach, sollte da nicht
Klosterneuburg dazwischen liegen, und es unmöglich
machen?" — „Ach nein, da steigt eben ein Finne aus dem
Nachen, und bezahlt dem Schiffer zwei Silberrubel aus
Papier. — Sehen Sie dort tief unten, in der Höhe, am
Abhange, dort, wo die zwei Kuppen eine Gabel bilden, am
Haken, bei dem weißen Streif, quer ab, schräg hinüber,
gerade an der untersten Kante, sehen Sie?" — „Ja,
etwas undeutlich, aber ziemlich klar, was ist das?" —
„Das ist London." — „London? das ist ja gar da
drunten, da ganz am Eck, da, wo das Contingent sich
ins Meer ergießt?" — „Richtig, ebendasselbe, da sehen
Sie, da fahren eben zwei Kohlenwägen in den Tunnel
unter der Themse ein, und der eine Kutscher sagt zu

einem Stutzer, der vorübergeht: „Fahren mer, Euer Gnaden?" — „Ja, es ist erstaunlich!" — u. s. w. — u. s. w. —

Siehst Du, lieber Leser, komm' nur immer mit mir, wir sehen grad so viel in unserm Zimmer, wie die Leute da oben auf dem Schneeberg.

Bis Lilienfeld ereignete sich nichts, gar nichts, rein nichts. Der Leser sieht, daß ich keine „Reisebeschreibung" ums Geld schreibe, sonst könnte ich von Wien bis Lilien= feld gar Manches bemerkt haben, zum Beispiel, daß es gar nichts zu bemerken gibt. Lilienfeld liegt sehr schön, etwas düster, aber romantisch. Die Kirche ist imposant und herr= lich. Wenn der Reisende hier etwas Zeit gewinnen kann, so rathe ich ihm, einen kleinen Abstecher nach Wien zu ma= chen, das ist sehr belohnend.

Weil ich nun gerade in Lilienfeld bin, so mache ich jeden Forellen=Freund aufmerksam, wenn er gute, ausge= zeichnete Forellen essen will, ja nicht zu vergessen, wenn er je nach Steiermark geht, im „Casino" in Wien, am neuen Markt, sich Forellen geben zu lassen. Auf die Forellen wäh= rend der Reise im Gebirge verlasse er sich ja nicht, die Fo= rellen sind schlüpfrig. In Steiermark und im Conversations= Lexikon findet er von Forellen nichts!

O Leben, Leben, bist du denn nichts, als eine fortge= setzte Reise durch's Land der Illusionen!?

Es war eine meiner letzten Täuschungen: „nach Steiermark gehen und Forellen an der Quelle essen," ich habe mir diese Illusion aufbewahrt bis in die spätesten Tage meines Lebens, und nun, — und nun — Es ist schauderhaft! — Ich fragte überall nach Forellen,

"Ich frug den Heerzug auf und ab!"

Ich möchte überhaupt wissen, was die guten Leute mit ihren Natur=Producten anfangen!? Man fährt an den Flüssen vorüber, sie wimmeln von Forellen, sie glinzern silbern und goldgefleckt, wie geharnischte Märleins, aus dem flüßigen Element, der Mund läuft Einem voll Wasser mit Forellen, — man schwelgt in dem Gedanken, in dieser Gegend, in die=sem Forellen=Eldorado werde man sich so recht auf Zeit=lebens durchforellen, allein,

"Eitler Wahn, betrog'nes Hoffen!"

Nirgends bekommt man eine Forelle, und bekommt man eine, so ist es keine! Forellchen, klein, wie das Verdienst der Seil=tänzer um die Menschheit, trocken und blaß wie ein Moral=philosophem, und theuer — theuer — wie eine wirkliche, große, herrliche — Forelle im Casino zu Wien! —

"Welche Lust gewährt das Reisen!"

Man fährt von Wien nach Maria=Zell, zurück durch's "Höllenthal" nach Guttenstein u. s. w., man fährt, um mit unsern Reisebeschreibern zu reden, durch ein Paradies!

Nun ja, Jeder malt sich so sein eigenes Paradies; ich sah die vollen, üppigen Gärten, voll Kraut und Kohl, voll gelber Rüben, weißer Rüben, rother Rüben, voll Spinat, Salat, Sellerie, Blaukohl, Artischoken, Blumen=kohl u. s. w., kurz, ein ganzes Zugemüse=Paradies, und ich freute mich auch auf das nächste Gasthaus, wo ich

ein Stückchen gekochtes Paradies mit Butter werde zu essen
bekommen, denn,

> „Meine Schwachheit, süße Seele,
> Ich Dir länger nicht verhehle:"

ich esse gerne Zugemüse.

Ich weiß, meine Feinde werden dies wieder benützen
und gegen mich schreiben, besonders war da vor einiger
Zeit wieder ein junger Literat bei mir, dem ich zehn Gul=
den und etwas Wäsche geliehen und einen Empfehlungsbrief
nach Hamburg mitgegeben habe; der geht gewiß jetzt dahin
und schreibt ein Pasquill über mich, in welchem er sehr viel
darüber schreibt, daß ich „Zugemüse gerne esse" u. s. w.,
allein da draußen wird schon wieder ein solcher Lump
über ihn kommen, wie er selber ist, und wird ihm sein Horn
abstoßen, denn Goethe sagt vortrefflich:

> „Ein jeder solcher Lumpenhunde
> Wird von einem Zweiten abgethan!"

Also, ich freute mich in diesen zauberischen Zugemüsegärten
auf die Wirthshäuser, allein,

> „Eitler Wunsch, verlorne Klagen!
> Ruhig in dem gleichen Gleis
> Füllt in Steiern man den Magen,
> „Sterz" und „Schmarrn" kriegt den Preis."

Nirgends, um keinen Preis ein grünes Zugemüse zum
Essen. Nie und nirgends eine Erdbeere, und bekommt man
ein Bischen, so sind sie theurer, als im Casino zu Wien!

O Nikolai, Nikolai! Komm' einmal in unser Gebirg!
Was brauchst du nach Welschland zu gehen, um große Flöhe
und schlechtes, theures Essen zu haben —

„Was willst Du in die Weite schweifen,
Sieh', das Gute liegt so nah'!"

Gegen Mittag erreichten wir das Gasthaus auf dem
Annaberg.

Ein schöner, langer, gedehnter Berg, der die sonder=
bare Eigenschaft hat, daß man die äußerste Höhe nicht eher
erreicht, bis man völlig oben ist, und wenn man oben ist,
kann man so tief hinabschauen, als er hoch ist!

Um aber den Reisenden die Aussicht so bequem als
möglich zu machen, hat der Gasthaus=Inhaber sein Gast=
haus so gestellt, daß die Fenster desselben gerade auf eine
schwarze Mauer gegenüber gehen, und der Reisende also
nichts sieht, wenn er nicht ums Wirthshaus herumgeht!
Eine Einrichtung, die gewiß aus lauter Respect vor der
Natur entstanden ist!

Also am Annaberg wurde Mittag gemacht. Ein herr=
licher Punkt! Wenn der Reisende sich hier einige Zeit ab=
müßigen kann, so mache er einen kleinen Abstecher nach Wien,
das ist sehr belohnend! Besonders um die Mittagszeit.

Meine verfluchte Schuldigkeit wäre es zwar, ein
Schwärmer zu sein, denn ich bin geborner Humorist, ver=
ehlichter Dichter! Natur, Berg, Thal, Wald, Duft, Wol=
ken, Regenbogen, Schlucht u. s. w., das Alles kann man
auf dem Annaberg Löffelvoll haben, — allein, ich glaube,
der Hunger ist stärker, als die Romantik!

Man mache einmal den Versuch, und nehme das aus=
gezeichnetste Exemplar von einem Naturdichter; zum
Beispiel einen Natur=Matthisson, wenn er recht hungerig ist,

das heißt, wenn er erst zwei Tage im Gebirge gereist hat,
und „Forellen" und „Zugemüse" liebt, und setze ihn
dann zu Tisch, man setze ihm rechts die Aussicht ins Cam-
paner Thal und links eine gute Grüne=Erbsen=Suppe,
rechts einen Regenbogen mit drei Fractionen und links ein
real rostbeaf, rechts eine Schlucht mit wilden zackichten
Tannen und links eine Schüssel große Forellen mit Aspik,
rechts einen schäumenden Wasserfall und links Cliquot non
mousseux, und sehe, wohin sich der hungerige Natur=Mat-
thisson wenden wird!

Ich weiß, empfindsame Leser werden sagen: Das ist
prosaisch! Aber ich weiß auch, hungerige Leser werden
sagen: Das ist wahr! Und es ist noch die Frage, ob ein
Journalist mehr empfindsame oder mehr hungerige
Leser hat!

Ich war in diesem Augenblicke, als ich auf dem
Annaberg ankam, der hungerigste Mensch auf der Erde,
mit Ausnahme des ehrenwerthen Herrn —chl, welcher, da
er nur Mitarbeiter und ich Redacteur des „Humoristen" bin, ex offo hungeriger sein muß, als ich). Auf
—chl's Antlitz, welcher noch nicht so viel Berge und
Aussichten verzehrt hat, als ich, malte sich der Kampf
zwischen Natur und Hunger, wie eine fata Morgana ab,
— allein die Natur siegte, das heißt seine Natur: der
Hunger.

Wir aßen. Wie wir aßen? Was wir aßen? Laßt
mich davon schweigen, allein von Einem muß ich reden,
von einem Schmarrn!

Schmarrn, Bergnymphe, Göttin der fried=
lichen Alpen! Goldgelockte Gespielin der Wol=
ken! Aufgesäugt an den Brüsten der Isis!
Schmarrn,

> Wo find' ich dich,
> Nach welcher sich
> Die Wand'rer alle sehnen?

Auf dem Annaberg, wo der klassische Boden der Schmarrn
ist, die terra firma des Schmarrns, da, da kostet ein
magerer, schlechter, zuckerloser, blasser, zerrissener, tendenz=
loser Schmarrn für drei Personen nicht weniger, als —
zwei Gulden!!!!!!

Ich glaub' an gar keine Natur mehr! Es gibt und
gab gar kein Arkadien! Die Schäfer sind erlogene Bestien
und die liebe Einfalt in den Strohhütten ist canaillöse
Spitzbüberei!

Ein „Schmarrn“ für drei Personen, roh — unge=
salzen, mager, blaß — das heißt nicht die Personen, son=
dern der „Schmarrn“, inmitten der strotzigen Brüste
und Euter der Natur, inmitten von Arkadien, inmitten
von Kühen, und Schafen, und Hühnern, und Kälbern,
die fast mitessen, um zwei Gulden!

„Schlechte Forellen hab' ich ertragen gelernt; ich
kann dazu lächeln, wenn Zugemüseliebe zur Chimäre wird,
und anstatt grüner Erbsen dürre Zwetschken uns entgegen
kommen, aber wenn Schmarrnliebe zur Megäre wird, dann
fahre hin, Du lammbespannter Jantschky, und jede Feder
recke sich auf zum Grimm und Verderben!“

Wir sagten dem Annaberge Lebewohl und fuhren den Berg hinab.

Ich bin ein wahrer Eulenspiegel, ich kann keinen Berg hinab fahren, ohne zu weinen und zu denken, du mußt wieder einen Berg hinauf!

Zwischen Annaberg und Maria=Zell liegen noch zwei Berge, ich glaube der Leopold= und der Joachim=Berg!! Am Fuße eines dieser Berge liegt der —

Lassinger Wasserfall!

Meine Reisegefährten waren durch und durch Entzü=cken, Entzücken von dem Gedanken, den „Lassing=Fall" zu sehen.

Ich bin ein guter Kerl, der Niemanden in sein Ent=zücken eingreift. Ich habe so viele Wasserfälle verschluckt, den Rheinfall, den ich nachher wunderschön beschrieben habe, so schön, daß ich ihn selbst nicht mehr kannte, die Wasserfälle zu Marly, zu St. Cloud, zu Loo und auf der Wilhelmshöhe, alle die Waldstruppe und Gießfälle im Salzkammergut, im bairischen Gebirge, im Riesengebirge, im Harzgebirge, in den Alpen u. s. w. nicht mitgerechnet, ich weiß also schon, wieviel man bei jeder „Wasserfall=Beschreibung" an Emballage abrechnen muß, und wieviel „Netto=Wasserfall" dann von dem „Brutto=Wasser=fall" bleibt.

Allein ich störe Niemanden seine Freude, besonders wenn sie ohnehin bald von selbst zerstört wird!

Schon eine Stunde weit vom eigentlichen „Lassing=Fall" hört man — „den Lassing=Fall?" Nein, aber

man hört schon von nichts reden, als vom „Lassing-Fall"!
Bald steht ein Wegweiser, und weist zum Wirthshaus,
von wo aus man zum „Lassing-Fall" kommen kann,
bald steht eine Tafel mit der Anzeige, wo Esel und Pferde
zu haben sind, um zum „Lassing-Fall" zu kommen,
kurz, die Neugier wird bei jedem Schritte vorwärts immer
mehr gestachelt. Meine Reisegefährten waren schon in einem
aufgeregten, fieberähnlichen Zustande, endlich, endlich,
waren wir am Fuße des Berges, von wo aus die Glück=
lichen, zu Fuß oder zu Esel, zum „Lassing-Fall" kom=
men können!

Wenn der Reisende Zeit hat, rathe ich ihm, einen
kleinen Abstecher nach Wien zu machen, das ist sehr be=
lohnend!

Wir sprangen aus dem Wagen wie die Gemsen.

„Zum Lassing-Fall!"

jubelte Herr —chl mit einem Frohlocken, als ob er ins
Josephstädter Theater zum „Hamlet" gehen müßte, und

„zum Lassing-Fall!"

hallten die Berge vom Echo wieder!

Allein, — O! Ach! — l'homme propose et dieu
dispose!

Der Wirth kam, mehrere Esel standen mit klugem
Angesicht um ihn herum, und einige

„Lassingfall-Götter"

in Gestalt von Führern rißen die Mäuler schmarrnweit auf.

Wir drückten dem Wirth unsere brennende Ungeduld
aus, den „Lassing-Fall" zu sehen, allein wer malt unser

Erstaunen, als er mit aller Indocilität eines Bergbewoh=
ners erwiederte:

„Heut' ist kein Wasserfall!"

Ich zweifle nicht, daß der Leser schon viel dumme
Gesichter gesehen, denn das findet sich zuweilen, allein
solche dumme Gesichter, solche naturdumme Gesichter, als
wir in diesem Augenblicke machten, dürfte der Leser noch
nicht gesehen haben.

Nachdem wir uns von diesen dummen Gesichtern
etwas erholt hatten, fragten wir mit Erstaunen:

„Wie? heute ist kein Laffing=Fall?"

„Nein," antwortete der

„Laffingfall=Macher,"

„heute ist kein Laffing=Fall, bis Abends um
sechs Uhr."

„Aber," sagte ich, indem ich mich für die Sache zu
interessiren anfing, „aber ist der „Laffing=Fall" ein
Fieber=Fall, der einen Tag aussetzt und immer Abends sich
wieder einstellt?"

„Was?" fragte der Laffingfall=Macher, „heute
haben sie den „Laffing=Fall" da drinnen in Maria=Zell
bestellt, sie haben herausgeschickt: punkt sechs Uhr soll
„Laffing=Fall" sein, und wir dürfen ihn nicht früher
fallen lassen."

Unsere dummen Gesichter gingen in ein homerisches
Gelächter über.

Ein Wasserfall zum Aufziehen, der die Stunden
repetirt, ein Wasserfall, den man wie einen Schmarrn auf

Abends um Sechs für so und so viel Personen bestellen
kann! Das ist der berühmte
„Lassing=Fall!!!"
Der Wirth, welcher wohl einiges Mitleid mit uns
haben mochte, meinte, wenn wir durchaus sehr wasserfall=
hungerig wären, so wollte er uns geschwind einen „kleinen
Lassing=Fall" herausbacken lassen.

Da erfuhren wir denn, daß man auch eine
„kleine Portion Lassing=Fall"
bekommen kann! Gewiß ein besonderer Fall bei einem
Wasserfall.

Wir wußten nicht, was wir antworten sollten, wir sahen
die Esel, die umherstanden, mit fragenden Blicken an, allein
nicht Einer unter ihnen schien unser Erstaunen zu begreifen!

Wir hielten großen Rath, — die Esel nicht mit=
gerechnet — sollten wir bis sechs Uhr warten? wie? Wenn
die in Maria=Zell gar nicht kommen, und den „Lassing=
Fall" über Nacht bei sich drin behalten? und sollten wir eine
„kleine Portion Lassing=Fall"
essen? Das wär' gemein! Eine kleine Portion!!

Nachdem wir an diesem Rütli getagt hatten, be=
schloßen wir, lieber keinen „Lassing=Fall", als eine
kleine Portion, und zogen ab, ohne auch nur einen Löffel
„Lassing=Fall"
genossen zu haben.

Wir zogen mit langen Nasen ab, die Esel sahen uns
mit melancholischen Blicken nach. Was sie sich wohl von
uns gedacht haben mögen? Vielleicht gerade dasselbe, was

wir von ihnen dachten! Wer kann's wissen? Unser Kutscher,
ein Schwärmer, der, wie die alte Frau in Raimund's
„Verschwender", den Grundsatz hatte:

„Ja, das Gebirg war' schon schön, wenn nur die Berg'
nit wären!"

unser Kutscher meinte: „ah, es is ja nix mit dem Laffing=
Fall, i geh' schon funfzehn Jahr do eini, i hob' ihn no nit
g'sehen, es is ja nix, als wenn sich so a bißl Flüßigkeit
oben sammelt, nachher lassen sie's obi rinnen!"

Also eine Art von Schnupfen, ein Bergschnupfen!

Der liebe Wanderer, der in diese Gegend reist und
den „Laffing=Fall" sehen will, wird also sehr wohl thun,
sich mit den dortigen

„Laffingfall=Machern"

erst in Berührung zu setzen, es sind die Vormünder des
„Laffing=Falls", sie sperren ihn ein, wie ein jung=
fräuliches Mündel! Werden denn auch die Wasserfälle,
wie die Holzfälle, vermiethet? Ist eine Naturschönheit
auch ein Speculations=Artikel? Wenn Jemand in
Maria=Zell einen

„Laffing=Fall"

um sechs Uhr Abends speisen will, kann und darf man diesen

„Laffing=Fall"

dann für alle Reisenden einsperren oder rein aus der Natur
wegrasiren?

Wäre es nicht eine Pflicht für Reisende, diesen Unfug
abzuschaffen?

Doch genug davon!

Nicht ohne einige Schadenfreude sah ich meine Reise=
gesellschaft nach einer Stunde Aufenthalt wieder zu Wagen
steigen, und nach einigen Stunden erreichten wir Maria=Zell,
das wunderherrliche, himmlisch gelegene, anmuthsvolle
Maria=Zell.

Auf der Post, ich glaube bei Herrn Geraus, fanden
wir alle Bequemlichkeit, die man wünschen kann, und dieser
Gasthof ließ uns alle Beschwerden der Reise und die nicht
gegessene „kleine Portion Laſſing=Fall" verschmerzen.
Wir fanden freundliche Bedienung, schöne Zimmer, gute
Betten, vortreffliches Essen und — billige Rechnung! Was
braucht der Mensch mehr, um glücklich zu sein?

Die weitern Fahrten vielleicht später, versprechen aber
will ich nichts!

3.

Ich geh' auf's Land, oder: Wo wohnt Herr Dommayer?

Man weiß, daß ein jeder Wiener ein Amphibium
ist, halb lebt er auf dem Lande, halb in der Stadt.

„Stadt" und „Wasser" ist ganz einerlei, der ein=
zige Unterschied ist folgender: „Wasser" ist nasses
Wasser, „Stadt" hingegen ist trockenes Wasser.
In jenem Wasser schwimmt man erst, so gut es gehen
will, und geht dann zu Grund, in diesem Wasser
geht man erst zu Grund, und schwimmt dann so
gut es gehen will! In jenem Wasser sind die Verschla=
genen am unglücklichsten, in diesem Wasser sind die

Verschlagensten oft am glücklichsten! Jenes Wasser wird im Winter stockend, stehend, dieses Wasser wird im Winter erst recht flüßig u. s. w. u. s. w. Also im Sommer geht der Wiener vom trockenen Wasser auf's nasse Land!

Im Frühling! Im Frühling!

Wenn die Lüfte sanfter wehen
Und die Brünnlein auferstehen,
Und die „Kräutelweiber“ plappern,
Und vor Kält' die Zähne klappern,
Und die „jungen Gansel“ blühen,
Und die „Monat-Radi“ glühen,
Die „Gesellschaftswagen“ krazen,
Wenn auf dem Glacis die Kinder wachsen;
Wenn in Döbling's und in Meidling's Auen
Alle Auserwählten sind zu schauen,
Wenn erscheinen Frühlingsschriften,
Wenn die „Wien“ und „Alser“ düften,
Wenn die Wurstel in den Prater reisen,
Wenn die „Linienzeisel“ um sich greisen,
Wenn auf dem schönen Rosenhügel
Uns umweh'n Millionen Gelsenflügel,
Wenn die Frösche quacken, auch die „Sie—en“,
Wenn uns auf den Kahlenberg die Esel ziehen — —

dann, dann laßt's mich auch nicht mehr in der Stadt! Dann reißt's mich hinaus und ich rufe sehnsüchtig:

Eilende Esel, fliegende Gelsen,
Wer mit euch wanderte auf Fluren und Felsen,
Dort schirrt ein Zeisel seinen Schimmel an,
Dieses elende Fahrzeug könnte mich retten.

Kurz, es laßt mich nicht mehr, ich muß auf's Land! Ich muß zwanzig Theaterstücke schreiben!

Aber wohin? Hietzing? Das ist Wien mit Land angestrichen! Penzing? Zu viel Staub für einen Lebendigen
und zu wenig Staub für einen Todten! Hütteldorf? Zu
naß für einen Biertrinker und zu trocken für einen Genuß-
trinker. Nußdorf? Das liegt mir jetzt schon zu nahe an
Passau! Döbling? Da ist mir der Weg hin und her zu belohnend, da wird zu viel aufgespritzt, wenn es regnet!
Grinzing? Da kann man nicht allein sein —! Heiligenstadt? Wenn ich immer zwei Füße Vorspann hätte!

Allein, trotz dem Allem muß ich auf's Land! Auf's
Land! Das Erste, wornach ich bei meinem Suchen frage,
ist: „Wächst kein Dommayer da?" Die Natur ist sehr
schön, aber sie muß in einer schönen Gegend liegen, und die
schönste Gegend ist: ein Dommayer! Nicht etwa blos
seines guten Essens wegen, o nein, sondern wegen seines besonders guten Essens wegen!

Der Mensch weiß gar nicht, wie wohl es thut, wenn
man sich so den ganzen, lieben Tag mit der Natur herum-
geplagt hat, und mit dieser oder jener schönen Gegend seine
liebe Noth gehabt hat, wie dann ein Dommayer schmeckt!
Ein Berg ist doch gewiß eine schöne Sache, ein Thal ist auch
nicht zu verachten, eine weite Aussicht ist allerdings ein romantisch Ding und blühende Bäume sind immerhin ein schöner Anblick, allein nach allem Dem sehnt sich doch ein gewis-
ses Etwas im Menschen, eine tiefere, von der Natur nicht
ausgefüllte Sehnsucht in uns nach einem Dommayer!

Ich bin gewiß kein Schwärmer, wenn ich auch ein
Poet bin, aber gewiß ist's, daß ein Dommayer'sches Diner

Seiten hat, von denen es sich angenehmer darstellt, als eine
Luftparthie in der Mittagshitze nach dem Dornbacher Kogel,
mit dem Rock auf der Schulter und Schweiß und Staub in
allen Poren!

Empfindsame Leser werden hier heimlich lächeln, das
ist möglich, hier lächeln Sie heimlich, allein dort, bei
Dommayer, dort würden sie nicht heimlich lächeln, sondern öffentlich essen!

Also: „wächst kein Dommayer da?“ ist die erste
Examinationsfrage bei meinen Entdeckungsreisen um eine
Landwohnung. Ich habe aber indessen folgende Anstalten und
Vorsichts=Verfügungen zu meinem Landaufenthalte gemacht.

Erstens habe ich drei eiserne Oefen hinausgeschickt;
zweitens habe ich vier Klafter Holz im Hof aufklaftern lassen;
drittens habe ich einen eleganten Sommerschlitten zurecht
bestellt; viertens habe ich meinen Pelz, meine Fußsocken und
flanellene Unterbettdecken hinausgesendet; fünftens hab' ich
alle Fenster und Thüren mit Doppelfenstern und Doppel-
thüren versehen lassen.

Kurz, ich habe alle mögliche Vorsichtsmaßregeln ge-
troffen, um während meines Sommeraufenthaltes einen
strengen Winter ertragen zu können.

Ja, ich habe die Vorsicht und zugleich die Liebe für
das Landleben so weit getrieben, daß ich mir einen verläß-
lichen Fiaker bestellt habe, der, wenn einmal ein schöner
Land= und Sommer=Tag sein sollte, hinauskomme, um mich
abzuholen und in die Stadt zu bringen.

Wolkenkönigs Brautring.

Es steht ein Luftpalast in hoher Zone,
Von blauer Himmelswölbung überdacht;
Dort sitzt auf seinem buntgewirkten Throne
Der Wolkenkönig in seiner vollen Pracht.
Es funkelt erdenwärts aus seiner Krone,
Wie Sternenbilder funkeln aus der Nacht,
Karfunkel, Jaspis, Demant und Rubine
Sind ausgespannt zu seinem Baldachine.

Gebaut sind des Palastes weite Hallen
Aus klarem Aether, den kein Blitz durchmißt,
Die Säulen sind gemeißelt aus Korallen,
Die Giebel sind Smaragd und Amethyst;
Die hohen Fenster sind aus Lichtkrystallen,
In welchen Feuer sich mit Wasser küßt,
Die Estrich sind bedeckt in allen Räumen
Mit Teppichen aus Wolkenpurpursäumen.

Sein ganzes Wolkenheer emporzurufen,
Schickt Wolkenkönig von der Aethersspitz'
Des Reiches Boten aus, auf Aetherstufen,
Vom Wolkenthron herab zum Erdensitz.
Die Boten, leichtbeschwingt, mit Flammenhufen,
Sie heißen: Zephyr, Westwind, Sturm und Blitz;
Sie eilen nieder mit den zarten Schwingen,
Der Erde ihre Botschaft schnell zu bringen.

Der Zephyr flüstert's zu den Blütenräumen,
Zum Thau, dem Wiesen-Morgenjuwelier,
Der Westwind säuselt's zu den Wälderbäumen,
Dem Nebel in dem feuchten Erdrevier,

Der Sturmwind dröhnt es zu den Meeresschäumen,
Der Blitz, er schreibt es auf sein Gluthpanier:
„Ihr Wälder, Nebel, Seen, Teiche, Meere,
Dem Wolkenkönig schickt die Wolkenheere.

„Denn heute will er königlich begrüßen
Die Erde, seine frühlingsjunge Braut,
Die reizumflossen liegt zu seinen Füßen,
Die glühend, liebedurstend nach ihm schaut;
Sie soll ihn seh'n vom Haupt bis zu den Füßen,
In Majestät, vom Glanze überbaut,
Auf daß von seiner Königsmacht geblendet,
Ihr Herz im Busen ihm sei zugewendet."

Da ringt sich das Wölkchen
Der winzigen Wölkchen,
Wie Elfe und Sylphe
Aus Rohr und aus Schilfe,
Aus Kelch und aus Dolde
Wie kleine Kobolde,
Aus Erdritz' und Spalten
In allen Gestalten
Sie bunt sich entfalten.
Es schlüpfen aus Bergen
Gleich Gnomen und Zwergen,
Bei Mondenlichtscheinen
Die Willis, die kleinen,
In weißen Gewändchen,
Und schlingen die Händchen,
Gespenstern gleich leise,
Durch neblige Kreise
Zur luftigen Reise.
Dann wachsen sie höher,
Umfassen sich näher,

Und huschen ganz bleiche
Durch Busch und Gesträuche.
Da sieht man sie hocken
Am Strauch, wie am Rocken,
Sie spinnen die Flocken
Zu wolkigen Locken;
Dann werden es Schleier,
Dann werden es Spitzen,
Umschleiern der Bäume Wipfel und Spitzen,
Dann wachsen sie mächtig,
Erheben sich prächtig
Von Wäldern und Blättern,
Gefüllet mit Wettern,
Den Berg zu erklettern! —
Bald steh'n die Genossen,
Der Erde entsprossen,
Im Luftelement;
Und feindlich getrennt,
Ihr Angesicht brennt,
Sie jagen entschlossen
Mit Flammengeschossen,
Beladen mit Schlossen,
Zum Kampfe behend.
Erst schwül und dumpf schweigend
Die Stirne sich zeigend.
Dann hebt sich ein Säuseln,
Die Lüfte sich kräuseln,
Das Flüstern wird Rauschen wie Zeichen vom Thurme,
Es jagen Orcane die Wolken zum Sturme,
Sie stoßen zusammen in klirrenden Massen,
Sie lüften die Helme, in's Aug' sich zu fassen,
Es rasseln zusammen die schwarzen Kürassen,
Sie fassen sich an auf der dampfenden Haide,
Sie ziehen den Blitz aus der wolkigen Scheide,

Und hauen in Stücken, mit flammender Schneide,
Vom Busen sich wüthend das Panzergeschmeide,
Und bohren in's Herz sich die blitzenden Waffen.
Aus Wunden der Wolken, die weithin aufklaffen,
Strömt schwarzes Blut herab auf Flur und Haide!
Die blitzenden Pfeile treffen nicht minder
Die Erd', ihre Mutter! — Entartete Kinder!
Gleich Wesen, die stammen aus schlichten Regionen,
Wenn Glück sie getragen zu höheren Zonen,
Mit Strömen von Stolz und hochmüthigen Flammen
Den Boden verderben, dem sie entstammen! —

Und wie die Wolken abseits fliegen,
Sieht Wolkenkönig durch den Wolkenriß
Mit trüb verstörten Trauerzügen,
Den Blick umflort von Düsterniß,
Die Erdenbraut erschrocken liegen,
Das Angesicht bedeckt mit Kümmerniß!
Anstatt zu sein geblendet, unterthänig,
Spricht also sie zum Wolkenkönig:
„Wer da will in Lieb' und Minnen
Frauenherzen sich gewinnen,
Der muß trachten, der muß sinnen,
Der muß dichten, der muß spinnen
Weiche, feine, zarte Fädchen
Von dem kleinen Spinnerädchen
In dem tiefen Herzen drinnen,
Daß die Frauen, daß die Mädchen,
Diese Lebenszauberinnen,
Ihrem Werben nicht entrinnen;
Müssen, Demuth in den Blicken,
Sanftes Wort zu ihnen schicken,
Und mit Red' aus Seide sie bestricken!

Nicht dem Blitz, nicht Donnerschlägen,
Die im Sturme fahren nieder,
Springt aus ihrem Knospenmieder
Liebesrose je entgegen.
Doch dem Zephyr, der erst leise,
Ganz nach alter Ritterweise,
Immer enger zieht die Kreise
Um das kleine Netz der Rosen,
Der mit Flüsterwort und Schmeichelkosen
Bettelt um ihr Herzalmosen,
Diesem zarten Liebeswörtchen
Schließt die Knospe auf ihr Pförtchen,
Und dem Schmeichler ganz zum Eigenthume
Wird das rothe Herz der Blume!
Nicht mit Zorn und Furcht und Schrecken
Kann man Frauenherz erwecken;
Frauenherz zu sich zu lenken,
Muß sich Herz in Herz versenken,
Frauenherz, seit Menschgedenken,
Frauenherz will sich verschenken!"

Der Wolkenkönig hört im tiefen Schweigen,
Was seine Braut, die Erde, zagend spricht,
Sein Haupt sieht man lächelnd ihr sich neigen
Und Milde strahlt aus seinem Angesicht.
Er spricht: Ich werde dir den „Brautring" zeigen,
Den „Brautring", den nicht Zeit noch Unglück bricht;
Und dieser „Brautring" soll dir Bürgschaft geben,
Daß uns're Liebe ewig jung wird leben. —

Und mit dem Goldfinger auf den blauen Wogen
Des Himmels zeichnet er den großen Ring,
Der von der Erd' zum Himmelszelt gezogen,
Auf wolkendunklem Hintergrunde hing.

Als goldener „Brautring" strahlt ein Regenbogen,
Der Erd' und Himmel als ein Paar umfing,
Als sieben Zeugen, daß der Bund geschlossen,
Sind sieben Farben in den Ring gegossen.

Erst schwarz, als Hintergrund vom Erdenleben,
Orange, gemischt aus Licht und dunklem Grund,
Dann roth als Glück aus Nacht sich zu erheben,
Dann blau als Treue bis zur letzten Stund',
Und violett als Priesterkleid soll geben
Den frommen Kirchensegen diesem Bund,
Das Gelb als Wink des Welkens und Vergehens,
Und grün als Hoffnung des Wiedersehens.

Und als die Erde sah den Ring sich malen,
Da glaubt sie an des Wolkenkönigs Schwur!
D'rum wenn der Himmel seine Zornesstrahlen
Ausgießt zur Strafe auf die Erdenflur,
Schau' man hinauf zu diesen sieben Strahlen,
Der Himmel stellt sie aus zur Bürgschaft nur,
Zur Bürgschaft, daß alljährlich seine Erde
Im Frühling „Braut", im Herbste „Mutter" werde! —

Tanz, Wein und Gelag, sind des Teufels Feiertag.

Fasten-Devise.

Und so wird denn manches Fest, das man den Engeln veranstaltet, ein Feiertag des Teufels!

"Man soll den Teufel nicht an die Wand malen," Tanz, Wein und Gelag aber sind geschäftige Maler, die den Teufel an jede Wand hinmalen, an die Zimmerwand, an die Saalwand, an die Gehirnwand! Der Teufel ist nicht stolz, nicht hochmüthig, er kommt sogleich, wenn man ihn einladet; es braucht nicht vierzehn Tage früher zu sein, er braucht keine Einladungskarte mit Goldschnitt; er kommt, wenn man ihn auch dann erst ruft, wenn man sich zu Tische setzt, er kommt in die Scheune so gut und so gern, wie in den Prachtsaal und in das Boudoir!

Wo Jemand den Fuß erhebt zum Tanz, hebt der Teufel den Bocksfuß mit auf; wo Jemand den Becher füllt, schnalzt der Teufel mit der Zunge daneben! Ein Tanz in Ehren, ein Trunk in Ehren kann Niemand wehren; allein die Gränze von Ehren zu Unehren ist schmal, kaum zu erkennen, sie besteht nicht in breiten Flüssen und Gebirgsketten, es steht kein Gränzstein auf ihr mit großen Lapidarbuchstaben! Die Gränze ist leicht übertanzt, leicht übertrunken, und drüben steht der Teufel als rother Gränzjäger!

Tanzen, tanzen, o ja! Tanze Du zu, Du fröhliche
Unschuld, tanze, Du heitere Jugend, tanze, Du züchtiges
Mägdlein, wir sind keine Grämler und Mucker, die ein un=
schuldig Vergnügen mißgönnen; tanzet, aber raset nicht;
tanzet, um die Zeit, aber nicht, um die Gesundheit zu
vertreiben! tanzt, wenn die Geige aufspielt und die Lichter
brennen, aber tanzt nicht schon acht Tage voraus, am Näh=
tisch, am Herd, am Schreibtisch, tanzt nicht schon acht Tage
früher im Schlaf und Wachen, und laßt nicht alles Andere
gehen wie's geht! Tanzt, denn nicht ein heiterer Tanz ist
des Teufels Festtag, sondern was an dem Tanz hängt, was
mit dem Tanz kommt, was nach dem Tanz folgt, das sind
des Teufels Antheile! Die Eitelkeit, die mit dem Tanz
kommt, die Putzsucht, die an dem Tanz hängt, die Gefall=
sucht, die bei dem Tanz steht, die Sinnlichkeit, die durch
den Tanz erwacht, die Zerstörung, die nach dem Tanz da=
herwackelt, das sind die Glocken, mit denen der Teufel seine
Festtage einläutet!

Tanzen ist recht, unsere ehrbaren Väter und Mütter
haben auch getanzt; man hat im Tempel des Herrn getanzt,
vor der Bundeslade ist auch getanzt worden, tanzen ist recht,
aber sich dem Tanze verschreiben mit Leib und Seele, mit
Gesundheit und Herzblut ist Teufelsfest; sich dem Tanz in
die Arme werfen, wie eine Mänade, wie eine Bacchantin, tan=
zen, daß der Odem vergeht, daß die Sinne schwindeln, daß
die Glieder beben, daß die Herzen pochen, daß die Augen
rollen, daß die Haare fliegen, daß die Schweißtropfen strö=
men; tanzen, tanzen, daß man aussieht, wie eine zerschlagene

Pappel im Sturm und Wolkenbruch; tanzen, daß man
glüht wie eine Wilde, keucht wie eine Gehetzte, aussieht
wie eine Furie, wenn sie vom Besenritt kommt, so tanzen
ist des Teufels Festtag, bei solchem Tanz steht der Teufel
vor Euch, die Häßlichkeit neben Euch und der Tod hinter Euch!

Man hat früher auch getanzt und Tänzer gehabt,
und der Tänzer ist gekommen, fein sittsamlich, und hat das
Mägdlein fein artig zum Tanze aufgezogen, und die Jungfrau hat ehrsam zugesagt, und er hat sie in die Reihen geführt, und nach dem Tanze wurde das Mägdlein zur Mutter zurückgeführt und der Tänzer verneigte sich tief und bescheiden und ging seiner Wege. Das ist nichts für den Teufel gewesen! Aber jetzt, da führt der Teufel Buch über
seine Tänzer, mit Soll und Haben, und jedes Mägdlein
ist eine Buchhalterin, und leider steht nur das „Debet"
in diesem Buche, sie haben die Seele schon verschrieben
zum Galop, zum Redovak, zur Polka! Der Tänzer kommt
nicht artig und sittiglich, das Mädchen von den Eltern zu
erbitten, er kommt, die ihm verschriebene Seele zu
holen, er hat ja den Pact schriftlich, er ist nicht artig,
nicht höflich, er schleppt das Mädchen zum Tanz! Zum
Tanz? Nein, nicht zum Tanz, zum Hexenwirbel, zum
Satanskreisel! Er reißt sie hin und her, er wirft sie, er
brüllt sie, er schleudert sie, er dreht sie rechts und links, er
schiebt sie wie einen Schiebkarren vor, er schiebt sie wie
einen Strohsack zurück, sie ist ein Ball, eine Schleuderpuppe
in seiner Hand, er zerrt sie, er drückt sie, er legt sein Haupt

Inhalt
des siebenten Bandes.

Druck v. Karl Winternitz & Co. in Wien.